HAIGUANFA YU HAIGUAN ZHIFA YANJIU
LUNWENJI

海关法与海关执法研究

论 文 集

成卉青 著

中国海关出版社

图书在版编目（CIP）数据

海关法与海关执法研究论文集/成卉青著．—北京：中国海关出版社，2009.9

ISBN 978-7-80165-651-3

Ⅰ．海… Ⅱ．成… Ⅲ．①海关法—中国—文集 ②海关法—行政执法—中国—文集 Ⅳ．D922.221.4-53

中国版本图书馆 CIP 数据核字（2009）第 143939 号

海关法与海关执法研究论文集

HAIGUANFA YU HAIGUAN ZHIFA YANJIU LUNWENJI

作　　者：成卉青
责任编辑：普　娜　冯　菲
出版发行：中国海关出版社
社　　址：北京市朝阳区东土城路 14 号　　邮政编码：100013
网　　址：www.haiguanbook.com
编 辑 部：010-85271833-672（电话）　　010-85271833-527（传真）
发 行 部：010-85271608（电话）　　010-85271611（传真）
社办书店：010-65195616（电话）　　010-65195127（传真）
北京市建国门内大街 6 号海关总署东配楼一层
印　　刷：北京市白帆印务有限公司　　经　　销：新华书店
开　　本：787mm×1092mm　1/16
印　　张：20.25　　字　　数：322 千字
版　　次：2009 年 9 月第 1 版
印　　次：2009 年 11 月第 2 次印刷
书　　号：ISBN 978-7-80165-651-3
定　　价：38.00 元

序

成卉青同志从事海关工作20多年，一直注意结合工作实践，思考和研究有关执法疑难问题和相关法律理论问题，除出版专著《中国海关法理论与实务总论》，主编《海关法律概论》、《海关调查学概论》，参与撰写《行政处罚实用手册》、《企业法律顾问》、《司法语典》、《合法经营与违法犯罪》等著述外，还在《中国法律》、《海关执法研究》等书刊上发表许多论文，并在中国法学会行政法研究会、中国法学会世界贸易组织法研究会等召开的年会和论坛上提交多篇论文。成卉青同志有关海关执法研究和海关法理论的文章，我读过不少，感到能紧跟我国建设社会主义法治国家的进程和不断繁荣发展的社会主义法学的步伐，紧密围绕海关立法的重点问题和海关执法中的疑难问题，既有一定的理论深度，又有较高的实用价值。

改革开放以来，海关的作用越来越重要，国家对海关的期望越来越大，要求越来越高，海关法规越来越为人们熟悉，社会各界特别是进出关境活动当事人对海关执法水平越来越关注。成卉青同志从近几年发表的文章中选出一部分结集成书，相信广大海关关员，外贸界、司法界、律师界从业人员，以及涉外法学研究人员等读了会有一些收获。

2008年6月

目　录
CONTENTS

海关法律制度

HAIGUAN FALÜ ZHIDU

独具特色的中国海关法律制度[①]

法律对于一个国家政治、经济、文化和社会生活的不可替代的巨大意义，现在已经很少有人怀疑。早在新中国成立伊始，国家就抓紧起草并很快实施了《中华人民共和国暂行海关法》。这部法律1951年4月公布生效，即使在“文化大革命”期间，也在有效实施。与之配套的，还有国务院和海关总署分别陆续制定并对外颁布的一大批行政法规和部门规章，以及其他规范性文件。《中华人民共和国暂行海关法》一直适用到改革开放以后的1987年，才为新的《中华人民共和国海关法》（以下简称《海关法》）所取代，其他法规、规章和规范性文件中有的已经修改或废止，有的一直适用到现在。建国之初，百废待兴、百法待立。显而易见，海关法规有此“特殊待遇”，在于它的存在对一个国家的必要性。今年正值1987年新《海关法》颁行20周年，笔者特写此文，就有关问题同大家交流看法。

一、海关法的部门属性

1987年新《海关法》出台前后，关于海关法的性质，曾有过争议，主要是它属于经济法还是行政法之争[②]。主张海关法属于经济法的，主要基于海关工作，特别是关税的征收、减免，以及对进出口货物的鼓励、限制或禁止性管理工作对国家经济建设的调控作用，在当时“大经济法”论（主张调整国家经济活动的法，都属经济法）强势（相对“大民法”主张和广义上的行政法概念）的背景下，这一看法具有优势。当时，国务院专设负责经济法研究、起草的部门“经济法研究中心”，归口审定新《海关法》的立项、草案审查和上报人大常委会的工作[③]。后来“大民法”

---

① 原载中国香港《中国法律》2008年4月号。

② 当时中国海关学会曾组织过海关法性质座谈会，原中国行政法研究会会长张尚鷟先生等行政法、经济法学者应邀到会。

③ 全国人大常委会法律工作委员会经济法室至今仍归口管理与海关法有关的法律事务。

主张占优势，“小经济法”论（专指调整市场经济活动中的纵向管理关系的法）为多数人认可，海关法是行政管理部门法的认识也成为主流。20世纪80年代笔者曾经坚持认为，海关法总体上说属于行政法的部门法，但不排除其中某些部分，特别是海关税法中的《进出口税则》、税收优惠政策属于经济法。至于关税征管法，则是典型的行政法。后来考虑到海关法内容复杂，与许多法律部门有交叉，有许多创新性东西，与其他部门行政法差别甚大，基于此，笔者主张不妨把海关法作为一个独立的法律部门看待①，本文结尾时将再次归纳这一看法。

二、海关法的特性

与其他部门行政法或调整纵向经济管理关系的法相比，我国海关法有以下鲜明的特点：

（一）内容的广泛性

海关法律关系的内容极为广泛，涉及国家政治、经济、文化和社会生活的各个方面，包括国家机关、团体，企业、事业单位，社会各阶层人士，以及外国自然人、法人和其他组织，乃至外国政府组织、国际组织之间，就所有货物、运输工具、行李物品和邮递物品进出我国，以及与上述货物和物品进出境相关的生产、销售、经营、消费活动中发生的权利义务关系。

（二）体系的完整性

海关法是一个以《海关法》为核心，包括若干部专门的行政法规和100多个海关规章，以及散见于许多法律、行政法规和海关总署与国务院其他部委联合发布的规章的有关规定构成的完整体系，又可以分为海关组织法、海关监管法、海关稽查法、知识产权海关保护法、海关税法、海关行政强制法、海关担保法、海关处罚法、海关执法监督和廉政勤政法、海关缉私警察法、海关财务装备管理法、海关科技法、海关统计法、海关国际合作法、海关行政救济法等若干个相互有机联系而又各自自成体系的分支。需要说明的是，上述海关法分支部门的提法，不是臆断，原因有二：一是根据上述分支的法律规范自成一类，各自确有明显不同的调整对象；二是在《海关法》及有关法律、行政法规层面对海关部门

① 成卉青．中国海关法理论与实务总论．北京：中国海关出版社，2000

法的内容一般有明确的专门的规定前提下进行的划分。如海关特色相对最少的海关行政救济法，行政诉讼中海关的纳税争议复议前置，海关行政诉讼案件由中级以上人民法院受理，海关查验货物无过错赔偿制度等，也都属法律对海关行政救济的专门规定。

（三）全面的涉外性

海关是国家对进出境货物、运输工具、旅客行李物品和邮递物品的监督管理机关，是国家对外开放门户的守护者。进出境货物、物品的收发人，运输工具的负责人、所有人，一般总有一方是外国人（包括法人、其他组织和自然人），他们作为海关行政管理相对人成为进出关境法律关系的主体，或者虽不是法律关系主体但却是海关行政相对人的利害关系人。不仅海关法的实体内容直接具有涉外性，海关法的纷繁复杂的程序规定也需要涉外当事人遵守或涉及涉外当事人的权利义务。另外，由于进出境管理关系的国际性，不仅海关管理常常以许多国际公约和中外双边条约为法律渊源，海关国际合作也成为海关日常工作的重要部分。国际上还专门成立了以世界大多数国家和地区（包括作为单独关境地区的香港、澳门特别行政区）海关为成员的组织机构，即世界海关组织①，该组织致力于简化海关手续、便利世界贸易，它制定的一系列公约对各参加方海关的作业模式和作业程序提出了统一要求。

（四）极高的权威性

为保证海关有效地打击走私，海关法赋予海关缉私警察依据行政诉讼法行使走私犯罪案件的侦查、拘留、执行逮捕、预审等刑事权力。为保证海关监督管理职能的实现，海关法赋予海关充分的行政权力，包括对人身的检查权、扣留权，对进出口货物、运输工具、行李物品和邮递物品，以及相关企业账册资料的检查权、扣留权，对案件涉嫌单位和个人在金融机构、邮政企业存款和汇款的查询权，税款征收权（包括商品化验权、归类权、原产地认定权、价格审定权、税率适用权），进出口许可证件审查权，报关企业和报关员资格审查权、经营或从业许可权，没收货物、罚款、取消经营资格等处罚权。为保证征收税款和没收货物、

---

① 原称海关合作理事会，简称CCC，后改称世界海关组织，简称WCO。该组织与世界贸易组织（简称WTO，其前身为关税及贸易总协定，简称GATT）关系密切。

罚款的实现，对涉案人合法财产的扣留、扣缴、变卖抵缴权，海关打击走私活动的连续追击权，海关履行职责的武器佩带权，对查不清违法行为人及无法或不需、不便对行为人进行处罚情况下违法货物和物品的收缴权。海关法还专门规定，“海关依法独立行使职权”，“各地方、各部门应当支持海关依法行使职权，不得非法干预海关的执法活动”，“海关依法执行职务，有关单位和个人应当如实回答询问，并予以配合，任何单位和个人不得阻挠”，“海关执行职务受到暴力抗拒时，执行有关任务的公安机关和人民武装警察部队应当予以协助”，上述权力，既是海关执法的有效保障，也给海关法自身赋予了极大的权威性。

（五）基本法律制度的确定性、稳定性、公开性，具体规定的复杂性、多变性

根据国家政治、经济、文化、社会发展要求，对进出境货物、物品十分明确地按品种数量，或按原产地和发货地分别采取鼓励、限制或禁止措施，把守国门，征收关税，打击走私，几乎是古今中外海关共有的职能。一方面，海关工作的高度一致性、专业性，决定了海关基本法律制度，特别是申报、审核、查验、放行、征（免、退、补）税，以及对违法进出境行为严厉处罚的制度长期稳定、基本不变。另一方面，一国乃至国际社会政治、经济、文化形势的发展变化是经常的，特别是商品生产的飞速发展带来商品品种和规格的日新月异、千变万化，国家要求海关对进出境货物进行监督管理，分别采取鼓励、限制或禁止进出的措施，征收关税分别适用不同的税率，就需要不断调整、修改有关规定，这就造成海关具体法规的复杂性、多变性。由于货物、物品进出境涉及国家各个地域，还涉及各国不同地域的自然人、法人或其他组织，海关有关规定是否为大家遵守的前提是大家是否了解这些纷繁多变的规定，因此，新中国成立以来，我国海关一直都对外公布基本管理制度和绝大多数具体管理规定。

（六）与众多法律部门直接联系而又有自己的特殊规定

作为海关监管对象的进出境货物、物品，涉及了国家政治、经济、文化和社会生活的各个方面，因此，海关法在调整社会关系时与其他法律部门的法律规范发生交叉。

1. 与刑法发生交叉。刑法关于走私等罪名与海关法关系密切，罪名是否成立往往需要根据海关法规进一步认定。1980 年《刑法》规定“违反海关法规，情节严重的，是走私罪"；1987 年《海关法》则直接对走私罪作出规定；1997 年《刑法》具体规定了走私武器、弹药、核材料、伪造货币罪，走私文物、贵重金属、珍贵动物、珍稀植物罪，走私淫秽音像制品罪，走私普通货物罪等罪名，但什么是"走私"还应依据海关法进行确定，对走私行为的查缉主要也由海关进行。其中构成走私普通货物罪的，海关缉私警察直接立案进行刑事侦查。另外，进出境环节侵犯知识产权，非法经营假冒伪劣产品，进出口污染环境的废物，运输、携带毒品等违法行为也由海关依海关法查处，构成犯罪的移送公安机关，不构成犯罪的由海关依海关法实施行政处罚。新《刑法》还直接规定了海关人员在监管进出境货物、物品、运输工具中的职务犯罪以及放行偷越国境人员罪。因此，海关法规直接与刑法关联。

2. 与民商法包括《民法通则》，以及《物权法》、《担保法》、《合同法》、《海商法》、《继承法》等的相关规定相关联。货物和物品是否合法运输、携带、邮寄进出境，以及运输工具进出境过程中有无违法行为，直接涉及相关民事行为诸如贸易、担保、转让、赠与、代理等行为的合法性和有效性，海关法规与上述法律相关联。

3. 与诉讼程序法相关联。违反海关法行为重的构成犯罪，轻的由海关行政处罚，涉及行政处罚程序与地方公安、检察机关适用刑事诉讼程序的衔接问题；海关缉私警察还直接适用刑事诉讼法办理走私普通货物罪案件。另外，《海关法》规定法院判决和海关决定没收的走私货物以及走私运输工具等，均由海关变卖并将价款上缴国库，这些都经常涉及行政程序与刑事诉讼程序的衔接与转换。民事诉讼中涉及进出口贸易等行为发生的合同、运输、代理、海损、侵犯知识产权等民商事纠纷中，有关合同、票据、提单、仓单的效力，商品价格、规格、型号证据材料的真实性，又会与海关行政程序特别是报关单据审查、货物查验、商品化验、商品归类、商品价格审定、知识产权进出境海关保护等程序关联。而海关法关于纳税争议的行政诉讼复议前置等规定、行政诉讼法关于海关行政案件由中级人民法院管辖等规定又涉及海关法规与行政诉讼法的衔接。

4. 与财政法包括财税法、《拍卖法》、《政府采购法》等相关联。海关征收关税和进口环节增值税、消费税，代征船舶吨税直接上缴国库；海关关务活动经费、缉私警察公务活动经费、海关牵头的国家电子口岸建设经费由国家财政专项列支；海关决定以及法院判决没收的走私货物的拍卖、缴库由海关执行，这些使海关财政管理法、海关税法、缉私装备和科技装备管理法等与财政法直接关联。

5. 行政法和经济法，包括《行政许可法》、《行政处罚法》、《行政复议法》、《国家赔偿法》、《统计法》、《行政监察法》、《审计法》，以及《税收征管法》、《国防法》、《出入境管理法》、《环保法》、《文物保护法》、《野生动植物保护法》、《对外贸易法》、《知识产权法》、《邮政法》、《航空法》、《铁路法》、《交通法》等，都与海关法规存在直接的交叉、包容、关联关系，由于篇幅关系，这里不再一一列举。

三、海关法在我国法律制度上的创新 ≪

海关是国家对外开放的门户，海关履行职能的需要与国内外经济、政治、文化活动中法律规定和执法理念的冲撞，不可避免地会首先反映到海关法律制度上，给海关法带来一系列法律理念上、法律制度上前沿的或独特的内容。

(一) 立法目的和理念

商品经济的迅猛发展和世界经济一体化进程的加快，对传统的海关管理理念和管理模式提出挑战，各国海关纷纷转变观念，把促进经济发展、方便对外交往、“把关”与“服务”并重、寓服务于管理的理念引入海关管理。就1987年《海关法》来说，反映在立法目的上，就有了“维护国家主权和利益”、“加强海关监督管理”、“保障社会主义现代化建设”与“促进对外经济贸易和科技文化交往”的并提；反映在执法理念上，就有了要求海关人员“文明服务”，不得“拖延监管”的规定；① 反映在对外联系上，就有了我国海关加入世界海关组织及其一系列公约的决策。此后20年来，有关海关工作的一系列立法，都贯彻了有效管理与社会效益兼顾的理念，文明执法的理念，最大限度地简化程序、方便合法进出的理念，实行风险管理、科学管理、电子化管理以尽量加快通关速度的理念，以及管理模式、作业程序与国际接轨的理念。

---

① 13年后的2000年人大常委会修改《海关法》，这些规定保留未改。政府监督管理部门“促进”、“服务”经济发展及科技文化交往的观念，20年后的今天仍有指导意义。

（二）法人犯罪制度

法人的概念从民事法律制度比较发达的西方引入，原来用于我国民法学和民事法律中。建国后一直到改革开放初期，构成我国“单位”、“组织”（接近但不同于法人，比法人含义广）的都清一色是国家或集体性质，按当时的观念，“单位”、“组织”的社会主义性质决定了只存在单位成员的个人违法而“单位”本身不可能违法。但是，在特殊的历史年代，一些机关、团体、企事业单位，动辄以“组织”名义侵犯公民正当权益的事情时有发生，这使国人清醒地认识到“单位”、“组织”的所有制性质并不能保证它们不会侵犯公民合法权利，即使国家机关也一样①。但对于企业、社会团体甚至国家机关是否存在犯罪行为，能否追究刑事责任则争议很大。20 世纪 80 年代，我国实行对外开放，由计划经济向市场经济转型，一些不法分子利欲熏心，铤而走险，利用国内外市场差价，大举走私，牟取暴利。单位走私行为也在这一时刻进入了立法治理的范畴。1987 年《海关法》应运而生，直接规定机关、团体、企业、事业单位犯走私罪，对单位处罚罚金并追究主管领导人员和直接责任人员刑事责任。《海关法》首创这一规定，成为后来一系列有关单位犯罪的规定的先导，也使有关法人犯罪的争论画上句号。

（三）海关法只有效于关境的制度

关境，又称单独关税地区，通常指在一个国家（地区）的海关法的效力达到的范围。由于政治、历史、宗教、民族、文化的原因，特别是国际贸易的复杂性和商品经济的发展，造成世界上发生一个国家不同地区适用不同法律（特别是海关法），或者几个国家和地区适用共同的法律（特别是共同的海关法）的情况。这就使得关境与国境有所区别：一个国家领土（包括领海）内设有不同的关境时，国境大于关境；几个国家和

---

① 1954 年宪法规定，国家机关工作人员侵犯公民权利，公民有取得赔偿的权利，1982 年宪法改为“由于国家机关和国家工作人员侵犯公民权利而受到损失的人，有依照法律规定取得赔偿的权利”；与之相呼应，1982 年民事诉讼法规定，人民法院可以根据该法受理行政案件，首次明确司法机关对行政行为有司法审查权，隐含了行政机关可能侵犯民事主体合法权益；1986 年民法通则进一步明确国家机关及其工作人员可能侵犯公民、法人的合法权利；1987 年治安处罚条例和 1987 年海关法开创行政诉讼制度；1989 年行政诉讼法全面确立司法机关对行政机关具体行政行为是否违法的司法审查制度。

地区（包括一个国家下的政治上、民族上、文化传统上的原因形成的特别地区，也包括经济上很重要、地缘上距离很远、区域很小的境外加工区等）设有共同的关境时，国境小于关境。目前我国海关法实施的范围，也就是我们的关境，是我国除香港、澳门、台澎金马 3 个单独关税区以外的全部地区。

（四）独特的管理体制

由国家立法专门规定行政部门机关的设置和领导关系、管理体制，在我国法律制度中是独特的。《海关法》关于“国务院设立海关总署，统一管理全国海关”①，“国家在对外开放的口岸和海关监管业务集中的地点设立海关。海关的隶属关系，不受行政区划的限制”，“国家在海关总署设立专门侦查走私犯罪的公安机构”，“海关侦查走私犯罪公安机构根据国家有关规定，可以设立分支机构”，“国家实行联合缉私、统一处理、综合治理的缉私体制”，“海关负责组织、协调、管理查缉走私工作”的规定，确立了海关高度集中、统一的垂直领导体制。

（五）行政执法程序与刑事执法程序的内部转换制度

海关每年查获走私案件上万起，其中部分违法性质、情节严重的（达到一定逃税额或数量）构成走私罪。海关缉私部门依法同时承担行政、刑事执法职责，在其他部门不多见。执法实践中常常发生按一般走私行为立案、调查，采取行政措施扣留货物、物品、运输工具后认为构成走私罪嫌疑，对嫌疑人采取行政拘留措施，然后案件改为走私罪刑事案件立案侦查，办理走私罪嫌疑人的刑事拘留手续，并可能进一步办理报请批准逮捕手续，办理走私货物、物品、运输工具的刑事扣押手续。另一类情况则是海关缉私警察对走私罪嫌疑案件直接立案侦查，经初步审查或预审后认为不构成犯罪，但构成一般走私行为，或认为不构成走私，但构成违反海关监管规定嫌疑，又需要对其按海关行政处罚案件办理有关手续，并在释放走私罪嫌疑人的同时，对涉嫌走私货物改为行政扣押，或直接办理发还手续。为保证两种执法权力不致混用甚至滥用，就需要按严格的程序转换制度。

（六）种类齐全的行政强制措施

海关行政执法范围广、责任大，事关国计民生，为保证海关履行职

① 包括全国海关的人事任免、人员招录、编制调配、财务装备。

能，海关法及有关法律、行政法规赋予海关充分的权力，包括采取种类齐全的行政措施权，诸如人身检查权、扣留权，货物物品的检查权、扣留权，运输工具的登临权、检查权、连续追击权、扣留权，金融单位账户资金的查询权、划拨扣缴和抵缴权，违法货物的变卖权，违法人或纳税义务人合法财产的保全、扣留、变卖、抵缴权，违法货物、物品的收缴权，货物及有关账册资料的封存权，以及强制收取保证金、抵押物的权力，等等，这在我国法律制度中也是不多见的。

（七）海关监管货物的物权限制制度

根据《海关法》的规定，一般进口货物自进境起到海关放行止，出口货物自向海关申报起到出境止，海关减免税货物在海关监管年限内，保税货物在保税区域内或在保税期间，过境货物、通运货物及暂时进境货物在我关境期间，暂时出境货物在出境期间，都必须接受海关监管，未经海关许可，收发货人或所有人、经营人、保管人、运输人，均不得擅自提取、交付、发运或抵押、质押、转让、移作他用。①

（八）没收走私货物制度

海关对走私货物的处理不同于公安司法机关对盗窃、抢劫的赃物和赃款的处理，前者没收，后者发还失主。打击走私、没收走私货物是各国法律制度的通例。但在国外以走私论处而没收的一般为毒品、伪造货币、侵犯知识产权等禁止进出境货物物品，以及极少数严格控制进出口的货物如烟草制品等。普通商品涉嫌违法，一般不作为犯罪，处理方式大体分为两类：一类以各种方式逃税的，按商业瞒骗论，补税、罚款；一类逃避进出口限制的，罚款、退运货物。② 出于严厉打击猖獗的走私普通货物、逃税或逃避进出口管理等活动的需要，我国法律专门规定了走私普通货物罪。类似我国禁止赌博，对查获的赌资、赌具一律没收。但又有不同：没收的赌资、赌具是违法人的，而海关没收的私货在很多情况下并不属于走私人所有。第一种情况是国际贸易买卖双方并不违法，但运输人、代理进口人或代理报关人用以走私，国家出于打击走私的需

---

① 这些规定以及下一问题中《海关法》关于“法院判决和海关决定没收走私货物”的规定，可以与物权法总则关于“法律、行政法规另有规定的，从其规定”相衔接。

② 以上两类只是为简化讨论的问题大致归纳，实际进出口情况要复杂得多，各国的处理也复杂得多。

要，在追究走私人刑事责任或给予行政处罚的同时，还需要没收违法标的；第二种情况是实际走私人是货物所有人雇用他人绕关运输走私货物或者委托他人向海关申报虚假资料被海关查获，货主隐藏而难以抓获或者货主在境外难以到案，为有效打击走私，立法只能考虑以次要当事人为走私活动人，并以其为处罚对象没收私货；第三种情况是走私人以合法方式签订国际贸易合同，并以提单作抵押获得贷款，在货物进出境环节其行为构成走私，一旦被海关查获，走私人不会赎单，货物所有权事实上已归金融机构，但立法并不能因此规定不再没收私货，因为这就造成走私人和金融机构都没有经济损失的结果，无异于鼓励贷款走私。由于私货既不同于刑法意义上的非法所得，也不是走私人合法财产，从打击走私考虑又必须没收，这种没收也不宜作为刑法的特殊规定，国家在海关法中规定“法院判决没收和海关决定没收的走私货物，由海关统一变卖，所得价款上缴国库”，形成我国独特的海关没收私货法律制度。

（九）运输工具负责人承担法律责任制度

同上一问题相联系，尽管运输工具负责人受雇运输走私货物，本人不是“直接走私人”，但实际走私人幕后操纵走私，法律难以追究而走私行为必须打击，另外运输人在不能持有合法证明情况下进入我国（包括内海、领海），本身也属违法，因此，法律规定在上述情况下以运输工具负责人为走私人追究刑事责任并没收私货。这与刑法一般情况下不追究受雇人或者仅作为从犯追究明显不同。

（十）行政担保制度

海关法律制度开创性地设定有多种行政担保制度，包括进出口人未办结海关手续而提出海关先放行货物的申请的“通关担保”，申请暂缓纳税而主动缴纳或海关认为存在税收风险责令缴纳的“税收担保”，海关对无法或不便扣留的违法嫌疑货物收取的或为保证海关行政处罚对出境的当事人收取的“处罚担保”，以及申请海关采取知识产权保护的权利人或要求先予放行涉嫌侵权货物的进出口人提交的“知识产权保护担保”等。海关行政担保与一般的民事担保有类似的形式，但有本质的区别。海关行政担保的担保人就担保事项对海关承担行政责任，未履行担保义务的，海关可以强制履行并给予行政处罚。海关向行政相对人直接收取担保，具有强制性质；相对人申请担保的，大多数情况下由海关行政相对人自我担保，经海关审查认可，也可以由第三方担保。

（十一）行政代理制度

海关行政代理制度也是独创性的行政法律制度。海关行政代理主要有“外贸代理”、“报关代理”两类，都是与民事代理性质不同的法律制度。[①] 其中，报关代理是由专门从事报关业务的企业代理进出口经营人向海关办理报关手续的行为，代理人就被代理人交付的申报资料的真实性、合法性、完整性，对海关负有合理审查、如实申报的义务，未能履行合理审查义务、造成申报不实的，海关给予行政处罚；外贸代理更有不同。代理人代理进出口业务，就与海关的关系而言，实际进出口人即被代理人与海关进出境监督管理并不直接发生关系，而代理进出口人才是海关行政管理相对人，其身份才是对外贸易法和海关法意义上的进出口经营者。因此，海关法律制度规定由代理人就其代理进出口的货物、物品进出关境行为的合法性对海关负全部责任。

（十二）无过错赔偿制度

1990 年，《行政诉讼法》首创行政违法行为侵犯公民、法人和其他组织合法权利的国家赔偿制度；1995 年，《国家赔偿法》全面建立国家对行政机关和公安、司法机关违法行为，给公民、法人和其他组织合法权益造成损害的行政赔偿和刑事赔偿制度。上述制度都属于基于“过错原则”的国家赔偿。近年来，法学界、立法机关都在探讨建立国家机关在其职务行为并无过错的情况下给公民、法人和其他组织合法权益造成损害的赔偿（一般称为“补偿”）制度。其实，早在 1987 年，《海关法》就实行了海关依法履行职务，因查验行为造成货物、物品损坏的，要赔偿实际损失的制度。这一制度，实际就是无过错赔偿制度。

（十三）执法监督制度与处罚行贿制度

理论上说，我国的法律监督制度比较全面、完备。仅对行政机关执法的监督而言，就有包括行政监察机关、审计机关的监督，行政机关上下级之间和平行的行政机关、部门及其工作人员之间的相互监督在内的内部监督；还有包括国家权力机关、国家司法机关、党的机关、政治协商机关的监督，以及社会团体、新闻媒体和人民群众的社会监督在内的外部监督。这些制度对监督海关执法发挥了并正发挥着重要作用。但海

---

① 外贸代理人、报关代理人同被代理人之间也是民事代理关系，本文只讲他们同海关之间的法律关系是行政代理关系。

关处在国家对外开放最前沿，廉政风险很大，且海关人员的执法水平和工作态度直接影响国家对外经济和科技文化交往，而与上述监督制度有关的法律规定，散见于各个法律文件，并且都不是专门针对海关工作和海关工作人员的，显得监督制约力度不够。为此，1987 年的新《海关法》专门规定“海关工作人员必须遵守法律、法规，秉公执法，忠于职守，文明服务”，“海关工作人员不得购买没收的走私货物、物品”。直接在《海关法》中规定了对海关工作人员私分没收的走私货物、物品的行为的具体刑罚，规定“海关工作人员滥用职权，故意刁难，拖延监管、查验的，给予行政处分；徇私舞弊、玩忽职守或者放纵走私的，根据情节轻重，给予行政处分或者依法追究刑事责任”。在总结十几年海关执法和廉政建设经验、教训的基础上，2000 年，对《海关法》进行修订，更专设“执法监督”一章，对海关执法监督作出全面规定，要求海关履行职责，必须遵守法律，维护国家利益，依照法定职权和法定程序严格执法，接受监督，形成了成熟、全面、独具特色的海关执法监督法律制度。2000 年，《海关法》规定海关工作人员必须秉公执法，廉洁自律，忠于职守，文明服务。具体规定了不得有下列行为：包庇、纵容走私或者与他人串通进行走私；非法限制他人人身自由，非法检查他人身体、住所或者场所，非法检查扣留进出境运输工具、货物、物品；利用职权为自己或者他人谋取私利；索取、收受贿赂；泄露国家秘密、商业秘密和海关工作秘密；滥用职权，故意刁难，拖延监管、查验；购买、私分、占用没收的走私货物物品；参与或者变相参与营利性经营活动；违反法定程序或者超越权限执行职务以及其他违法行为。还规定海关应当有计划地对其工作人员进行政治思想、法制、海关业务培训和考核。海关工作人员必须定期接受培训和考核，经考核不合格的，不得继续上岗执行职务。值得注意的是，2000 年《海关法》直接规定海关总署应当实行海关关长定期交流制度；规定海关关长定期向上一级海关述职，如实陈述其执行职务情况；海关总署应当定期对直属海关关长进行考核，直属海关应当定期对隶属海关关长进行考核。2000 年《海关法》还专门规定：海关及其工作人员的行政执法活动，依法接受监察机关的监督；缉私警察进行侦查活动，依法接受人民检察院的监督；审计机关依法对海关的财政收支进行审计监督，对海关办理的与国家财政收支有关的事项，有权进行专项审计调查。2000 年《海关法》专门对海关内部执法监督制度作出具体规定：要求上级海关应当对下级海关的执法活动依法进行监督，上级海关认为下级海关作出的处理或者决定不适当的，可以依法予以变更或者撤销；要求海关依照《海关法》和其他有关法律、行政法规的规定，建立健全内部监督制度，对其工作人员执行法律、行政法规和遵守纪律的情况，进行监督检查；要求海关内部负责审单、查验、放行、稽查和调查等主要岗位的职责权限应当明确，并相互分离、相互制约。2000 年《海关法》还规定：任何单位或个人均有权对海关及其工作人员的违法、违纪行为进行控告、检举；收到控告、检举的机关有权处理的，应当依法按照职责分工及时查处；收到控告、检举的机关和负责查处的机关应当为控告人、检举人保密。规定海关工作人员在调查处理违法案件时，遇有本人是本案的当事人或者是当事人的近亲属，本人或者其近亲属与本案有利害关系或与本案当事人有其他关系，可能影响案件公正处理的，应当回避。

根据我国有关法律制度，对行贿行为的处罚除构成犯罪追究刑事责任的以外，一般由行贿人所在单位或行政监察机关给予行政处分。作为一项目前仅有的制度，2000 年《海关法》专门规定，进出口货物收发货人、报关企业、报关人员向海关工作人员行贿的，由海关撤销其报关注册登记，取消其报关从业资格，并处以罚款，从而确立了行政机关对行贿人直接处罚的制度。

（十四）相对独立的海关统计分析制度、海关财务管理制度和海关科技管理制度

根据《海关法》、《统计法》和《海关统计条例》的规定，海关依法独立编制进出口贸易统计，海关总署负责组织、管理全国海关统计工作。该统计属于国家正式统计，是国民经济统计的组成部分。“海关统计的任务是对进出口货物贸易进行统计调查、统计分析和统计监督，进行进出口检测预警，编制、管理和公布海关统计资料，提供统计服务。”

海关实行相对独立的财务收支管理制度。海关根据《海关法》和《进出口关税条例》及有关行政法规征收关税和其他法定由海关征收的税费，直接上缴国库；海关关务经费由国家财政单独列支；海关缉私警察警务经费也由国家财政单独列支。《海关法》还专门规定，国家审计机关依法对海关的财政收支进行审计监督，对海关办理的与国家财政收支有关的事项进行专项审计调查。

应用科技手段提高行政效率，尽可能地加快通关速度、方便合法进出，是海关管理的一大特色。海关是最早在全国范围、全系统实行对外办理业务和内部政务管理电子化的部门。根据《海关法》及有关行政法规规定，进出口企业办理进出口货物的海关申报手续，应当采用纸质报关单和电子数据报关单的形式，有关企业需建立符合海关监管要求的电子计算机管理数据库，并与海关实行电子计算机联网，进行电子数据交换。

（十五）独具特色的知识产权海关保护制度

海关对涉及进出境货物的知识产权实施保护的法律依据最早见于1994年国务院颁布的《中华人民共和国知识产权海关保护条例》（以下简称《知识产权海关保护条例》）。2000年修订的《海关法》对海关知识产权保护的职能予以确认。2003年12月，国务院重新修订、发布《知识产权海关保护条例》。根据上述法律、行政法规，知识产权海关保护实行“主动保护”与“被动保护”相结合的原则。“主动保护”与“被动保护”的提法来自国外。“主动保护”指国家法律（如美国等）认为侵权行为侵犯的是国家保护知识产权、促进科技进步和经济发展的国家利益，因此，需要“公权力保护”。“被动保护”指国家法律（如欧盟大部分国家）认为侵权行为是具体行为，侵犯的是企业的“私权利”，国家不应动用全体纳税人纳税形成的行政资源主动为某一个企业无偿服务，因此，只根据企业申请保护知识产权，并且由企业承担有关处置费用和承担因权利人申请扣留货物可能给进出口人造成的损失的责任。我国采取了两种原则兼顾的制度。根据《海关法》和《知识产权海关保护条例》的规定，“国家禁止侵犯知识产权的货物进出口”，“海关依照法律、行政法规的规定，对与进出境货物有关的知识产权实施保护”，违反《海关法》规定，“进出口侵犯中华人民共和国法律、行政法规保护的知识产权的货物的，由海关依法没收侵权货物，并处以罚款；构成犯罪的，依法追究刑事责任”。这体现了国家“公权力”的“主动保护”。而依上述条例，海关依法扣留侵权嫌疑货物，“知识产权权利人应当支付有关仓储、保管和处置等费用”，“知识产权权利人请求海关扣留侵权嫌疑货物后，海关不能认定被扣留的侵权嫌疑货物侵犯知识产权权利人的知识产权，或者人民法院判定不侵犯知识产权权利人的知识产权的，知识产权权利人应当依法承担赔偿责任”，又体现了“被动保护”的原则。

（十六）广泛、经常的海关国际（地区）合作法律制度

海关国际合作不是一般外事活动，不是国际海关间的带有随意性的友好往来，而是在一系列相关法律制度框架下的涉及海关各基本业务的日常性的工作。包括我国海关同国际海关组织间、同其他国际组织间以及国际海关之间、内地海关与港澳海关间的合作。海关国际合作的法律基础主要包括我国参加的世界海关组织的一系列公约，诸如《关于简化海关手续的公约》即《京都公约》等，世界贸易组织的一系列协定、协议（如《关税减让协定》、《关于海关估价的协议》、《原产地协议》、《知识产权保护协议》等），联合国有关公约（如有关缉毒及麻醉品管制的公约）、安理会决议（如一系列制裁决议），我国同其他国家或地区间的一系列自由贸易协定，我国中央政府与香港、澳门特别行政区关于内地与特别行政区之间进出关境货物关税和监管的特殊安排，中国海关与外国海关间的海关行政互助协定（目前已有数十个），以及我国政府在亚太经济与合作组织（APEC）、亚欧会议等会议上作出的承诺中关于海关国际合作的部分。

四、海关法在我国法律体系中的特殊位置

综上所述，我国海关法调整的范围广泛，将其简单划为行政法（或经济法）的一个部门法是不能完全包容的。海关法体系完整、相对独立而又特色鲜明，独创内容十分丰富。考虑到海关工作在对外开放作为我国长期奉行的基本国策背景下的特殊地位和作用，把海关法作为一个相对独立的基本法律部门，对进一步完善海关立法（包括修订《海关法》及有关海关工作的其他法律和由人大常委会进行立法解释，修订《进出口关税条例》、《海关行政处罚条例》、《进出口货物原产地条例》、《知识产权海关保护条例》、《海关稽查条例》和由国务院进行立法解释，制定、修订有关海关工作的其他行政法规，制定、修订海关规章和由海关总署进行立法执法解释），对进一步提高海关“服务经济、促进发展”的执法能力，对繁荣法学研究，都很有意义。

进出口货物所有权人在海关法律关系中的地位[1]

一、一个典型案例

1999年2月2日，香港达××集团有限公司（以下简称香港达××公司）为向韩国××公司购买钢材，向荷兰万×银行申请开立信用证，万×银行于同年2月8日为其开出金额为925000美元的信用证。1999年3月21日，上述信用证项下钢材由××轮运抵××港，万×银行于4月15日垫付信用证货款后获得进口钢材的正本提单。此后，由于香港达××公司和进口钢材实际收货人××经济特区生产资料外经公司未向万×银行付款赎单，上述货物自运输工具申报进境之日起超过3个月未向海关申报。1999年9月9日，××海关根据《海关法》第二十一条的规定[2]提取超期未报关钢材委托××经济特区拍卖行进行拍卖，拍卖所得价款人民币8896025.60元，扣除拍卖手续费、仓储费、税款等法定费用后，剩余货款为人民币5832052.82元。万×银行获悉货物被拍卖后，多次要求××海关发还拍卖余款。2000年5月12日，××海关向万×银行的委托代理人广州××律师事务所送达《关于荷兰万×银行要求发还余款一事的复函》（以下简称《复函》），指出万×银行属境外银行，不是实际进口货物的我国境内法人或其他组织，即不是海关法所规定的收货人，因此无权要求海关发还超期未报关货物的变卖余款。在此期间，万×银行与比利时银行签订转让协议，万×银行所有债权债务由比利时银行行使，此后比利时银行更名为华××银行。

---

① 原载中国香港《中国法律》2005年4月号。

② 1987年《中华人民共和国海关法》第二十一条第一款："进口货物的收货人自运输工具申报进境之日起超过三个月未向海关申报的，其进口货物由海关提取变卖处理。所得价款在扣除运输、装卸、储存等费用和税款后，尚有余款的，自货物变卖之日起一年内，经收货人申请，予以发还；逾期无人申请的，上缴国库。"

在再次要求××海关发还拍卖余款未果的情况下，华××银行于2000年8月21日向××市中级人民法院提起诉讼，请求法院撤销××海关的《复函》，判决××海关发还拍卖余款并赔偿利息损失。××中院经审理认为，被告××海关依法提取变卖涉诉货物的行为符合法律规定，但其在《复函》中以“原告不是收货人不能对变卖余款主张权利”为由不予发还余款的决定属适用法律错误。根据1987年的《海关法》第二十一条的有关规定，有权申请发还余款的不仅有进口货物收货人，还可以包括货物所有权人。本案原告持有涉诉货物的正本提单，是提单项下货物的所有权人，其依法请求被告发还剩余货款，被告应予发还。根据了解，法院之所以判决所有权人与进口货物收货人一样有申领资格，是因为1987年《海关法》第二十一条第四款规定“收货人或者货物所有人声明放弃的进口货物，由海关提取变卖处理；所得价款在扣除运输、装卸、仓储等费用后，上缴国库”。这说明所有权人在进口环节有自己主张所有权（包括放弃权和申领权）的资格。该条第一款只规定收货人可以申请显然是立法疏漏，理应包括所有权人。对此，笔者认为该条第四款的规定不能由非立法人武断猜测为第一款立法疏漏，更不可以作为人民法院司法中进行扩大解释的理由。从正面理解，即立法就是有意规定只能由收货人申领发还，声明放弃需要规定由所有人声明的情况，比如，收货人尚未确定的进口货物（运输人持无记名提单副本）允许所有人放弃，于所有人无害，对国家有利。2001年8月2日，××中院对本案作出一审判决：确认《复函》违法并判决××海关限期将拍卖余款发还华××银行。××海关不服，向广东省高级人民法院提出上诉。广东省高院认为，1987年的《海关法》第二十一条有关条文内容没有排除收货人以外的有关人员申请发还余款的权利，结合该条第一款和第五款的规定，货物所有权人依法享有申请发还余款的权利，上诉人《复函》认为被上诉人不是收货人因此不具备申请发还余款的主体资格，没有法律依据，原审判决确认《复函》违法正确。但被上诉人虽有权申请发还余款，但其申请是否符合法律规定，依法是否可以发还，以及如何发还，应由上诉人进行审查并作出处理决定，原审法院直接判决上诉人发还余款不妥，应予纠正。2002年3月7日，广东高院对本案作出终审判决：第一，维持××中院确认《复函》违法的一审判决；第二，判决××海关对华××银行发还变卖余款的申请重新作出具体行政行为。××海关认为，法院虽判决认定当事人万×银行在程序上具有申请发还变卖余款的权利，但海关有权在实体上对其发还申请进行审查并决定是否予以发还。2002年5月，××海关经审查，正式作出不予发还钢材拍卖剩余货款的行政决定，理由仍然是“该银行不是收货人”。

二、两种法律关系 《《

本案中，华××银行和人民法院都对海关不发还货款不理解，认为所有权理应得到保护；而海关则对法院判决不理解，认为海关严格依法办事竟会输了官司。笔者认为，民事法律关系与行政法律关系交叉覆盖时着眼点不准，是各方结论难以统一的症结。

财产所有权，以及其他形式的物权，是民商法中最基本的概念。根据民商法律制度，所有权属最完整的物权，包括了物之所有人占有、使用、处分该所有物的整体权利。进出口货物当然也是一种民法上的“物”，当然都有其所属。有关进出口货物所有权的争议，首先的、基本的、直接的解决途径，是民事司法审判、民事仲裁或调解。

“进出口货物”首先要“进出”某个国家或地区才“生成”。不同于其他“物”或“货物”，可以在国内天然生成或人工创造出来，或通过交易、赠与、继承得来，进出口货物必须是在国际买卖中，并通过运输工具实际进出某一国才称为“进出口货物”。由于政治、经济、文化等原因，货物进出某一国，不能完全放任自由，须接受国家行政专门机关——海关的管理。为此，各国都专门制定有关海关如何管理货物进出境的法律，这就是海关法。因此，在货物进出口环节，有关进出口货物所有权的民商法律关系之外，又加了一道海关行政法律关系的网。在这个网下，货物所有权会发生暂时的或永久的、部分的或整体的变化：首先，所有权的量——货物价值会因海关征免退补进出口关税而发生变化；其次，可能因为货物涉嫌违法被海关依法扣留乃至没收，在海关发还货物或没收货物后，所有权人通过行政的复议或诉讼、民事的诉讼或仲裁调解，以及刑事附带民事诉讼获得或仍不能获得行政或民事赔偿后，会暂时或永久失去其所有权；最后，部分所有权如交付、提取、申领发还、索赔等，可能暂时或永久转移到他人身上。

本案例中人民法院与海关在申领发还货款主体资格上的不同认识，实际上反映的是在民事法律关系与海关行政法律关系发生并行或“交叉”

时，对所有权和所有权人法律地位的不同认识。在进出口环节，类似的民商法律关系与海关行政法律关系的并行或“交叉”有许多种情形；在不同的情形下，进出口货物的所有权人或许在民商法律关系中的法律地位是同一、不变的物权人地位，但在海关法律关系中却多有不同。有时，进出口货物的实际所有人甚至与海关之间不存在行政法律关系（当然更不存在民商法律关系）。

三、三类情形下进出口货物所有权人在货物进出口环节的法律地位

下面将依据货物进出境（包括违法进出）的实际情况试作一全面的分析。

（一）一般贸易货物向海关申报进出境

在我国，具有进出口资格的单位可分为自营进出口和代理进出口两大类。

1. 自营进出口。

进出口人可以以自己的名义直接向海关申报货物进出口，也可以委托专业报关公司代理其向海关申报。进出口行为可能合法，也可能出现违反海关监管规定甚至走私的情事。

(1) 合法进出口。一般经过海关接受申报、查验货物、征收关税、签章放行货物的程序后脱离海关监管。不难看出，在海关监管环节，进出口人既是海关行政法律关系中的收发货人（申报人、查验货物相对人、纳税义务人、货物放行相对人），也正好是民商法律关系中的进出口合同缔约人（一般情况下，即进出口货物的所有权人）。此种情况下，进出口货物所有权人同海关管理不会发生所有权（此阶段表现为出口货物装载权、进口货物提取权）争议，两种法律关系并行不悖。即使特殊情况下非收货人实际拥有货物所有权（比如持有进口货物提单），虽然海关仍要求进口人即海关法意义上的收货人以自己名义办理一切手续，但这并不影响他人对货物的所有权（比如他人持有提单时，海关在所谓“大提单”上加盖放行章后，由何人凭以“大提单”换出实际提货单，即所谓“小提单”提走货物，已不属海关管理范围）。

(2) 违法进出口。如果发生申报不实、擅自交付等违反海关监管行为，海关可能以进出口人，也可能以代理报关人，以及港口货物管理人

为对象进行处罚；如果构成走私，海关将没收货物并可加处罚款。这时，问题的复杂性开始显露——处罚对象并不一定是进出口人。其中，进口货物抵港后，进口人，即收货人申报前构成走私的，根据不同情况，运输工具负责人、发货人、收货人都可能成为处罚对象；申报后查验、征税过程中，以及办结海关手续、海关放行货物前“闯关”的，收货人、港口仓库保管人、货物运输人、代理报关人都有可能成为海关处罚对象。处罚的结果之一是涉案货物被海关没收，而此时从民商法律关系看，货物所有权人可能是收货人（大多数情况下），也可能是发货人或者其他人（比如因债务、贷款、连环合同等原因持有进口货物正本提单的人），这时就可能出现货物所有权属于没有任何违法行为的收货人，或者发货人，甚至其他人，而货物却因运输工具负责人、港口仓库保管人、代理报关人或其他人违法被海关没收。此时的进出口货物所有权人往往通过行政复议或申诉，请求海关发还货物或货物变卖价款，也有不少直接或在复议决定驳回申请事项后，向人民法院提起行政诉讼。这类案件从 1987 年海关法实行行政复议、行政诉讼制度以来，已有几千起之多，但至今没有一件满足所有权人的要求。复议决定或法院判决维持海关没收行为的理由很简单：有关没收走私货物（以及无证到货货物）的法律规定中，并没有走私行为人没有所有权的进出口货物不能没收的除外条款，海关没收的货物只要是违法行为指向的标的，这种没收就是“事实清楚、适用法律正确”。

2. 外贸公司或其他有权代理他人进出口货物的单位代理进出口货物。

外贸代理进口制度是基于最初国家（专门授予资格的国有公司）对进出口贸易的垄断和外汇使用的严格控制而产生的。国内所有国家或集体所有制经济单位、政府部门、社会团体及其他单位，凡需要进出口货物的，都必须委托有进出口权和外汇额度的进出口公司代理进口或出口。当时的进口具体运作方式是：由外贸公司对外谈判、签约和对外结汇，办理报关进口或出口手续，接受海关查验，向海关缴纳关税，海关放行货物后由外贸公司发运至被代理人（委托进出口人）目的地或直接由被代理人提取。被代理人用人民币向外贸公司结算三笔款项：购货外汇折算款（包括离岸货价、国际运输费、保险费，以及其他国际贸易应付费用）、代缴的关税、代理费（国内运输代为发运的，加付国内运费）。根据代理进口协议，以上款项也可以先行预付。同样不难看出，进口货物到达我国港口后，海关放行货物前的这一阶段，进口货物所有权一般属于进口人，即外贸公司（货到时已经付汇或已经开出不可撤销信用证），但特定情况下也可能属于发货人（比如尚未付汇，而且合同规定只有实际付汇后才交付正本提单），还可能已经属于委托进口人（委托人依代理进口协议已经全部预支付有关款项，货物放行前已经控制正本提单），甚至可能是其他人（如控制提单的贷款银行、其他债权人）。但是，根据海关管理法规及海关监管实践：在进口货物到达我国港口，运输工具负责人向海关申报前，只有运输工具负责人就货物负如实申报责任；在收货人申报进口、海关查验货物、征收关税、放行货物之前的这一系列环节上，除港口仓库保管人应就未经海关许可不得交付货物对海关负责外，只有外贸经营单位（外贸公司，以及代理报关公司）就货物的如实申报、接受查验、缴纳关税向海关负责（但在进口许可证方面，因为我国外贸管制制度或其他进出境管理制度规定，经营单位或被代理进口人均可申领进口货物许可证件，所以有时收货单位即委托进口人有时须就许可证件的真实有效向海关负责）。就海关管理而言，如果上述环节中未发现违法情事，海关即放行货物；此前或此后发货方、收货方、委托进口方，或运输方、贷款方、担保方等方面发生纠纷，都是民商法律关系下的事，与海关法律关系无直接关联，与海关管理无涉。但如果海关在上述环节中发现收货人即代理进口人或运输人、保管人、报关人有违法特别是走私行为，依海关法及有关法律、行政法规决定没收涉案货物时，就会发生处罚对象并不是货物所有权人的情况，并进而发生没有违反海关管理法规的货物所有权人直接要求海关发还货物的行政复议和行政诉讼。但同样，至今尚无最终发还货物的案例。由于出口被海关没收货物的情况较少，不作进一步分析并不影响本文宗旨和理论的逻辑性，这里就不再展开分析了。

（二）进出口货物未经报关即被海关处理的另几种情况

上面已经顺便谈到，进口货物运抵我国港口、收货人尚未报关也可能被海关以运输工具负责人违法的名义而没收的情况。下面笔者将专门分析海上运输货物未经报关被海关没收，或进口货物运抵口岸后无人报关被海关变卖，货款上缴国库的情况。

1. 海上无合法运输证明案件。

根据《海关法》及《海关法行政处罚实施细则》的有关规定，在我国内海领海，以及界河界湖、江河出海口、直通外海的内河，运输和装卸我国禁止进口或限制进口的货物、物品，没有合法证明的，按走私处理，由人民法院判决或由海关将走私货物没收。值得注意的是，此时的处罚对象既不是发货人，大多数情况下又不是收货人（特殊情况下，比如走私分子直接驾驶小船走私时，所载私货部分或全部属于走私分子购得），也不是货物承运公司或者运输工具所属的船舶公司，而是本次航运的运输工具的负责人。至于此时被认定为“走私货物”的船载货物在民商法意义上的“所有权”，则十分复杂：外商与走私分子（外商并不一定知道，或者民商法或海商法并不要求外商一定知道购货人是否是我国法律指认的走私分子）签订购销合同，一般来说尚属合法行为。如果合同规定“货到付款”，则发货方所有权尚未转移；如规定“离岸付款”或付款后发货，则所有权已属收货人。如果购货款来自抵押借贷，或者货物所有权已通过抵押提单形式转移，货物所有权甚至已不是收货人，而是银行或其他债权人。法律关系所谓“交叉”的情况又出现了：货物所有权人都可能以自己“没有违反海关法”、“拥有货物所有权”、“是‘善意第三人’”而主张所有权的实现；海关则依据海关法认定运输工具负责人运输“无合法证明”货物，按照走私行为处理——没收货物。据了解，海关每年查获海上无合法证明案件几千起（2002年1～9月有1939起），全部由海关将涉案货物（直接或由人民法院判决）没收。十几年来，虽然也发生不少货物所有权人向海关申请行政复议，或在人民法院提起行政诉讼，要求发还货物，至今没有一宗如愿。

2. 超期未报关，进口货物提取变卖货款上缴国库案件。

根据《海关法》有关规定，进口货物的收货人自运输工具申报进境之日起超过3个月未向海关申报的，其进口货物由海关提取变卖处理。所得价款在扣除运输、装卸、储存等费用后，尚有余款的，自货物变卖之日起一年内，经收货人申请，予以发还；逾期无人申请的，上缴国库。如前所述，进口货物运抵我国口岸，在收货人向海关申报直至海关查验、征税、放行，收货人或其他持有海关加具放行印章的提单提取货物之前的整个阶段，民商法或海商法意义上的货物所有权人可能是《海关法》所称的进口货物的“收货人”，即《海关法》意义上的“经营单位”，也可能是委托代理进口单位，即《海关法》意义上的“收货单位”，还可能是发货人（如收货人违约）、运输人（如运输人依法留置）、金融机构或其他债权人（如收货人已将货物抵押并由债权人持有提单）。于是现实中就又出现所有权人要求海关发还变卖款，以实现其合法的所有权，海关则以《海关法》规定只能由收货人申请发还的纠纷。进口货物超期未报关的情事一直很多，但过去海关只接受收货人发还申请，不具有收货人身份的货物所有权人一般不向海关，而向与其发生所有权关系的民商法律关系中的另一方当事人索赔，即使提出申请也会被海关拒绝。也有货物所有权人仍不服申请复议或提起行政诉讼的情况，但其要求均未获得支持。

本文开头介绍的案例中，人民法院判决认为收货人之外的货物所有权人也有权申领货物，在海关史上是第一宗。判决的作出在全海关系统引起了震动，因为人民法院既可以认为非收货人可申请发还未报关进口货物价款，也可以认为没有违反海关法、对所谓货物拥有合法所有权的“善意第三人”有权要求海关发还以其他违法人名义没收的所谓“走私货物”。若果然如此，海关依据《海关法》履行职务就难了。

（三）擅自出售海关监管货物案件的特别情况

海关监管货物指尚未完全办结海关申报、提交进出口许可证件、缴纳税款等手续，仍处于海关监管状态的进出口货物，如暂时进出口货物、保税货物、特定减免税货物等。根据《海关法》规定，海关监管货物，未经海关许可并提交进出口许可证件、缴纳关税，不得擅自出售。擅自出售则构成走私行为，由海关或人民法院判决海关没收走私货物。这时问题同样存在，海关处罚对象是就海关监管货物对海关负有不出售义务的人，如暂时进出口货物的经营人（如展览品的展览主办单位、暂时进口大量器材的体育运动会主办单位、携带大量器材的登山团体、体育运动参赛团体、电影摄制组等，其暂时进出口物品往往是租借的），保税货物的经营人及合作人（如保税仓库的管理人、保税货物的运输人、加工贸易货物的经营人及合作加工单位），减免税设备的代理进口人即运输人等。而海关监管货物的民商法意义上的所有权人却往往不在上述被处罚的对象之列。海关不会因为被处罚人对出售货物没有所有权就不再依法没收，货物所有权人则因为不是海关处罚对象而觉得自己合法权益受到了侵害。一个要依据海关法行使没收权，一个要依据民商法主张所有权，两种法律关系似乎真的发生“交叉”了。

四、4点个人意见

第一，海关应货物所有权人申请，发还走私货物、超期未报关货物或货物变卖价款于法无据。

有律师指称，“《海关法》是法，《民法》也是法，海关作为国家执法机关，不仅要执行《海关法》，还必须遵守其他法律；《民法》是国家基本法律，比海关法还高一层次，两者有冲突，应依《民法》为准”。（类似的，有学者认为，“言论自由是《宪法》中基本权利，名誉权是民法中的权利”，发生冲突时“首先应保护《宪法》上的权利”。）对此，笔者不敢苟同。一是，我国的法律虽然分为不同层次，但都是国家意志的体现，都要严格遵守，决不能曲意在高位法上寻来只言片语，用来作为否定低位法的依据；二是，一般来说，我国最高立法机关和国务院都十分注意法律之间、行政法规之间，以及法律与行政法规之间的衔接协调，尤其很少见法律之间发生冲突的情况，即使发生冲突，也只能由立法机关进行修订或作出解释，决不能由法律适用机关、执行机关借口“有冲突”而随意否定法的效力。就本文所涉问题而言，没收私货、变卖超期未报关进口货物价款允许并且只允许“收货人”在一年内申请发还价款，是《海关法》的明确规定，而且《海关法》对没收、变卖、发还都没有进行与货物所有权有关的特别规定。

第二，海关发还走私货物或超期未报关货物或其变卖价款，于理不合。

设想（实际上此类情况常有）海关查获走私案件后，准备依法没收私货，有银行站出来说：“货款来自我行信贷，且贷款时未发现借贷人有不良记录，信贷合法；该批货物的正本提单押在我行，我行具有所有权；我行未作出任何违反海关法的行为。海关可以严厉处罚走私人，但我行不能无辜受害。货物不应没收，应由我行提取变卖偿还贷款本息。”不要说海关依法没收的“法理”，就从另一个角度看，海关查获了走私行为，不没收私货或把货款发还贷款银行，再向走私人追走私货物等值价款和罚款实践中往往不可能，而且走私人无疑受到鼓励，并再次贷款走私。

超期未报关进口货物也有类似情况。由于国家对部分货物实行进口许可制度，一些无法领到进口许可证的进出口企业就在法定期限内不报关，海关提取变卖后再申请发还货款，钻法律的空子。对此海关也有管理上的对策，即仍要求申请发还货款的收货人提交原进口时应提交的进口许可证件。假如没有规定只有收货人才有权申请发还货款（或者像本文案例那样，虽然相关法律规定只有收货人有权申请，但人民法院可以推断其他人也有权申请)，其他因种种缘故对货物取得所有权的单位都可以申请发还货款，而海关又没有理由要求不是进口人的单位提交进口许可证件，就会发生不法分子以抵押进口货物提货单的方式逃避国家许可证管理，非法进口了货物却不受惩罚。

第三，未与海关直接发生行政法律关系，或虽然发生法律关系但无过错的“货物所有权人”，应当通过民事途径寻求所有权的实现或索取侵权赔偿。

保护公民、法人，以及其他组织的财产所有权，确实是我国宪法确立的基本制度。宪法不可能对每一具体财产的所有权进行法律确认和保护。财产所有权的获得和保护，须通过民商法、刑法等法律制定部门在不同情况下，分别直接或间接地具体规范才能实现。如前所说，海关不能违反《海关法》，放弃进出关境监督管理职能，以该没收货物时不没收、不该发还货款却擅自发还的方式，去保证货物所有权人所有权的实现；但在货物所有权人既是海关行政相对人，特别是进出口货物收发货人，又无违反《海关法》情事的前提下，海关则负有依法保护其所有权在海关管理环节得以实现的职责。这是不是意味着货物所有权人的合法权益，在被海关没收私货或者被提取变卖超期未报关货物时再没有法律保护途径了呢？答案是否定的。有关货物被海关没收或提取变卖，货物所有权人完全可以通过民商（海商）法律途径寻求所有权的继续实现或赔偿。比如，报关环节出现走私行为，如果收货人有责任而所有权仍在发货人，发货人可以收货人为被告提起合同违约赔偿诉讼；如果收货人，以及有所有权的发货人没有责任，可对导致货物被海关没收的代理报关人，或运输人，或港口仓储人等提起侵权赔偿诉讼。又如，超期未报关货物被海关提取变卖，而提单控制在银行或其他人名下，控制方可要求收货人配合，仍以收货人名义申请发还（需要许可证的，还要提供或补领）；如果收货人拒绝配合或者不可能提供或领取许可证，导致无法申领货款，可提起诉讼，请求法院判决赔偿因收货人责任造成提单项下货物所有权无法实现的货物价款；如果收货人已不存在，继承者承担责任；无继承者，可考虑提起确权之诉，由人民法院判决进口货物所有权已归提单持有人并且可由提单持有人继承收货人身份，同时裁定通知海关协助执行。鉴于进入司法程序的特殊情况，海关依有关规定不再要求提供进口许可证件。以上当然是基于理想状态下，所有权人合法权益能够通过民事法律渠道得到保障。说到此处，有人会说，书生之见——实际情况复杂得很呐。笔者从事的工作中其实常遇到，由于被诉人没有能力赔偿，原告人所有权落空的案例。但是，第一，商业风险必然存在，不能也不可能以牺牲国家进出口的管理方式保护民事财产所有权，不应以行政救济方式解决本应用民事诉讼方式解决的问题；第二，话说回来，有关被告无能力赔偿甚至公司都不存在，风险成为真的灾难，所有权人原先对被告资信的了解不够，或虽了解，但为了做成生意甘冒风险不也是重要原因吗？

笔者特别还想说明的是，本文只举了行政诉讼不十分恰当地救济民事权利、表面形成两种法律关系“交叉”的例子，实践中还发生过民事诉讼判决，以海关变卖超期未报关货物价款直接抵偿，或执行中裁定直接抵偿收货人债务的例子，笔者认为这又反过来形成民事诉讼不当地强制行政机关作出行政行为保护民事权利的状况，人为地造成法律关系“交叉”。

第四，综合以上种种，笔者认为，在进出口环节，进出口货物所有权的实现和保护，确实涉及民商法与海关行政法两种法律关系。但两种法律关系各行其道，并未发生平面交叉、冲突，进出口货物所有权人在不同情形下的海关行政法律关系中处于不同地位，有时甚至同海关并不直接存在行政法律关系。货物所有权在不同环节、不同情况下应由不同的法律制度调节，特别是不宜混淆民事诉讼与行政诉讼的不同任务。

海关行政管理中的代理、担保与海关管理涉及的民事债务清算问题①

从本来意义上讲，代理、担保与债务清算，都是民事法律规定或调整的问题，因为国家《民法》、《民事诉讼法》、《担保法》等法律，以及有关的司法解释，对上述问题已有许多明确规定。但是，随着《中华人民共和国海关法》(以下简称《海关法》) 及其他有关海关行政管理的法律和行政法规，以及海关行政规章中有关代理与担保的规定是否同时适用民事法律问题的出现，随着各级人民法院在审理经济纠纷案件中，判决以海关监管货物抵债，或在企业终止、解散、破产的债务清算中，将海关监管货物列入清算范围时，是否适用海关法有关规定问题的出现，这个问题的提出和解决就十分现实了。

一、海关行政管理涉及的代理问题

海关行政管理涉及的代理问题主要有四类，即外贸代理、报关代理、海关行政复议代理和进出境运输企业，以及运输工具负责人的法律责任问题。

根据有关海关行政管理的法律、行政法规和规章，上述四种代理中，代理人与被代理人的法律地位各不相同。如果对照相关的民事法律规定，又可以发现上述四种代理人、被代理人的法律地位与民事代理有的相似，有的相通而不尽相似，有的则完全不同。对于民事代理，无论委托代理、法定代理或指定代理，都是“代理人在代理权限内，以被代理人的名义实施民事法律行为”，“被代理人对代理人的行为，承担民事责任”（见《民法通则》第四章第二节第六十三条)。而海关行政管理涉及的四种代理，代理人、被代理人的权利义务各有不同。现分别分析如下。

(一) 外贸代理

根据《中华人民共和国对外贸易法》的规定，没有对外贸易经营许

① 原载中国香港《中国法律》1999 年第一期。

可的组织或个人，可以在国内委托对外贸易经营者在其经营范围内代为办理其对外贸易业务；代理对外贸易的委托方与被委托方应当签订委托合同，双方的权利义务由合同约定（《中华人民共和国对外贸易法》第十三条）。由此看来，外贸代理似乎就是一般的民事代理，外贸代理货物进出口产生的法律责任应适用民法有关规定，即委托外贸经营者进出口货物的委托人，应当对对外贸易经营者代理进出口的行为承担民事责任。然而，实际情况却远非如此。首先，所谓的外贸代理是由外贸公司自己直接对外签订外贸合同，而非外贸公司以委托人名义签订；其次，是由外贸公司而非委托人实际执行外贸合同，比如对外付汇或收汇，接受或发送货物等，都是外贸公司以自己的名义进行。委托人只是在外贸公司将委托进出口的货物实际进出口，并交付委托人之后，才按进出口货价以人民币同外贸公司结算，并支付代理费。显然，由进出口合同的执行（或违约）带来的一系列民事责任都只能由外贸公司承担，外贸公司不能也不应在与国内委托人签订外贸代理合同时，将这些责任转嫁给国内委托人。就本文讨论的主题而言，是货物的实际进出口涉及的海关行政管理法律责任也只能由外贸代理公司承担；从海关行政管理的角度看，作为代表国家对进出境货物、邮递物品和个人行李物品，以及进出境运输工具进行监督管理的专门机关，海关应当也只能以对外签约并实际执行进出口贸易合同的外贸公司为直接的行政管理相对人。《海关法》、《中华人民共和国进出口关税条例》（以下简称《进出口关税条例》）等法律法规规定，进口货物的收货人、出口货物的发货人，以及他们的代理人是向海关申报进口，与海关配合和接受海关对进出口货物的查验，缴纳关税和其他税费的义务人。这里讲的收发货人，显然是指对外签约、执行合同、进行外汇结算的外贸代理公司。从海关行政管理的实践看，凡外贸公司代理进出口货物的，均由外贸公司以自己的名义（注意，这里也不是"以被代理人的名义"）直接向海关办理，或者直接委托专业报关公司以该外贸公司的名义向海关办理报关纳税手续。如果发生违反海关法情事，比如伪报或申报不实，海关则直接以外贸公司为当事人进行处罚（如果委托了报关公司代办进出口手续，则报关公司也可能因申报不实承担责任；对伪报知情或有共同预谋的，则是共同走私），而被代理人除事先参与走私的共同预谋外，对伪报或申报不实均不承担责任。因此，我国对外贸易法关于代理人和被代理人之间可以由合同自由约定彼此的权利义务的规定，只能理解为民事的权利义务，涉及海关行政管理方面的权利义务，都只能由作为海关行政管理相对人的外贸公司来享有或承担了。据了解，实践中外贸公司与被代理人之间通用一种制式空白合同，在合同要件部分公然印有由被代理人负责报关纳税的字样。这样的约定因为违反了海关法，在海关行政管理实践中当然也行不通。（实际工作中，因为外贸公司毕竟是代理被代理人进出口货物的，海关默认被代理人以代理人的名义直接支付委托报关费用，以代理人的名义直接缴纳税款。）

（二）报关代理

根据《海关法》的规定，进出口货物，除另有规定的外，由海关准予注册的报关企业或者有权经营进出口业务的企业负责办理报关纳税手续，进出境物品的所有人可以自行办理报关纳税手续，也可以委托他人办理报关纳税手续（《海关法》第一章第六条）。还说明进出口货物可以由进口人委托报关公司代理报关，进出境旅客的行李物品和个人进出境邮递物品也可以委托他人代理报关。与上述外贸代理有所不同，报关代理是代理人以被代理人的名义向海关办理报关纳税手续；但如同代理进口一样，代理报关行为也绝不仅仅是一种民事代理，而首先是一种行政管理意义上的代理。《海关法》第十条明确规定：接受委托办理报关手续的代理人，应当遵守本法对其委托人的各项规定。在实践中，代理报关人代理进出口申报，填具进出口货物报关单或进出境物品申报单时，除须如实填写被代理人应向海关申报的各个项目外，还须如实填写报关单位或代理报关人的名称。有关货物或物品进出口构成违法的，代理人在下述情况下还须承担责任：第一，报关人与委托人合谋欺骗海关，逃避海关监管的，或者委托人提供虚假的报关单证或数据材料，报关人知情并向海关提供上述单证材料的，海关按共同走私予以处罚；第二，委托人向报关人提供虚假的单证材料，报关人不知情但凭以向海关办理报关纳税手续的，海关除对委托人按走私进行处罚外，还可以对报关人按申报失实适当罚款；第三，委托人如实向报关人提供单证材料，因报关人工作失误或有意作弊，造成向海关申报失实或伪报、瞒报的，委托人不承担法律责任，海关对报关人按申报失实或走私进行处罚。

（三）复议代理问题[①]

行政复议申请人是否可以委托他人代为复议问题，有关法律、行政法规未作规定。但《中华人民共和国行政复议条例》规定行政复议的指导思想之一就是维护复议申请人合法权益，并且专门规定了行政复议的便民原则。显然，不允许复议申请人委托他人代为复议，是不符合上述法律规定精神的。事实上各行政部门也都允许委托代理复议。在海关系统，海关总署发布的《中华人民共和国海关行政复议实施办法》中关于"复议申请人委托律师或其他代理人代理申请复议的，应当出具委托书"的规定，说明代理复议是法律[②]允许的。至于复议代理人在海关和其他行政部门的行政复议过程中，与被代理人的关系，以及各自的权利义务，目前尚未见法律、行政法规或行政规章的规定。实践中，各行政复议机关都将复议代理人置于与民事诉讼代理人相似的地位，即复议代理人以被代理人的名义，根据被代理人的授权代理复议活动，被代理人对代理人的代理行为负责。

（四）进出境运输企业，以及运输工具负责人的（行政）法律责任问题

进出境运输企业，这里仅指经营海运、空运，以及陆运（包括铁路、公路运输）进出境客货运输（其中货物运输包括转运、通运和过境货物运输）的企业；运输工具，则仅指从事进出境运输业务的船舶、航空器，以及火车、汽车。根据《海关法》，以及海关总署关于进出境船舶、航空器、列车、汽车及其所载货物和人员的管理规章，进出境运输企业，以及进出境运输工具负责人进出我国关境，在不同情况下，各自对海关承担下述法律责任：

1. 无论从事客运还是货运，无论实际载有货物或旅客还是空载进出，运输工具本身（包括其在我国境内的航行、行驶和停靠、起降，上下旅客、装卸货物，机、车、船用物料和驾驶、服务人员自用物品）都必须接受海关监管，由运输工具负责人负责向海关报告或接受海关指令，法律责任直接由运输工具负责人承担。涉及运输工具违反海关管理法规的行为，即使运输工具负责人根据运输业务委托人、经营人，或运输工具

---

① 这里仅讨论委托代理。复议的法定代理是有法律规定的，但这种代理与本文讨论的问题无关。

② 取广义，指行政规章。

经营企业负责人，或运输工具所有人的命令行事，或运输工具其他驾驶、服务人员行为所致，海关都直接以该运输工具负责人为违法当事人进行处罚，不考虑其中是否存在委托代理关系或者代表关系。

2. 在我国内海领海运输我国禁止、限制进出口货物无合法证明的，海关以运输工具负责人为违法当事人进行处罚。至于该批货物是依据运输公司或船长代表运输公司签订的运输合同航运，还是船长合法运输中途根据货主或运输公司或船东指令改航至违法地，还是船长与货主事先勾结，合谋走私，其中是否有合法的经营人及其代表人或代理人或委托人的正当利益由于海关没收了货物而受到损害，不属海关调查和裁判的范围。

3. 国际航行船舶、民航机载运进口货物抵达我国港口时，运输工具负责人除对运输工具本身情况向海关申报外，还须就所载货物进行申报，有意伪报或申报不实的，海关以该负责人为当事人进行处罚，并且这种处罚不因随后进口货物的收货人向海关正式办理报关进口手续时是否如实申报、是否也受到海关处罚而变更。国际列车载运货物进出我国关境，运输工具负责人不必就货物进出向海关申报，而只通过车站向海关提交货物交接单。

上述运输工具载运事先无国内收发货人的国家禁止、限制进出口货物进出我国设关地，未向海关申报，即实地装卸货物或进出非设关地，无论实际货主是否为运输公司或运输工具负责人及其工作人员，海关均以运输工具负责人（视为运输经营人的代表人）或运输经营人为当事人进行处罚。

4. 进出境汽车载运进出境货物进出我国关境，汽车司机应就所运货物的品名及数量（外包装）和收货人、指运地等向进境地海关申报，发生伪报或申报失实，海关以司机为当事人进行处罚，不考虑货物的货主是谁，不考虑是司机代表运输企业承运还是司机个人私自承运，也不因事后货主是否如实申报和海关是否对货主进行处罚而改变对司机的原处罚。

汽车载运无国内收发货人的国家禁止、限制进出口货物进出境，无论货物是否司机所有，事先申报的，禁止进出的货物予以收缴，限制进出的货物予以退运，不作其他处罚；事先未申报属无主货物的，海关均按走私以司机为当事人进行处罚。

二、海关行政管理中涉及的担保问题

海关行政管理中涉及的担保问题大体有5类，即关税担保、通关担保、处罚担保、经营风险担保和知识产权海关保护担保。根据海关总署发布的《中华人民共和国海关关于进出口货物申请担保的管理办法》，担保是指“以向海关缴纳保证金或提交保证函的形式，保证在一定期限内履行起承诺的义务的法律行为”。虽然上述担保管理办法只涉及进出口货物的通关担保和关税担保，但从接下来的分析可以看到，海关处罚担保、经营风险担保和知识产权海关保护担保也同样适用该办法关于担保的概念。从中还可以看到，上述5种担保在形式上和民事担保的某些种类很相近，但其本质并不一样：一是依据的法律规范不同，前者依据海关行政管理法规，后者依据国家专门制定的担保法；二是施行的原则不同，前者是海关行政管理的延伸，要求被管理人向海关担保，不一定要求双方自愿，提供的担保未能兑现的，海关可以直接对担保人及被担保人进行处罚。后者是民事行为，乙方向甲方，或第三方对乙方的行为向甲方提供担保，各方均属自愿，担保未兑现的，只能通过法院请求追究违约人的民事责任。现就海关行政管理中的各类担保问题分别简析如下。

（一）关税担保

指进出口货物的收发货人经海关许可，缴纳保证金或提交保证函，海关准予暂时免缴或缓期缴纳进出口关税以及法定由海关征收或代征的税费的一种担保制度。根据《海关法》、《进出口关税条例》，以及上述海关担保办法等法律、行政法规和海关规章的有关规定，海关在下列情况下接受关税担保：

1. 应税货物，请求缓缴税款的，应由收发货人的开户银行出具保证函；

2. 减免税进口货物，正在向海关申请办理减免税手续而货物已运抵口岸，亟待提取或发运，要求海关缓办进出口手续，先期放行货物的，应由收发货人或其代理人向海关支付保证金，保证金的金额应相当于有关货物的税费之和；

3. 暂时进口货物，经海关核准，申报人向海关缴纳相当于税款的保证金，或提供海关认可的书面担保后，准予暂时免纳进口税和海关代征的税费；

4. 特准进口的保税货物，收发货人或其代理人向海关缴纳相当于税款的保证金或提供担保后，进料加工保税进口货物经海关核准在指定银行设立保证金台账后，准予暂时免纳关税。

（二）通关担保

指报关时因故不能及时提交进出口货物许可证件的，属于国家限制进出口的暂时进出境货物，以及其他未办结进出境海关手续，请求海关先期放行的货物，收发货人或其代理人向海关缴纳保证金或提交保证函，海关认可后准予先期办理货物放行手续的一种担保制度。通关担保的实质，是海关有条件地给予进出口货物的收发货人的一种通关便利，即由收发货人或其代理人承诺履行一定义务，海关则基于这种允诺而作出新的行政行为，即未办结手续而先行放行货物。如果担保人及被担保人未履行承诺义务，海关强制其履行并可给予处罚。通关担保适用于下列情况：

1. 国家限制进出口货物，已领取了进出口许可证件，因故不能及时提供的；

2. 进出口货物不能在报关时交验有关单证（如合同、发票、装箱清单等），而货物已运抵口岸，亟待提取或发运，要求海关先放行货物，后补交有关单证的；

3. 暂时进出口货物，属于国家限制进出口货物，保证在规定期限内复运出境申请暂时免领进出口许可证的；

4. 经海关同意，将海关未放行的货物暂时存放于海关监管区之外的场所的。

（三）处罚担保

指海关为保证扣留强制措施或海关行政处罚的有效执行，对违反海关法嫌疑人或受海关处罚的当事人强制性收取的保证金、抵押物及其他保证。根据《海关法》、《中华人民共和国海关法行政处罚实施细则》（以下简称《处罚细则》）的规定，对有违反海关法嫌疑的货物、物品及运输工具，海关有权扣留。《处罚细则》明确规定，“对于无法或不便扣留的货物、物品或者运输工具，海关可以向当事人或者运输工具负责人收取等值的保证金或者抵押物”（《处罚细则》第二十一条）；《处罚细则》还规定，“受海关处罚的当事人，在境内没有永久住所的，应当在离境前缴清罚款、违法所得以及依法追缴的货物、物品或者运输工具的等值价款。

当事人对海关的处罚决定不服，或者在离境前不能缴清上述款项的，应当交付相当于上述款项的保证金、抵押物，或者提供海关认可的其他保证”（《处罚细则》第二十九条）。

（四）经营风险担保

指为了警示有关当事人避免或减少违反海关法行为的发生，并为保证发生违法行为后海关行政处罚的有效执行，根据海关要求，专业报关企业、进出境汽车运输企业，以及境内从事海关监管货物运输的企业等海关行政管理直接涉及的企业，在向海关注册登记从事与海关行政管理有关的经营活动之前，向海关提交的规定数额的保证金。海关行政管理中的经营风险担保与民事担保的区别十分明显：一是基于行政机关强制性的要求而非当事人自愿；二是担保的行为直接涉及海关行政管理，担保制度警示的行为对大多数企业而言可能永不会发生；三是担保方式和数额出自海关的单方面强制性要求。

（五）知识产权海关保护担保

指海关为警示有关当事人避免或减少申请海关扣留或放行涉嫌侵犯知识产权的货物，给有关当事人造成不当损失，以及不当损失发生后有关当事人能够得到必要的补偿而向有关申请人收取的担保。根据《中华人民共和国知识产权海关保护条例》（以下简称《知识产权海关保护条例》的有关规定，“在海关总署备案的知识产权权利人发现侵权嫌疑货物即将进出境的，可以向货物进出境地海关提出知识产权保护措施的申请”（《知识产权海关保护条例》第十二条），为防止和减少知识产权权利人滥用申请权，并保证由于其错误的申请给进出口货物的收发货人造成不应有的损失后，受损人能得到必要的补偿，以及支付海关扣留期间的仓储、保管、处置费用，《知识产权海关保护条例》专门规定，“申请人申请海关扣留侵权嫌疑货物的，应当向海关提交与进口货物到岸价格或者出口货物离岸价格等值的担保金”。为保护知识产权权利人合法权益，《知识产权海关保护条例》规定海关对已提出扣留申请的或海关发现的有侵权嫌疑的进出口货物有权扣留；另外，为防止货物被海关扣留后，权利人提请法院确认是否侵权的时间过长，可能影响实际上并未侵权的进出口货物的收发货人的合法利益，条例规定收发货人可以有条件地向海关申请提前放行货物。其前提条件就是提供担保。由于货物侵权的后果不仅是被海关没收，海关还可以处以货物等值以下的罚款，因此担保金金额必须相当于货物等值的两倍。（见《知识产权海关保护条例》第十九条："收货人或者发货人认为其进出口货物未侵犯申请人知识产权的，在向海关提交相当于进口货物到岸价格或者出口货物离岸价格二倍的担保金后，可以请求海关放行有关货物。"）根据《知识产权海关保护条例》规定，涉嫌侵权货物经海关或知识产权主管部门或人民法院确认，或排除侵权嫌疑后，海关即应对担保金依法处置。（海关决定、知识产权主管部门决定，或者人民法院判决或者裁定生效后，海关应将有关当事人提交的担保金扣除货物的仓储、保管和处置等有关费用；扣除因申请不当给有关当事人造成损失的赔偿费用外，予以退还。见《知识产权海关保护条例》第二十五条。）

综观知识产权海关保护担保，形式上与一般民事担保很相似：一方提交担保，同时获得某项权利；另一方接受担保，同时履行某项义务。但认真分析，知识产权海关保护担保绝不仅仅是与民事担保源自不同的法律的区别：

1. 民事担保是担保人及债务人（有时担保人即债务人）自愿向债权人作出的履行某项义务的保证；知识产权海关保护担保是知识产权权利人和有侵权嫌疑的进出口货物的收发货人，各自向主管知识产权海关保护的行政管理机关即海关作出的履行某项义务的保证，权利人和侵权嫌疑人之间并不互作保证。

2. 民事担保中债务人、担保人未能如约履行义务，债权人可通过人民法院要求其必须履行或赔偿损失，还可追究违约人的违约责任。知识产权海关担保中，海关接受双方向海关作出的保证，但不负责处理双方的债权、债务纠纷。

三、海关行政管理涉及的某些民事债务清算问题

随着我国对外开放政策的贯彻实施，以及我国对外经济贸易的不断扩大，越来越多的进出口货物进入国内生产、流通领域，因而越来越多的进出口货物卷入了社会组织之间的民事、经济纠纷。由于进出口贸易形式越来越复杂多样，海关为支持对外经济贸易的发展，在对进出口货物的通关管理和关税管理上采取更多的灵活方便措施，各种未完全办结海关手续的进出口货物（即海关监管货物）开始直接进入国内生产领域，乃至流通领域，因而当然也出现越来越多的海关监管货物卷入民事、经

济纠纷的情况。民事、经济纠纷中主要有两类情况涉及海关监管货物：一类是以海关监管货物抵债；另一类是在企业宣告解散、终止或破产后，用以清偿债务的财产中涉及的海关监管货物。由于人民法院对海关法，特别是海关监管货物的了解甚少，而海关主动宣传解释又不够，而且大多数法院同海关之间又没有制定相互联系配合的办法，所以难免常常发生法院判决或宣告以海关监管货物抵债或变卖清偿债务时，海关匆匆出面要求先办结海关手续（包括责令有关当事人提供进口许可证件，缴纳进口关税及其他税费，解除监管等），再进入民事程序的情况。

海关监管货物的抵债又有两种情况，即事先有抵押的偿债和直接判决以货抵债或变卖货物抵债。关于事先有抵押的偿债，根据《海关法》的规定，“海关监管货物，未经海关许可，任何单位和个人不得开拆、提取、交付、发运、调换、改装、抵押、转让或者更换标记”（《海关法》第二十六条），当事人事先未经海关许可并办理有关手续，擅自以海关监管货物充作民事抵押物是非法的，《担保法》也明确规定，“依法被查封、扣押、监管的财产不得抵押”（见《担保法》第三十七条）。据此，人民法院审理经济、民事纠纷时，发现当事人未经海关同意以海关监管货物作抵押的，应首先宣布或裁定抵押无效，经审理认为确需用海关监管货物抵债的，应责成有关当事人先向海关办理纳税及解除监管手续，然后再判决以货抵债或变卖货物以款抵债。至于人民法院准备直接判决以海关监管货物抵债或变卖海关监管货物抵债的，更应责令有关当事人先去办结海关手续，缴纳关税。

企业宣告解散、终止或破产时，人民法院或清算委员会如何处理海关监管货物，也是近年来大量发生而处理中常有麻烦的实际问题。实际工作中有少数海关同地方人民法院之间制定了联系配合办法，而更多的尚处在人民法院或清算委员会不通知海关，径行宣告清算财产，或海关从非正式渠道得知消息，主动找有关法院或清算委员会交涉的状态。至于制定了联系配合办法的，对有关海关监管货物的处理方式也各有不同，大体说来，有3种模式。第一种，事先通知海关并将海关列为第一债权人。优点是能保证海关关税或部分关税，缺点是没有完全体现海关对有关的海关监管货物的管理权（海关对有关货物的管理权不仅包括征税权，还包括监管权与解除监管权，有关货物应经海关同意并办理海关手续才得进入民事程序）。第二种，海关参加清算委员会，同时又作为第一债权人。这种与第一种模式相近，但更能使海关关税得到保证并有助于海关办理事先的解除监管手续，缺点是并未从程序上承认海关解除监管的优先权问题。第三种，人民法院或清算委员会责成有关当事人先办结海关手续，有关货物被解除监管后再纳入清算范围。优点是可能完全保证海关的管理权（包括监管、受理解除监管申请、审查有关单证是否齐全、审定完税价格、确定征税税率并征收税款，以及解除监管、核销或放行货物）。缺陷有二：一是有关海关监管货物如果属于国家限制进出口货物，当事人申请解除监管时难以领取并提交进口货物许可证的，将使海关面临是否准予办理进口手续的问题；二是解散或破产企业所剩财产主要部分就是海关监管货物的情况下，海关事先办理手续必然包括依法征收关税和法定由海关代征的其他税费，这样很可能造成进行清算时无法保证企业职工工资，以及有关福利的情况。经研讨，大家认为比较理想的模式是对第三种方式进一步改革：一是立法上确认，对确应进入清算程序的海关监管货物，当事人可以凭人民法院（清算委员会）公告向海关申请办理解除监管手续，海关不再要求提交进口许可证件；二是海关办理解除监管手续时，凭清算委员会出具的将海关列为第一债权人的确认证明暂不征税。这样既基本保证了海关的监管权，也能体现国家法律首先保证企业职工切身利益的精神。

综上所述，海关行政管理法律法规与民事法律中相似但截然不同的问题，以及海关行政管理涉及的民事法律问题有许多，如何从既符合海关行政法规又不违背民法及其他国家法律的角度进行研究分析和恰当处理，是一个现实性很强的问题。初次进行探讨，笔者仅提出了一些粗浅看法，希望有兴趣的同仁不吝指教。

和谐社会、和谐海关与海关税收工作的法治思考[①]

一、法治的和谐与和谐的法治

党的十六届六中全会将社会主义本质特征高度概括为社会和谐，同时指出了社会主义和谐社会的特定的科学内涵，即“民主法治、公平正义、诚信友爱、充满活力、安定有序、人与自然和谐相处”。这样的和谐社会，应该是社会主义民主得到充分发扬，依法治国方略得到切实落实，各方面积极因素得到广泛调动的社会；应该是社会各方面的利益关系得到妥善协调，人民内部矛盾和其他社会矛盾得到正确处理，社会公平和正义得到切实维护和实现的社会；应该是全社会互相帮助、诚实守信，全体人民平等友爱、融洽相处的社会；应该是一切有利于社会进步的创造愿望得到尊重，创造活动得到支持，创造才能得到发挥，创造成果得到肯定的社会；应该是社会组织机制健全，社会管理完善，社会秩序良好，人民群众安居乐业，社会保持安定团结的社会；应该是生产发展，生活富裕，生态良好的社会。不难看出，包括民主法治在内的上述 6 个方面，相互包容、相互依存、相互贯穿，而作为其中一个方面的民主法治与和谐社会整体的关系，实际上也是互相包容、互相依存、互相贯穿的关系，即“和谐是法治的和谐，法治是和谐的法治”。

法治与和谐是社会主义社会的必然要求。社会主义和谐社会是人类社会发展由原始共产主义，经阶级社会，到一部分国家阶级基本消灭（但阶级残余存在），整个人类阶级基本消灭（阶级和阶级思想残余存在），到实现全人类进入共产主义社会阶段的一个必经阶段。社会主义社会主要矛盾不再是阶级矛盾，而是人民群众对不断丰富发展的物质生活、

① 原载《海关执法研究》2009 年第二期。

精神生活、政治生活和社会生活的需求，与社会生产力相对低下，社会文化相对贫乏，社会政治体制相对滞后，社会保障不够完善之间的矛盾。解决上述矛盾，不仅不能再走阶级斗争为中心的错路，也不能单纯重视物质生产，而是应由党领导全体人民按照上述6个方面构建和谐社会，由全体人民共同享受和谐社会的成果。

在国家产生、存在的历史长河里，法治是国家维系、社会构建的必然选择。人类社会发展之初，人类对自然缺乏认识，生产力低下，衣不蔽体，食不果腹，人们只能习惯地生存于共同生产，平均分配，共同娱乐，共同养老扶幼，“不独父其父、不独子其子”的形态，不需强制性规则，穷则穷矣，一旦吃饱了或闲下来，却其乐融融。到生产力有所发展，生产品过剩后，权贵多吃多占，有更多精神享受。贪欲无限，明明“天之道，损有余而补不足，人之道则不然，损不足以奉有余”，于是乎贪心不足的和愤愤不平的都要争斗，担负强制维护和适当抑制不平等重任的法律应运而生。产品交换发展到商品经济，富足的资产阶层的平等自由口号阻挡不了权贵的勾结贪腐，消化不了两极分化下的贫困阶层的愤怒，法律又充当维护私有神圣，限制公共权力，保证适当大众福利的主要工具，号称资本主义法制社会。劳动者几经斗争而当权，阶级终于基本消灭，共同的不断提高的物质、精神享受成为可能。人的私欲和社会商品经济的长期存在，又使新的两极分化随时引发。无论凝聚合力建设，还是消除不和谐因素，都需要全体人民做主，而人民做主只能通过法治的途径。民主的目的是和谐，民主的过程是法治。

因此，就和谐社会的整体而言，和谐的必须是法治的，我们所要的社会主义法治国家与社会主义和谐社会本质上是一个东西。就和谐社会的具体内容而言，民主法治不仅是和谐社会6项主要内容之一，也是其他各项内容存在的保障。没有真正的人民民主，就没有真正的法治；没有法治的保障，协调各方面利益关系，调动各方面积极因素，解决各种社会矛盾，实现社会公平正义，确保全体人民和谐相处，尊重人才，鼓励创造，促进经济发展，维护社会秩序，保护生态环境则都是难以想象的。

而就社会主义法治国家的整体而言，法治的必须是和谐的，我们要依法构建和维持的，不是奴隶制、封建制时代的法治国家，也不是现代资本主义法治国家，而是全面符合前述6项基本特征的人民民主的和谐社会。就法治的具体内容而言，法治理念和具体的立法、执法、司法工作，都必须充分反映人民意愿，充分尊重社会的和自然的规律、法则，必须以持续发展、团结和睦、富裕安康、公平正义、生态良好、环境优美为追求目标。

二、在和谐社会、法治国家下建设和谐海关、法治海关

构建和谐海关是在构建和谐社会基础上引申出来的。和谐海关不是仅指或主要指海关内部组织建设，更是指甚至主要指海关在构建和谐社会中的地位和作用。构建和谐海关，不仅要坚持学习法律、崇尚法律、遵守法律；坚持以人为本，尊重人、培养人、教育人和关心人，形成规范严明、平等友爱、和谐有序的海关内部环境，更要以构建社会主义和谐社会的总体要求为指导，始终坚持法治的真谛在于依法治"官"，坚持执政为民、执法为民，切实维护人民利益、国家利益，切实尊重和维护管理相对人的合法权益，廉洁从政，提高效率；坚持完善和落实关务公开、警务公开制度，有效维护进出口贸易正常秩序，努力营造健康有序的进出境监督管理机制，还要充分发挥海关作为口岸管理、大通关制度建设、反走私综合治理、特殊监管区域管理等牵头部门的作用，理顺与地方政府和各有关部门的关系，加强与社会各界的合作，与广大进出口企业建立以诚信为本的新型合作关系，为构建社会主义和谐社会作出海关应有的贡献。

和谐海关建设是社会主义和谐社会建设的组成部分。建设和谐海关必须以科学发展观为指导，以构建和谐社会为出发点和归宿，必须全面符合构建和谐社会的基本要求。和谐海关要求海关人首先树立正确的人生观、幸福观，科学的自然观、世界观和社会发展观；和谐海关不仅是内部和谐、外部和谐，而是与整个国家和谐社会的政治建设、经济建设、文化建设和社会建设全方位的同步共进。

法治海关建设必须是社会主义法治国家建设的组成部分。海关法制建设要与国家法制建设有机融合，同步发展。要不断提高海关人员现代法治观念和执法水平，不断强化廉政建设。必须明确，海关立法不能局限于海关业务工作需要，而应全面服务于建设法治国家的大局；海关依法行政绝不仅仅是执行海关法和配套行政法规及海关总署规章，国家宪法和一系列基本法律，以及其他与海关工作有关联的法律、行政法规，

都是海关执法的依据。

同和谐社会与依法治国的关系一样，和谐海关必须同时又是法治海关。建设和谐海关，必须以反映人民利益和意志的宪法和法律为准绳，必须把海关法制建设放在基础的和保障的地位，高度重视海关立法工作，健全海关法律体系，确保海关设立和履行职能及内部管理都有“良法”可依；海关全部工作都严格依法而为，及时纠正执法过错并严肃追究有关人员法律责任，切实维护海关管理相对人合法权益。

同依法治国与构建和谐社会的关系一样，法治海关必须同时又是和谐海关。海关法制建设的着眼点，绝不仅仅是建立良好的执法秩序，而是应首先以法制教育推动全体海关人员正确认识和参与民主法治建设，树立为人民服务、为构建和谐社会服务的观念；海关立法要真正反映人民利益，不仅仅考虑海关人员履行职务的需求，而要全面反映国家建设和谐社会的要求；海关执法工作不能简单依法条办事，而要时时坚持建设和谐海关的理念，有法律规定的，严格准确执行，法律没有规定的情况下既不能无所作为，也不能有影响相对人合法权益，或对社会和谐，包括民主法治、公平正义、诚信友爱、社会活力、生态环境有不良影响的任何行为；法律允许自由裁量的，要符合公平、适当的原则；能采取其他方式实现行政目的的，就不能采取损害行政相对人权益，或对社会和谐有不良影响的方式，即使这种方式是法律具体条文规定可以采取的；发生违法或不当行政行为时，应当主动、及时、依法纠正；因违法或不当行政行为给行政相对人合法权益造成损害的，应当给予赔偿；对社会和谐有不良影响的，应积极补救。

三、和谐社会、法治国家的海关税收

税收是国家凭借强制力向公民、法人及其他组织无偿征收的金钱化的物质财富。税收的形式一般都通过国家法律固定，税收的实现当然也靠法律保障。在封建君主制度下，税收的本质在于“集万民之财富，致一人之欢欣”；在资本主义制度下，税收打着“国家利益旗号”发挥财政作用的同时，发挥对经济发展（包括进出口活动）的调控作用和保护作用，主要为富人更富服务，为缓和日渐增多的穷人的不满和社会骚动，也逐渐重视大众福利和社会公平；在人民当家的社会主义制度下，税收的原则在于“取之于民、用之于民”，调控、保护经济发展，这些无疑都符合社会和谐这一社会主义社会的本质的要求，且事实上税收也在上述3个方面为社会和谐发挥着巨大的、不可或缺的作用。但是，占有欲、享受欲思想的支配，私有经济、外国资本的存在，以及市场经济体制运行中必然存在的负面因素使得上述原则的实现至少在以下方面可能受到影响，这些影响当然也成为“不和谐因素”，进而对构建社会主义和谐社会构成影响。

首先，在税收征收立法层面，由于立法机制和立法者立法水平的局限，或多或少地存在3个方面的问题：一是税种、税率设定不尽科学合理，造成应征的未规定征收，或该适当多征的没规定多征，不该征的规定征了，或应少征的反而规定多征了；二是征税程序规定不尽科学、规范、实用，法定应收的实际难以征收，而依法不应收取的却易于误征；三是法律规定的自相矛盾或脱漏，必然引起少征、多征，或纳税人不合理但合法地避税。

其次，在税收使用立法层面，财政流向方面的规定不尽符合构建和谐社会的要求；合法使用、有效使用及监督、审查使用方面的立法不够完善。贪污、流失、浪费现象时有发生。

最后，在征税层面，漏税、逃税等违法行为屡打不止，情况严重；误征、多征的情况也时有发生；忽视程序的情况还较为普遍。

不难看出，解决上述税收（财政）方面的问题，对构建和谐社会已是十分急迫的需要；也不难看出，解决上述问题，法治的手段仍将发挥基础的、保障的，甚至是主要的作用。

海关税收是国家税收的组成部分，又有自己的特色。我们既要认识到国家税收的本质及其在构建社会主义和谐社会中的地位、作用同样适用海关税收，国家税收在如何进一步为构建社会主义和谐社会服务，特别在立法、执法和税收（财政经费）使用方面的改革、完善、进步，同样适合海关税收，也要认识到海关税收的特色和完善海关税收的特别着眼点。

（一）海关税收本质上同样是法律规定、国家强制向公民、法人和其他组织，以及外国人、外国组织收取的，用于全体人民构建社会主义和谐社会的款项。海关是执行机关，“应收尽收”是国家赋予海关的基本职责之一，是人民给予海关权力的前提之一。只能认为海关担负的任务艰巨而重要，不宜说“海关平均每人向国家贡献多少钱”。

（二）海关税收作为国家中央财政的重要部分，为支持沿海改革开放、西部大开发、振兴东北、中部崛起，支持“老少边穷”地区脱贫致富，减轻农民负担，支持科学技术、文化教育、公共卫生事业发展，促进社会和谐发挥了巨大作用，并将在今后继续发挥巨大作用。海关人有理由为自己的工作自豪。但我们也要清醒地认识到，较之国内税，特别是所得税，海关税收是普遍施加于进出口货物（主要是进口货物）的税，基本上并未加重进出口人负担，而是通过或主要通过贸易将生产成本无区别地转嫁于全体消费者，而所得税主要取自高收入群体。显然，后者更利于发挥以富济贫的功效。笔者认为，从构建和谐社会的大局看，从长远看，立法上逐渐降低进出口环节税，同时逐渐提高个人所得税应是方向。（仅就国内税而言，则应以注重、鼓励讲求效益，降低消耗成本为目的加以进一步改革。）

（三）海关税收是国家通过税收对经济进行调控、保护政策的重要组成部分，必须给予足够重视。但随着全球贸易自由化，我国加入世贸组织，以及区域贸易一体化趋势，海关税收的作用在减弱。另外，我国各地方政府发展本地区经济热情高涨，而海关执法又具有全国统一性的特点，所以应警惕在“服务地方经济”口号下的违法或不当的保护地方利益、部门利益、企业和个人利益的行为。

（四）从国家体制上说，国家权力机关是立法机关，但由于我国幅员辽阔，社会主义社会管理事物复杂多样，宪法赋予了行政机关一定的立法权。海关作为国家行政机关，主要职能是执行国家法律，但又有制定相关行政规章的权力，同时通过建议、意见的方式，参与国家立法。进出口环节税收法律在国家对外开放基本国策背景下，对经济建设的促进、调控、保护作用巨大，海关在立法方面应主动参与，争取有更大的作为。

（五）海关工作涉及国家政治、经济、文化建设的各个方面，海关执法直接影响和谐社会、法治国家的构建。作为对外开放型大国，我国过半进口商品属于应税商品，海关税收在国家税收中占重要比重的现实，决定了海关税收工作在构建和谐海关、法治海关中的地位和作用。海关税收工作，如果不谈立法部分，主要表现为依法征（减、免、追、补、退）税。从广义、本意、严格意义上，或者说从构建和谐社会、法治国家，建设和谐海关、法治海关意义上讲，“应收尽收”包含丰富内容，至少应包括：税收（包括税种、税率、应税商品种类，税款的征、免、退、补）法定，“应”不应收，不在主观认识或愿望；程序法定，即使法定“应收”，不合法定征收程序也会导致征税行为（一定时间内）无效，甚至引起行政赔偿。国家可以依法（不是随意）少收（比如海关税法规定，由于海关的原因漏征的，超过一年就不再征收），但决不可以多收（比如海关税法没有规定在多征情况下退税的时间限制）。因此“尽收”不是全部、百分之百收上来，一般表现为“尽力”提高执法水平，“严格依法”征、免、退、补。动态的税收曲线是在“应收”直线下波动并力求接近，不是在该直线上下波动，避免经常出现误征的情况，狭义上说是侵犯进出口人合法权益，实际上或更高意义上说是不当地加重进出口人负担。

（六）海关作为国家机关，活动经费百分之百来自国家，实行“收支两条线”，海关并不直接使用所征税收，因此讨论海关税收不应涉及其使用问题。但海关税收直接转为国家财政收入，而国家财政收入的合法合理使用、节约使用、高效率使用，直接影响到构建和谐社会、法治国家则是毫无疑义的。因此，我们有理由呼吁海关人使用行政经费要讲究效率，有理由反对铺张浪费现象和排场奢华之风，更有理由积极打击贪污腐败。

完善财产权保护行政法律机制的一些思考①
——从十六起海关行政案件谈起

谈财产、财产权行政法律保护机制，首先要谈及财产、财产权概念，以及许多一时说不清楚的理论问题，而这些却不是本文的关注重点。我们不妨先从一个不十分恰当的比喻开始。

一、引子：牧羊问题——并不十分恰当的比喻

猎物渐丰，猎族逐渐变为牧族，羊、马、牛及狗成为“财产”。财产增多，牧人各自独立成户，羊、马、牛遂作私财。集众户之羊、马、牛合成大群，走失少而且便于抗风雪、抵狼群、转草场，于是分工合作、私财共理，一牧人加两三牧犬可以放牧十数家羊、牛或马，省出人丁，又有人专门抗狼、狩猎、打草，乃至改做更生财的行业，加上不缺温饱便图安逸的需要，于是雇羊倌放牧成为主要形式。

但麻烦和纠纷也随之上门：过去是合作，族情、亲情、友情，不在乎出力多少、收益或损失大小。现今花钱买工，羊倌与羊主纯属“商品经济关系”，难免计较。羊倌（马倌、牛倌类似）方面简单，计较工资待遇或奖励处罚；羊主方面，烦恼极多，羊倌是否懒惰疏忽、怯狼、怕冻、不尽职守，是否夹带放牧私羊，甚至是否偷食羊肉或偷卖羊只，其要求增加待遇甚至自带牧犬（嫌主人家的牧犬不乖不勇）付酬是否合理，家中有事是否真的不准假或扣工资等，数不完的烦。更烦的还是原来亲亲密密的族人不再和睦甚至反目相向了。同为一个羊倌的主人，各自交付的羊的多少（甚至羊的公母老小，都会造成羊倌劳力精力付出的差异），因天灾、狼害（既有灾害直接损害，还包括战风雪、追逃散时，舍零散、保大群，以及斗狼时误伤的羊只），或者羊倌不尽职造成各家损失不等而分摊羊倌报酬是否公平合理，以及是否应当分他人羊而补自家羊的超比

---

① 原载《海关执法研究》2005年第一期。

例损失，还有是否按比例参加救灾、斗狼、打草或其他与大家有关的工作（比如接待、采购、销售、医疗、娱乐）等，都成为原来亲密的族人不再亲密的由头。

为维护族人的安宁和睦，特别是更多财富，族人大会一次次听取各家和外来羊倌、马倌、牛倌意见，权衡利害得失，制定修改放牧章程。

二、财产、财产权的概念，以及财产权的法律保护机制 《

什么是财产？牧族人很清楚，马、牛、羊加帐篷也。但到了现今社会，人有黑、白、棕、黄，又分别从事千千万万不同种类的工作，自有的、公有的、可以视为“财产”的东西种类之多，远不能用“千千万万”形容。物质的、有形的，包括阳光、空气和水，甚至人自己的身体，以及身体排弃的粪便、尿液和泪水，更有精神的、隐形的、无形的、潜在的“财产”。为阐述行政法对财产权的保护机制，这里不妨自设定义：一切可能对人类有直接或间接价值的，共有的或私有的，有形的或无形的东西都可称为“财产”。

什么是财产权？牧族人也很清楚，帐篷里的被褥口袋里的钱，谁家买来的马、牛、羊，谁家马牛羊产的驹、犊、羔“就是”谁家的财产，天经地义，族人认可，外来牧倌认可，族人大会章程认可，祖上传下来的规矩认可，谁不认可，谁就别在草原待下去，大家“认可”就是“权”。到现今社会，人口爆炸，财产更是数量庞大，形式多样，人与人之间，各种单位（企事业单位、国家机关、各种社会团体和其他社会组织等，又被分为法人和非法人单位）之间，个人与单位之间财产关系复杂，有形的、无形的财产四处流动转移，财产权是无法简单靠各地方的人们一起去“认可”了。于是，人们选代表，制定叫做“宪法”或“法律”的章程，“认可”国家的、集体的、私人的财产的所有权（财产所有权又滋生其他权利，比如继承权等，也为法律认可，可以统称财产权）。法律受全体人民支持并被赋予强制力，由被称为行政机关和司法机关的权力部门执行。

关于财产及财产所有权，值得指出的是，西方国家虽然一直是私有制，但也有大量国有财产。我国以公有制建国，开始不承认生产资料私有制，但公民个人劳动所得，以及祖居或在原房基地上新建的房屋等“个人”财产，几十年来一直存在并受到保护。改革开放以来，国家逐步放开政策，允许私营经济存在，并支持、鼓励其发展。① 国家实行市场经济后，千千万万国营企业改为国有或部分国有、但由企业自主经营的独立法人，国有财产在经济活动法律关系中与私有财产同样是民事、经济法律关系的标的，国家作为财产所有人与私人财产所有人一样，其所有权受法律保护。

本文讨论的，就是行政法律机制如何保护（广义，包括减少不必要的剥夺和限制）包括国有性质资产在内的民事、经济活动，以及行政管理过程中以“私财产”形式存在的财产权的问题，经济体制改革引起的与财产所有制有关的问题，而诸如“利改税”、“债转股”，国有企业破产、被兼并等，即使也涉及行政法律机制，均与本文无关。

为维护财产权，保护“私财产”（泛指公私财产）不受侵犯和不断增长，为解决财产争端，以及保证“羊倌”（泛指政府，以及其他为经济服务的组织）待遇和支付公共消耗，分摊紧急避险或其他不可抗力的损失，“羊主”（泛指人民）代表们制定大量法律，以税收和其他征收、征用、没收，或扣留、查封等方式将私有财产（包括国有企业财产）权的一部分予以剥夺或进行限制。不幸的是，由于人们（泛指个人以及单位）知识水平、思想道德水平的局限，制定的法律（这里泛指宪法、法律、行政法规、行政规章、地方性法规，以及所有有强制力的规范性文件，包括刑法、民商法、国际贸易法、行政法、婚姻家庭法、继承法等）难免有脱漏、冲突，或含义不准、不清的地方，执法者理解法律又常有不同，执行法律常常走样，不仅“羊主”不满，“羊倌”也叫苦不迭。完善财产

---

① 1949年中国人民政治协商会议规定“保护国家的公共财产和合作社的财产，保护工人、农民、小资产阶级和民族资产阶级的经济利益及其私有财产”；1954年《宪法》规定“公民由于国家机关工作人员违法行为受到损害，有取得赔偿的权利”，可惜由于没有配套法律规定通过何种渠道、如何取得赔偿，这一规定没能很好执行。而且，这里只规定国家机关工作人员可能违法侵权，不承认国家机关也可能违法侵权。“文化大革命”大割“资本主义尾巴”，连农民、城市小商贩搞农副业，进行集市贸易，摆小摊也禁止，但1975年《宪法》还是规定：“国家保护公民的劳动收入、储蓄、房屋和各种生活资料的所有权。”随着改革开放政策的实施，1982年《宪法》在肯定国家对公民私有财产的保护的同时，特别规定“由于国家机关和国家机关工作人员侵犯公民权利而受到损失的人，有依法律规定取得赔偿的权利”，这里，在《宪法》里承认国家机关也可能违法侵权，由于国家已制定专门的赔偿法，所以还明确规定受侵权的人，依法律规定取得赔偿。后来《宪法修正案》又进一步规定“国家允许私营经济在法律规定的范围内存在和发展”、“国家保护私营经济的合法权益和利益”。

权保护的法律机制就十分必要了。

受题目限制，本文只探讨行政法律机制在财产权保护方面的缺陷以及如何完善的建议。

先请看一个比较典型的案例，它会让我们初步看到行政机关，以及行政审判机关（羊倌们）在寻找维护公共利益（众羊主整体利益）与私有（包括国家作为财产法人的进入生产、流通和生活领域的国有财产）财产权的行政法律机制上的平衡点是多么困难。

三、典型案例

案例之一：海关行政诉讼案转走私（罪）案

1993 年某公司以易货贸易方式进口 850 辆俄罗斯产小汽车，依据当时的国家政策，从苏联及东欧国家易货贸易进口小轿车，可以免领进口许可证征税进口，该政策到年底结束。货物到港后海关发现进口人有假易货嫌疑，即立案调查并报上级机关。考虑到案件将引起不少于三个外国政府关注，以及其他复杂因素，上级部门批示“不宜按走私处理”，海关遂要求进口人办理纳税进口手续。因进口人无力缴纳税款，海关破格采取变通措施，“放水养鱼”，允许进口人缓税进口一部分，销售后缴纳税款，再进口下一部分。

但到 1995 年底，当事人只办理了 320 辆车的纳税进口手续。从 1996 年开始，海关要求进口人提供进口许可证，并先行纳税后才能放行汽车。考虑到由于车型老化和锈蚀贬值，售车款甚至难以冲抵税款加仓储费，以及可能领不到进口许可证等因素，尽管海关一再催促，当事人仍以不能领到许可证（实际上未去申领）为由，一直不向海关办理进口手续。

2000 年，海关考虑到车辆已经严重锈蚀贬值，并且当事人不能提交许可证，而且事实上即使有证车辆销售款也已远低于税款加仓储费的情况，在最后一次通知当事人办理进口手续遭当事人拒绝后，依据《中华人民共和国海关法行政处罚实施细则》（以下简称《处罚细则》）中“无证到货”条款规定，决定没收 530 辆汽车并公告拍卖，所得价款 1400 万元人民币，扣除仓储费 400 万元后依规定分别上缴中央、地方国库各 500 万元。当事人不服，申请行政复议，复议机关维持原决定。当事人又提起行政诉讼，要求发还车款并赔偿损失。一审法院认为，1995 年前不要求许可证期间到货的，1995 年后办手续也不应要证，理应准予免证进口。

海关立案调查后未定性违法，对调查期间导致的货物贬值应付责任，经内部请示二审法院后，判决撤销海关处罚决定，赔偿货款2600万元，另支付仓储费800万元。经正式渠道得知二审法院将维持一审判决后，该海关既对判决不服，也无力支付巨额赔偿和仓储费，遂由海关走私犯罪侦查局对该案重新按走私罪嫌疑立案，并很快移送检察机关，检察机关决定逮捕有关案犯，于是相关行政案件不得已而中止。后经检察机关提起公诉，人民法院判决走私罪成立，有关人犯判处刑罚，判决走私货物530辆小轿车由海关没收。

另外，在海关扣留车辆期间，法院曾前往查封车辆，准备用于判决抵偿该公司民事债务，与海关发生民事、行政冲突。经海关、法院两家协商，议定先由海关继续扣留，待请示各自上级后解决。该海关请示总署后，将涉案汽车变卖价款上缴国库，这曾引起法院抗议，后因案件最终定为刑事犯罪，法院未再要求以价款抵偿民事债务。

本案说明：(1) 有关1995年结束优惠政策，而逾期即要求办理相关证件的规定确实不合情理，今后有关进出口的规定一是要正式立法并对外公开，二是一定要充分考虑保护进出口人正当利益，在期限上留有余地（比如规定1995年订货、1996年进口的仍享受免许可证件优惠），三是像《行政复议法》一样，《行政诉讼法》也考虑制定审查规范性文件的内容。(2) 按当时背景，在没有公开的法律规定的情况下，海关执行国务院及有关部门的文件，要求提供许可证虽不近情理，但应视为合法。(3) 行政机关依法立案调查违法行为采取扣留措施，事后即使证明当事人不违法，扣留行为也属于依法行使职务，按现行《国家赔偿法》规定，只应发还拍卖货款，不应承担扣留期间当事人损失。本案一审法院对《国家赔偿法》理解有误，但判决能生效。(4) 因依法扣留货物或当事人不及时办理进口手续造成的货物仓储费，应不应由海关即国家负担，缺乏规定。(5) 上级机关基于国际关系对违法行为不予追究的批示，以及基于对赔偿判决不服和无能力赔偿的动因，启动刑事侦查程序是否妥当，有待进一步研究。(6) 汽车即使不锈蚀，放上七八年也不再值钱，无疑属于易贬值的货物。行政机关扣留或进口人滞留易贬值的货物，无论责任在哪方，及时拍卖货物保存价款是减少（公民、法人或国家）损失的最好办法，可有关立法机关的相关制定人员硬是不同意做这方面的立法规定。实际上，如果执法机关扣留易贬值货物，短时间不能发还，又以

“法律没有相关规定”为由不提前变卖，最后待案情调查清楚，需要发还早已贬值的货物时，行政机关该不该赔偿贬值损失？依最近国务院的《全面推进依法行政实施纲要》中关于“法律没有规定时，行政机关不得作出影响公民、法人或其他组织合法权益的行为”的规定，海关提前变卖的行为无疑是对的。(7) 行政强制与民事强制，或者行政处罚与民事纠纷的标的重叠时，哪方有优先权，法律应明确规定。

由以上案例，以及下面介绍的一系列案例，我们可以看出，保护财产权的行政法律机制存在许多缺陷。

四、财产权行政法律保护机制的缺陷之一 《

财产权行政法律保护机制的缺陷之一是兼顾公共利益与私有财产(广义，包括以企业经济运作方式存在的国有财产) 的保护规定不完整、不明确、不平衡，剥夺涉及违法行为的财产权的规定不严密、不具体、不统一。

案例之二：某公司诉海关不准退运进口货物行政赔偿案

某公司从事进口原糖加工白砂糖返销出口贸易，在规定期限内未能加工出口，经海关批准延长期限仍不能加工出口。当事人要求退运进料出境，海关因为没有相关法律依据（有关加工贸易规定没有可以退运的规定)，遂责令当事人按一般贸易纳税进口。当事人不服，申请复议仍未获解决，遂提起行政诉讼。人民法院两审后终审判决海关撤销不准退运的决定，责令海关赔偿不准退运之日价格与实际销售（原糖价格下跌）价扣除关税后的差价250余万元。

据了解，该海关除认为退运没有法律依据外，还担心当事人退运出境再偷偷走私进境（当时境外很难有市场，当事人并没有加工能力本就有违法嫌疑)，加上当时海关人员认为，既然法律没有退运规定就不准退才是依法行政（今年国务院《全面推进依法行政实施纲要》才正式提出，法律没有规定时，行政机关不得作出损害公民、法人或其他组织合法权益的行为)，法院认定海关违法，该关人员很长时间不服气。依笔者个人意见，当时认定海关违法，理由似乎有些超前，有关责任人受行政处分并被追偿了部分款项也很感冤枉。但海关从严格要求自己出发，认真执行了法院判决，并在全系统“以案说法”进行教育，而且在没有相关法律、行政规定的情况下，海关总署先行修改了监管规章，允许进料加工货物退运。过去海关只允许来料加工料退运，当时立法考虑到来料加工料是外商的，当然允许退，而进料加工料是境内公司买来的，不可能退给国外售货方，重新在国际市场匆匆销售会大赔，企业多为国有，允许退运对国家没好处，但这无疑不是海关立法考虑的问题，海关应尊重企业的自主选择。从本案可以看出，国家对进出口货物监管规定远不够细密，远不能体现充分保护进出关境活动当事人合法权益的精神。完善行政法规、行政规章的正面保护规定，以及将国务院《全面推进依法行政实施纲要》中的精神在立法规定中体现都是十分必要的。

案例之三：申请发还海关没收走私货物税款

经常发生这样的案例：当事人办理进口手续时的违法行为未被海关发现，货物放行后，经有人举报或在 3 年内进行稽查过程中，海关发现当事人存在伪报、瞒报，或以其他方式逃避海关监管、逃避国家许可证管理、偷逃进出口关税的走私行为，经人民法院判决犯走私罪，处以罚金并没收私货，或由海关按走私行为处罚，没收私货加罚款。当事人事后找到海关要求退还以前缴纳的税款，但海关认为自己是依法行事，行政相关法律没有规定应退还。

同退运进料加工料一样，确实没有任何法律、行政法规，或海关行政规章对退还走私人所交税款有过规定。对是否应当退还走私人税款，海关内部一直有不同意见。有的认为，税款存在的基础是一般贸易进出口货物，走私行为既被认定，有关货物按走私标的已经被国家没收，不再存在应税货物，自然不应存在税款，如果走私人已被没收走私货物或被追缴走私货物的等值价款，并处罚款的，罚款也已交纳，已征税款应退还走私人；有的则认为“谁叫他走私，受损失活该”、“走私货物已交税款是走私成本，退税是鼓励走私”。经多次向国家财政、税收主管部门反映，得到的答复一直是“不能退”，但一直没有书面文件，更不用说制定法律、行政法规了。据了解，有关主管部门的相关机构最近有了一个非正式的书面答复，认为走私是事后认定的，走私人缴纳税款时未被发现走私，海关征收税款是合法行政行为，不能因为后来的认定破坏原有的正常税收秩序。这种似是而非的观点，令人莫名其妙。在笔者看来，国家应当明确立法，规定在执行了对走私人刑事或行政处罚的情况下将税款退还，而且还要修改一般贸易数据（将此批货物剔除）。也就是说，走私人的合法权益也要保护，进出口贸易统计要实事求是。退一步说，现在虽然没有明确立法规定，但对绝大多数走私行为是没收私货，以及加处罚款，唯这种情况（并不是走私行为最恶劣的形式）还要承担全额税款的损失，从处罚与危害程度相当、处罚公平公正的角度，似乎也应当退还税款。

案例之四：由海关改变商品归类引起的纳税争议案

某公司进口人工草皮，海关不承认进口人申报的商品归类税号，行使海关归类权，按另一税号归类、征税。纳税人不服，依法向上一级海关申请复议，复议机关审查决定撤销被申请人原归类决定，改按第三种税号归类、征税。[①] 申请人仍然不服，向人民法院提起行政诉讼。经人民法院审理认为，归类是海关的法定权利，复议机关作出的归类决定有效；复议机关复议决定撤销其下级机关归类决定，说明原归类决定违法；原归类决定已被纠正，没有给原告造成直接损失，遂判决维持海关复议决定，驳回当事人改变归类决定和赔偿损失的诉讼请求。

复议机关撤销原行政行为，原行为是否性质上就是违法或不当呢？是不是只要原具体行政行为被复议机关撤销，法院一旦认定给相对人合法权益造成损害就应给予赔偿？本案结案后引起很激烈的争议。有人认为，复议或诉讼的目的就是审查行政行为的合法性、适当性，决定维持，就意味肯定行为合法、适当；撤销，就意味着认定原行为违法或不当。有人则认为，不能一概而论，像海关征税涉及极复杂的、技术性极高的商品归类问题，归类规则远赶不上商品生产的千变万化、日新月异，征税人员受认识水平、工作经验限制，很难做到百分之百准确，就是上级机关、人民法院认定的归类，也未必准确——制定商品归类标准的世界贸易组织、世界海关组织下属的技术专家们也常常为归类争吵不休。归类决定后来以法定补税方式、被上级复议机关或人民法院决定方式撤销的，就认为原行为“违法”让人难以接受，归类人员天天工作就是归类，难道要说他们“天天违法”吗？连过错他们都不愿承认，认为属“正常业务”。关于赔偿，法院和原告都认为，如果原行为给相对人造成损害（本案相对人认为已造成、法院认为未造成），海关就应当负赔偿责任；海关一方，特别是广大征税人员，认为征税是日常工作，包括归类、审

① 复议机关认定的税号适用的税率低于原海关归类决定认定的税号，但仍高于纳税人原申报的税号。

价、适用税率、计算税额、开具税票，也包括退、补税款，都有法律依据。开始少征了，就依法追补；多征了，依法退还，既不存在违法问题，也不存在赔偿问题。至于本案，实质上是国家少征了应征的税款后，依法要求纳税人补足一开始就应征收的税额。司法机关和行政执法机关认识差距这么大，各有关法律规定不能相互衔接，当是主要原因。

案例之五：纳税义务人不服海关对进口货物的多起归类补税和征税案

某公司进口某商品多批，海关一直根据总署有关部门答复，按某税号归类、征税，后海关总署归类技术委员会研究认为应适用另一税号，遂作出决定并通知各海关，自 2003 年 1 月 1 日起按新税号归类、征税。由于种种内部原因，该海关未及时执行这一决定，直到当年 12 月，才决定对年内 200 余批同一品种进口货物，按总署归类技术委员会通知的税号补征税款。纳税义务人不服，提起 214 宗行政诉讼并要求赔偿损失。2004 年，原告又进口几十批同类货物并坚持按原税号申报，海关则直接行使归类权，按新税号归类、征税。纳税义务人以海关归类不对和改变归类未事先通知、未对外公布为由，又提起 41 起诉讼。诉讼期间，法院审判人员多次告知海关，法院审判庭、院领导都一致认为，最起码 214 宗海关补税行为侵犯纳税义务人合法权益（主要理由如同原告所称，一是变更归类文件未对外公布，二是原征的税低，国内售价也就定得低，现补税会造成企业利润减少或亏损），最后判决肯定是海关败诉；为避免败诉影响，希望海关主动退还所补征的税款，换得原告撤诉。该海关请示总署，海关总署认为补税是法定的海关日常业务行为，不能因为败诉后果放弃海关职责；补税是补回国家应征税款，不能因为败诉丢了海关的“面子”而将这些税款退给企业，不能拿国家利益换“面子”；海关原归类、征税行政行为本质上是少征了国家税款，受损的是国家，不能接受原行为违法或不当，予以纠正、补税损害了进口人合法权益的认识，并明确要求该关坚持依法应诉。最后这一系列案件以法院裁准原告申请撤诉结案。

笔者认为，海关总署归类技术委员会决定作出与之前不同的归类属于海关归类人员也难以认识一致的问题，因此，2003 年之前进口人申报归类不妥和海关归类征税人员认可申报的有关税号造成按较低税率征收税款，均不能认定为违法或过错，也不能再行补税（实际上海关对 2003

年以前的货物确未补税，也未认定进口人申报有过错）。海关总署归类技术委员会作出自 2003 年 1 月 1 日进行调整的决定并通知各地海关之后，海关应坚决执行；但由于 2003 年 5 月前没有证据认定进口人知悉这一决定，2003 年 12 月之前海关没有正式通知这一决定，因此，海关不能认为进口人故意错报归类税号，不进行处罚是妥当的；海关未能执行这一决定是错误的，自 2003 年 1 月 1 日起按新归类补税是依法执行《海关法》和国务院《进出口关税条例》的补税规定；进口人明知海关 2003 年 12 月补税是执行 2003 年 1 月 1 日起的海关总署有普遍约束力的归类决定（或认为是变更、调整原归类普遍认定），2004 年仍然按 2002 年错误归类申报是不对的（甚至可以按“申报不实”条款处罚），海关予以否定并按新归类税号征税是完全正确的，进口人对这样的征税行为提起诉讼要求退税和赔偿损失是没有法律依据的。

原告人对上述 214 宗补税案和 41 宗征税案提起诉讼确也不是无理纠缠。虽然归类是海关法定权力，但作出新的归类决定（实为普遍性规定）不仅应通知全国海关，也应对外公布，便于进口人准确申报，也有利于进出口商经营赚钱。但我国法制现状并没有达到今年以前所有涉及行政相对人权利义务的行政规章，以及规范性文件都应对外公布，否则无效的程度（应都像《行政处罚法》具体规定处罚法定、处罚公开，未公开设定的处罚无效），对以前根据哪怕是未公布的规范性文件作出的行政行为，还不能一律司法认定没有法律依据，判决撤销。现在，国务院《全面推进依法行政实施纲要》确立了行政行为公开公正的普遍原则，今后还依据内部文件（特别是今后还在制定内部文件）的规定损及相对人合法权益的，则应当认定行政机关负赔偿责任。

案例之六、七：海关没收走私货物案

当事人刘某走私一批货物被海关查获，后经人民检察院提起公诉，人民法院判决认定刘某犯走私罪，判处有期徒刑 7 年，但未判决没收走私货物。根据海关总署有关规定，该海关作出没收在扣货物的决定。刘某认为，海关依法只有权处理不构成走私罪，或虽构成走私罪但司法机关决定不追究或决定免处刑罚的案件，本案已经法院判处刑罚，行政机关无权再作处罚决定，遂通过其妻子代理提起行政诉讼。但几年过去了，该案仍未判决。

又一案例。某海关查获某公司走私货物一批，经人民法院审理，判处有关当事人个人有期徒刑，未判决法人犯罪并相应判刑罚。该海关根据海关总署有关规定，作出没收走私货物的处罚决定。该公司认为，既然只判决个人犯走私罪，货物属于单位，海关无权没收，乃提起行政诉讼。经人民法院审理，终审判决海关胜诉。

走私罪案件中没收走私货物，现成为法律规定和刑事审判，以及行政处罚的一个难题。1951 年《中华人民共和国暂行海关法》将违反海关法行为分为走私行为和违章行为，并采取列举式定义分别予以规定。1982 年《刑法》关于走私罪的规定属于“引证罪状”，未规定何种行为是走私，只规定“违反海关法规，走私情节严重的”，判处一定刑罚。1987 年《海关法》则直接规定何种行为是走私罪，并规定犯走私罪的，由人民法院追究刑事责任并没收走私货物（对自然人判有期徒刑加罚金；第一次出现法人犯罪概念，法人犯走私罪，判处罚金）；该法同时规定，（走私）情节较轻不构成走私罪的，由海关没收走私货物并处罚款。同年实施的《处罚细则》则先规定何种行为是走私，然后规定不构成走私罪的走私行为由海关没收私货并处罚款。1988 年全国人大常委会的《关于惩治走私罪的补充规定》中采用的“走私……的”，“判……年有期徒刑”的体例，也没有直接规定走私和走私罪的概念，除分条规定各走私罪行为的主刑附加刑（比如有期徒刑加罚金）外，还特别规定“法院判决和海关决定没收的走私货物，由海关变卖，上缴国库”。可以看出人大常委会这一补充规定，既包含实体规定，也包含程序规定；既有刑事法律规定，又有行政法律规定。由于 1996 年修改后的《刑法》生效，上述补充规定废止，走私罪是否由人民法院判决没收走私货物就缺少了依据。原因是《刑法》是专门的刑事实体法，不能将海关没收私货进行规定；更由于刑法体系不可能专为没收走私货物问题而改变，导致连人民法院判决没收走私货物都无依据①。于是新《刑法》生效后发生一系列人民法院判决走私罪当事人刑罚，但不判处没收私货的案件。另一方面，没收私货是惯例，我国人大常委会原《关于惩治走私罪的补充规定》也有规定，特别是实践中如果走私情节轻、不构成犯罪的走私行为海关要没收私货，

---

① 《刑法》规定可以没收财产，但明确规定“财产”是指犯罪人合法收入，而走私货物显然不是合法财产；《刑法》规定没收犯罪人违法所得和犯罪工具，但走私货物并不是走私人非法所得——不像贪污、盗窃等非法得到的赃款赃物，往往是合法购得后非法进出境。当然，也不是犯罪工具。

情节严重构成犯罪的反而不没收，显然不符合刑事、行政处罚都要公平公正，与危害程度相当的法制基本原则，海关查扣的私货显然不能发还走私人，于是海关总署要求这种情况下由海关行政处罚没收。一旦形成行政诉讼，法院既认为海关法律依据不足，又难判海关败诉。究其原因，也在于2000年新《海关法》变成专门的海关执法依据，不再直接规定走私罪和法院判决没收私货问题。据说经海关与公检法协调，"两高"同意要求人民法院判决走私罪时，要一并判决没收私货，没判决的，认可由海关行政处罚没收。但因为不是法律依据，许多法院没有在刑事判决中执行；反过来在行政诉讼中，又不能作为判海关胜诉的法律依据。这里的问题是，走私罪案件中，法院判决没收或法院不判决没收而由海关没收的规定，《刑法》或《海关法》不宜写入的，完全可以而且应当通过立法及时另行作出规定，消除没收私货被认为侵犯公民、法人合法财产的疑虑。

五、财产权行政法律保护机制的缺陷之二

财产权行政法律保护机制的缺陷之二是法律救济制度范围过窄。

案例之八：某公司行政复议发还汽车案

某外商投资企业进口免税小轿车一辆，未经海关许可，擅自将车辆抵债，因不属合法解除海关监管，在未办理过户手续情况下双方私订协议认可车辆所有权转移。后被某海关发现，以涉嫌走私为由扣留，扣留凭单交付车辆控制人即债权人。经办案部门调查、审理，提交关内案件审理委员会讨论，请示上级等复杂过程，认为认定原进口人即债权人以车抵债行为属"擅自出售特定减免税货物"的走私行为证据不足；几年后最终将其定性为"擅自转让海关监管货物"的"违反海关监管规定行为"，补税、罚款并发还车辆。当事人拒不缴纳罚款、税款，拒绝领回车辆（后改通知使用人，使用人认为车辆贬值，不足抵债，而且海关扣车时既然认为车辆是债务人名下的，债权人无理由领车），却以车辆没过户，法律上所有权没有转移，认为不存在"转让问题"，没有转让，就不存在补税问题；将车辆交由债权人使用是出于无奈，违法情节轻微而罚款过重；企业经济困难，无力承受罚款；车辆被海关扣留几年贬值严重，海关应当赔偿损失，或者给付扣留时同种车辆市场价格的价款，并提出行政复议申请。

毫无疑问，海关行政复议机关应当在依法维护国家利益的同时，依法维护作为复议申请人的行政相对人的合法权益。问题是在复议中所依据的“法”的方面，遇到许多难题。原国务院行政法规《中华人民共和国海关法行政处罚实施细则》已经于 2004 年 9 月修正，并改为《中华人民共和国海关行政处罚实施条例》（简称《海关行政处罚条例》）规定，保税进口的货物，以及其他尚未办结海关手续的进口货物，统称“海关监管货物”；准予减税或免税进口的用于特定企业、特定用途、特定地区的货物统称“特定减免税货物”（《海关行政处罚条例》明确规定特定减免税货物也属海关监管货物）。《处罚细则》规定：擅自出售海关减免税货物、海关监管货物的，均属走私行为；擅自转让、抵押、提取海关监管货物或者将特定减免税货物移作他用的，是违反海关监管规定行为，并规定对走私行为没收走私货物并可处罚款；对违反海关监管规定行为，处罚款同时不免除当事人纳税义务。

但在本案中，适用法律有许多难点。(1) 小轿车属特定减免税货物，海关是否可以认定属“擅自出售”的走私行为？从民事法律规定看，没有支付、收取货款的直接证据，并且违法签订的合同不受法律保护；从车辆买卖特殊规定看，车辆没过户不视为所有权转移，似乎认定“出售”困难。但从海关行政管理规定看，当事人有“擅自出售”抵债的故意并实施了抵债行为，车辆确实脱离海关监管并有偿转移，又似乎能认定走私行为成立。(2) 从有利于当事人原则出发，认定走私证据不充分或适用法律勉强，改按违反海关监管规定（简称违规）从轻处理是可以的。但适用法律条款有困难。关于特定减免税货物，违规行为只有“移作他用”，一般应指用途改变，而本案行为性质是使用人改变，用途未变。于是该海关适用“擅自转让海关监管货物”条款。实践中有不少海关适用这一条款处罚出售特定减免税货物但“出售”证据不足的行为，理由是许多特定减免税货物进口后仍被海关监管，不能由进口人擅自处理，《处罚细则》又将“海关监管货物”解释为“保税货物以及其他尚未办结海关手续的进口货物”，因此可按擅自转让其他尚未办结海关手续的进口货物处理。但严格从立法逻辑上看，既然把特定减免税货物与海关监管货物分列，似乎当时立法并不认为特定减免税货物属海关监管货物。(3) 在征税上，该海关要求补交全部税款理由不足。本案可认定当事人有出售故意，但海关既然扣留汽车，就意味着视汽车仍为当事人所有，而且车辆确无过户，既然不认定出售走私，就应责令将车收回，既然车辆仍收回归当事人控制，就无补税之理。但车辆抵债归债权人使用期间，相当于出售几年又回售，这几年是否应折价补税，于法无规定。于是复议部门出现两种意见：一种认为应补，理由是货物被变相出售期间，没资格使用减免税货物的债权人使用几年用于抵债，理应由上手人补税；另一种认为没必要补，因为在法律关系上车辆始终归当事人所有，既然未销，就无税（如认为实质是销，就不该定为违规补税罚款，而应定为走私没收），变相出售期间税的便宜完全可以通过罚款剥夺。(4) 在扣留、发还车辆问题上，海关是否负有赔偿责任？当事人提请复议并提出赔偿请求，理由是海关长期扣留汽车，贬值严重；被申请人则答辩称海关扣留行为是依法履行职务，没有过错，依据我国《国家赔偿法》实行的过错赔偿原则，只有违法采取强制措施造成损失才负赔偿责任。该海关还称，根据《国家赔偿法》关于扣留货物、物品的，“发还”即是赔偿，扣留货物、物品已经变卖的，“发还变卖款项”即为赔偿的有关规定，即使海关应负赔偿责任，发还汽车就已完成赔偿，海关早已通知当事人领回汽车，申请人拒绝领回，不存在另行赔偿问题。

本案有关事实很简单，而是适用法律条款方面有问题。本着效率原则，复议机关应当直接改变原行政行为，并作出给予赔偿或不予赔偿的决定。何况，《处罚细则》规定解释权属海关总署，而海关总署对“移作他用”作出的“不仅指改变用途，还包括交付他人使用”的立法原意解释，虽属勉强，但合法有效。然而，考虑到有关强制措施、行政赔偿等方面法律规定的缺陷，以及部分人民法院关于行政赔偿的不同认识，为避免复议机关在实体问题上成为行政诉讼被告的风险，复议机关简单地以有关事实有待进一步查清为由撤销原处罚和补税决定，责令该海关重新做出具体行政行为。该海关以“将特定减免税货物移作他用”（违法事实描述为“未经海关许可并办结海关手续，擅自将减免税进口汽车交给他人使用”）为由，重新作出处罚决定，未再提出全额补税问题，而且，既未要求补缴抵债期间税款，也未适当增加罚款额，同时再次要求当事人领回汽车。当事人拒绝领车和缴纳罚款，并直接要求海关赔偿。海关拒绝赔偿，并断然拍卖车辆冲抵部分罚款。由于车辆严重贬值，所得价款很少，尚不足抵缴罚款。当事人不服，提起行政诉讼，人民法院认为扣押、变卖车辆抵缴罚款行为是依法履行职务；处罚行为“适用法律、法规正确，罚款额适当，程序合法”，判决维持原具体行政行为并驳回原告赔偿请求。

本案海关胜诉，实属侥幸。法院完全可能对适用“移作他用”提出不同意见，如本文第一个案例那样，也完全可能判决海关对依法扣留车辆期间造成的车辆贬值负赔偿责任。其实本案还有一个极有可能判决海关败诉的问题，即人民法院认为海关在办案初期就能查明车辆尚未过户和无法找到甚至不存在销售发票问题，即至少应认定不构成走私，应及时解除扣留措施。由此，法院甚至可以认定海关后来几年的扣留行为违法，造成车价贬值原因在海关违法，应负赔偿责任。

一个简单案件可能得出完全不同的司法结论，根源显然在于有关保护公民、法人财产权和保证行政机关准确执法的行政法律规定不够完整，不够充分，不够公平。如本案，行政扣押的采取、解除规定不够严格，而且没有时限（这些在《海关行政处罚条例》中已解决）；走私、违反海关监管规定的界限，以及特定减免税货物、海关监管货物的概念不够准确，有关特定减免税的违规行为不只有“移作他用”，同其他海关监管货物一样，也存在擅自转让、抵押、交付等行为。

六、财产权行政法律保护机制的缺陷之三

财产权行政法律保护机制的缺陷之三是以公共利益或紧急避险为由对公私财产的强占、剥夺不够合理以及对财产权的限制过当。

案例之九：团体出国，领班藏匿外币走私复议案

某出国团体从我国某口岸出境时，一女团员与海关检查人员发生争执，已经通过海关出境通道的女领班回来与团员“帮腔”，也争执起来。海关检查人员将二人带到检查房，交由两位女关员进行人身检查，发现领班身上藏有巨额外币、人民币，决定将领班扣留。领班丈夫从外地赶来，着急之下，竟心脏病发作突然死亡。海关结束对领班的扣留，但对其携带的外币、人民币按走私予以没收。后当事人以外币属众团员集体所有，因众人没出国经验，怕款丢失，没有分发给大家，一致同意由领班代保管。人民币乃丈夫托她带给出境地某朋友的，因出国带团事务紧急来不及交付。其本人已经办完海关手续，海关人员因为她回来为团员帮腔生气而报复，并搜身、扣款为由，提出行政复议申请。被申请人即原处理海关答辩认为：申请人称外币属团员集体所有，提供的证据只有

众团员签字的一纸证明，人民币属朋友的证据只有朋友一纸声明，证据效力都不充分；当事人藏匿巨额外币、人民币未向海关申报，走私特征明显，请求复议机关维持原处罚决定。复议机关考虑到确实存在海关对当事人已放行，在其回来为团员与海关交涉才被一同带去人身检查的事实，而且外币是否为众团员共有，以及人民币是否为其丈夫朋友所有难以确定，认定走私“有违情理”。同时考虑到其“即使构成走私，其丈夫付出生命代价（海关当然无责任）的惩罚、教训也足够了”，决定改按“申报不实”的违规行为处理，罚款后放行其余款项。当事人对复议机关的“照顾”很是感激，作为被申请人的海关则有些想不通，认为复议机关“不依法办事”、“没原则地同情”。

据了解，复议机关有关办案人员确实普遍同情申请人，但作出上述决定则绝不仅仅因为“情理”。国家有关旅客携带外币、人民币进出境的规定不严密，海关现场正面监管及对违法行为的处罚缺乏全国统一性，特别是部分海关执法偏于严厉苛刻，是复议机关忧虑的问题。携带自己所有的货币会被认定为走私而遭没收，当事人一般十分愤怒，其他旅客或社会人士也会感到海关苛刻。其实，海关是在依法办事。国家对进出境外币、人民币严格管理有历史的原因：过去我们被封锁，外币十分紧张、珍贵，只有国家批准的国营进出口公司有权开展对外贸易，而且每次动用外汇额度须经国家专门成立的外汇管理机构批准。对私人所有的外汇，不许国内流通，而是鼓励存入银行，汇少成多，为国家所用。旅客从国外带进外币数量不受限制，但须登记，出去时仍可带出同样数量外币；国内旅客出境，允许自由带出的外币极少；国内旅客存入银行的外币，银行开具出境携带证可以不受数量限制，不存入银行的，开具携带证则十分困难。国家进入改革开放时期，进出口额飙升，国家外汇储备富足，但仍严格控制以防国际贸易大的不测，同时也严防套汇逃汇，打击走私洗钱，维护国家利益。问题是对个人外币出境限制至今仍十分严格的做法值得商榷：一是国家已不必依赖个人外汇为国家储备，事实上要么大多数人的零散、临时性个人外汇因利息很少和手续麻烦不存入银行，要么存入时间极短就允许带出，国家都难指望用上；二是投机分子倒汇、走私分子洗钱、投资外商假报亏损向境外带钱等违法行为，海关很难查获，这些人违法应主要靠国内有关部门打击；三是货币因其体积小、价值大、易丢失的特征，不要说进出境，旅客在国内行走都会密藏不宣，许多旅客携合法来源的货币进出境也常常会密藏不露，更不向海关申报，恰恰这种情况，按现行规定，完全可以定性（逃避海关监管，藏匿国家限制进出境物品进出境）为走私，予以没收，而这显然不近情理；四是“伪报瞒报”，甚至“未向海关申报”就可构成走私，而“申报不实”则属于违法性质不同的“违规”，但在实践上，两者很难分清，这又造成对同样行为，有的海关按走私没收，有的海关按违规发还的执法不统一现象。如果有关部门进行如下立法修改，一是个人自由携带数量扩大，二是只要证明来源合法，一律不按走私处理，予以罚款后发还退运，那么，显然会缓解社会大众对海关的误解、抱怨，有利于海关执法，特别是符合保护公民、法人合法财产的精神。

案例之十：海关稽查封存企业账册诉讼案

某海关稽查发现，某进料加工贸易企业部分进口料件，以及加工成品未经海关许可并补缴进口关税擅自内销，又经查明企业不是出于逃避进口许可证，或逃避缴纳进口关税及增殖税目的，而是因为当时国际政治经济形势变化，规定期限内出口外销已不可能。如果海关死扣条文认定为走私（按规定，“擅自销售”保税货物即为走私）有失公允、合理，决定作补税罚款处理。该企业不服，提起行政诉讼。一审判决维持海关处罚决定后原告未上诉。本案案情简单，原告承认擅自内销事实，起诉主要理由是内销出于无奈，没有逃税故意，海关罚款近千万元太重。海关答辩指出，海关正是考虑到没有逃税故意才从轻处理，没有定性为走私，在违规有关条款中罚款额规定为“货物等值或税款两倍以下”，本案海关罚款额占货值的40%，虽略高于其他违规案件（一般处货值10%～30%），但同定性走私没收货物加罚款相比，显然很轻。之所以提为案例，是因为原告提出的并未被法院注意的一句话。原告在开庭时说，海关稽查扣留的二十几箱账册资料至今未还，直接影响企业业务开展。按当时的情况，海关长时间扣留账册，很难说违法，因为国务院《海关稽查条例》规定，海关有权查封涉嫌违法的账册资料，但没有就解除扣留作出规定。问题是该条例有“海关稽查不得影响企业正常经营活动”的原则性规定，海关稽查结束几个月了，还没有发还账册，显然不妥。依照《全面推进依法行政实施纲要》关于“法律行政法规没有规定的，行政机关不得以不作为方式影响公民、法人合法权益”的规定，这种行为应承担赔偿责任。新公布的《海关行政处罚条例》即对扣留作了明确时限规定，这无疑对保护公民、法人财产权大有好处。

七、财产权行政法律保护机制的缺陷之四

财产权行政法律保护机制的缺陷之四是对无过错第三人财产权的保护没有规定或规定不完善，在涉及财产权获取、保护，或剥夺、限制时，常出现（或人为制造）行政法与民事或刑事法律的交叉、重叠或冲突，于是在行政管理或司法审判中，同一事实完全可能导致相反的结果。

案例之十一：某领事馆要求发还发货人货款案

某国际船舶在我国领海以内运输香烟，海关登临检查，发现没有合法运输证明，进一步调查后，海关以运输工具负责人为当事人移送司法机关，最终被判处人身刑罚，香烟由海关变卖，价款上缴国库。此间，某国使馆人员拜会海关官员，要求发还香烟价款，理由是供货方为该国守法商人，供货方与购货方订立合乎国际贸易惯例的香烟购销合同，合同条件规定货到目的港付款。现海关及法院只认定运输工具负责人走私，而未认定收货人走私（即使认定收货人走私也与发货人无关），发货方没有违反中国任何法律，而依合同规定仍保有对货物的所有权，因此应当发还香烟价款。海关方面解释，我国《刑法》和《海关法》都有规定对内海领海运输我国禁止、限制进出口和依法应当缴纳关税的货物没有合法证明的按走私罪或走私行为处理，由于处理的是“运输行为”，当然要以运输工具负责人为当事人。从立法原意上说，如果因为货物不属运输工具负责人所有就不没收，这种运输行为就不可能制止。内海领海可能走私大陆的货物由海关没收也是各国通例，并且符合《海洋法公约》。该国使馆表示理解，但总认为发货方没任何过错而承担巨额损失不甚合理。供货方今后应避免与信誉不好的公司签订贸易合同，或者将交货地订为离境地当是减少贸易风险的良策。但法律如何减少无过错供货方损失也不是无所作为，比如规定国内有关方面积极配合外方向国内订货人索赔，司法上在查明向运输工具下达进入我内海领海指令确为我国内走私分子的情况下，视为发货方履行了货物运抵目的地的承诺，判决走私分子负赔偿责任。

案例之十二：某轮船走私行政诉讼案

本案与上一案例类似，也是内海领海运输无合法证明货物被海关没收。不同的是进口人提起行政诉讼主张货权，理由也是海关只认定运输

人走私而进口人没有违法。人民法院终审判决海关胜诉，曾引起代理原告诉讼的律师和法律专家长时间不满，认为严重侵犯无过错第三人合法权益。

案例之十三：某国内银行要求发还走私货物价款抵偿债款案

某公司因走私罪被处没收走私货物并处罚金，海关变卖走私货物上缴国库时，国内某银行向海关交涉，要求发还变卖货款，理由是走私人购货款出自银行贷款，而银行也是国有资产。后此案提交国务院协调会议，其中，主张不发还与发还的都有，后财政部门表示坚决不能同意发还，理由是发还等于鼓励贷款走私，会议最后议定不予发还。

案例之十四：某公司“优先受偿权”民事诉讼转行政赔偿案

甲公司进口第一批货物后被海关发现有严重漏税，同意在进口第二批货物时海关将货物变卖抵缴罚款和两批货物的进口税款。因甲公司拖欠乙公司债务不还，乙公司遂向海关交涉发还货款冲债，海关未予理会。后乙公司以甲公司为被告提起民事诉讼，法院判决乙公司对上述货物具有“优先受偿权”。乙公司又以此为理由再次向海关交涉，海关仍未理会。乙公司又以海关为被告提起行政诉讼。人民法院经初步审理认为应支持原告胜诉，遂动员海关主动与原告协商赔偿额，待达成协议后可协助做原告工作，争取撤诉。海关上下一致认为，几年前依法作出罚款和征税行为（当事人既未复议也未起诉），竟在几年后承担被处罚人的民事债务责任，而且是以行政赔偿形式承担责任，简直没有任何道理，明确拒绝协商；人民法院则告诉海关方面，审判庭、院领导一致认为应保护公民、法人优先受偿权的实现，但至今未作判决。

以上几个案例表明，在涉及无过错第三人财产权保护或剥夺方面，民事法律与行政法律规定有着很大的不一致，这无疑直接影响人民法院司法和海关行政执法的统一性、公正性，有时不当地将私财产剥夺为公财产；有时则不当地牺牲国家利益去满足公民、法人化公为私的无理主张。

八、国有财产的保护和损失赔偿缺少明确规定

国有财产的保护和损失赔偿缺少明确规定，造成国有财产的大量亏损，有关单位、个人受不到应有惩罚。行政法律与民事法律之间，部门行政法之间有关规定脱节、冲突，有关财产应归属国家还是私有难以断定。

案例之十五：某外商投资公司破产案

某外商独资在我国投资大型娱乐项目，以抵押贷款方式购买土地使用权和进口全套设备。有关设备进口时，价格报得奇高，海关人员考虑到所有设备均属外商所有，又均享受免税待遇，对其申报价格未予干预，对其设备也未认真查验。货物进口后，外商一去不复返，任设备荒废，经海关、商检和地方政府部门联合查验，发现所有设备均属伪劣产品，根本不值钱——无疑这是一个大诈骗案！刑事立案，外商杳无踪影，成了“形式”立案。通过民事破产程序，将占地和破旧房间，甚至水泥地面，作了极其夸张的估价，最大的债主银行获得大部分土地使用权（其实也不过冲抵贷款的几十分之一），海关得到一小部分土地使用权冲抵设备内销税款（按比例分得，也只占进口申报价格的几十分之一）。海关方面认为，税款是国家的，不是作为机关法人的海关私有的，海关并不需要土地使用权，也不做土地买卖，而且按地方规定，土地使用权转让，还要向土地管理部门缴纳土地转让费——海关显然没有这笔开支，海关不同意将土地使用权直接划归海关。但不要土地就什么也没有，经多方协调，最终由土地管理部门拍卖使用权，价款冲抵关税上缴国库。令人哭笑不得的是，海关以外商为纳税义务人，税票却开给土地管理部门，土地部门转交新的土地使用权买主。

本案当然不止上述的一点问题。更严重的是：（1）银行违背起码常识，竟批准以进口设备作进口设备加购买土地的贷款（一是其不知道设备到底值多少钱；即使确实值钱，其抵押价值永远低于贷款价值，因为贷款还包括购买土地、建筑厂房的费用），究竟为何？（2）银行巨额损失实际是国有财产的巨额损失，向谁追偿？要不要追究银行，以及极力促成此项目的地方政府的刑事、行政、经济责任？（3）以减免税进口货物作抵押，依法须经海关同意，此事海关同意没有？如经海关同意，海关审查没有？如果知道是进口本批货物抵押贷款还批准抵押，海关是否也应承担责任？（4）拍卖事实上不值钱的进口设备，还应不应补征进口关税？（5）减免税设备法律上属“海关监管货物”，依法律规定，海关监管货物属“尚未办结海关手续的进口货物”，进入国内市场，似乎应当先办结进口手续（包括补征关税手续）。但考虑到缴完关税往往影响其他债主利益（常出现扣除税款后所剩无几，银行及其他大债主可能什么也分不到），在破产案件中，人民法院一般都将海关列为普通民事债主，这显然与行政法律原则冲突，特别是等于把国家税款冲抵了民事债务。遗憾的是，上述种种情况行政法律都没有明确规定。

案例之十六：某国外银行以所有权人身份要求发还超期未报关货物变卖余款案

某公司进口钢材 5000 余吨，但钢材抵港后该公司未向海关申报进口。因超期无人申报，进口地海关依法将该公司以信用证方式进口国家限制进口的钢材提取拍卖，所得价款在依法扣除运输、装卸、储存等费用和进口税款后由海关留存。后来，接受转让提单的某外国银行向该海关申请发还余款，并出示了我国家主管部门发给其他公司的进口许可证件。但海关认为，该银行不具有我国《海关法》规定的收货人资格，且不能提交有效进口许可证件，决定不予发还。该银行遂向人民法院提起诉讼。一审判决海关作出外国银行无权申领案涉余款的决定违法，拍卖价款应发还原告。海关不服，向高级人民法院提出上诉，高院二审判决维持一审关于海关关于原告无权申领发还货款的决定违法的判决，撤销一审关于海关发还货款的判决，责令被告对原告发还变卖案涉货物余款的申请重新作出具体行政行为。后海关根据二审判决重新作出行政决定时，仍认定海关将案涉余款发还给进口货物收货人以外的任意第三人没有法律依据——该外国银行不是 1987 年《海关法》及海关总署《海关对报关单位和报关员的管理规定》中所规定的“进口货物的收货人”，因此再次决定不予发还有关款项。该外国银行对该项行政决定不服，再次向上级人民法院提起诉讼。法院对该案再次作出一审判决，坚持认定被告海关以海关总署行政规章中的“进口货物收货人”的定义来解释《海关法》中“收货人”的含义没有法律依据，根据《中华人民共和国海商法》(以下简称《海商法》)、《中华人民共和国对外贸易法》(以下简称《对外贸易法》) 和国际惯例的通常理解，收货人应当包括提单持有人；海关以行政规章对作为涉外当事人的原告没有约束力，被告适用法律错误；被告作出不予发还拍卖余款的决定构成不履行法定职责；在没有收货人依法向海关申报进口的情况下，海关对超期货物的变卖处理，属于强制收货人办理进口纳税手续，履行其法定义务的措施，并再次判决海关败诉。海关方面不服，认为海关依法从变卖款中强制扣缴税款，仅是代收货人履行了部分海关可代为执行的义务，并不免除收货人应尽的其他法律义务，如办理报关手续、提交许可证件等接受海关监管的义务，且《海关法》明确将“收货人”和“货物所有人”区分开来，如其中第三十条第四款，“收货人或者货物所有人声明放弃的进口货物，由海关提取依法变卖处理”。因此，超期未报关货物海关依法提取变卖的余款，有权申请发还的主体只能是进口货物收货人。

本案海关如最终败诉，那么按《海关法》应上缴国库的财产就会由法院强制按《民法》、《海商法》，以及《对外贸易法》和国际惯例的通常理解判给持有提单的外国银行，有关法律的不衔接无疑是造成这种状况的主要原因。如上所述，关于收货人，《海关法》虽未直接解释，但既然指为纳税义务人，应指直接进口人。但由于我国以前实行外贸代理制度，外贸经营单位必须是外贸主管部门批准的国营的有进出口权的单位，以及外商投资企业，表面上进口人是外贸经营单位，实际上最终用户或称实际收货人，并不直接参与进口——只有提供进出口许可证方面，外贸经营单位和委托进口单位，即最终用户，提供的许可证件均有效。实际做法上，外贸经营单位——进出口公司，负责对外谈判，以自己的名义签订进口合同，用自己的外汇额度对外付汇，用人民币向海关缴纳关税，然后，向委托进口人收取对外付汇的折价人民币，“代付”的关税和代理进口费，因此就外贸公司即进口经营单位与委托进口人关系而言，确实是一种民事代理关系。问题是就海关行政管理而言，外贸公司负责对外签约、付汇，又负责向海关报关纳税，海关当然视外贸公司为进口人、收货人。不过，有时为简化手续，国内委托进口货物的最终用户直接代外贸公司缴税，海关也照收，一般以外贸公司为纳税人出具税票，也有个别海关考虑到反正税款最终由用户也就是委托进口人承担，因而错误地以委托进口人为纳税义务人开具税票的。这样的错误做法之所以没出混乱，是因为在海关进出口报关单上，以及报关单填制规范上有经营单位和收货单位两项，前者指《对外贸易法》上的进出口经营单位，也就是《海关法》上的收货人，后者指最终用户也就是委托进口人，税单出具给谁，都能保证该批进口货物完税，也保证不可能重复征税，这在海关方面清清楚楚，外贸公司以及委托进口人方面，也都清楚。但到了法院，一是《海关法》出现的是收货人概念，《对外贸易法》出现的是经营单位概念，海关规章级别的报关规定又出现经营单位和收货单位的概念，海关工作实践上又存在以收货单位为“纳税义务人”的情况，司法人员不免认为“收货单位”才是《海关法》上的“收货人”。既然收货人可以不是直接进口人，这样的“收货人”就能有资格申请发还货款，根据《海商法》、《对外贸易法》及其他法律、行政法规和国际惯例，持有提单因而对货物有所有权的其他人也应能享有“收货人”资格，有权申请发还余款。至于海关报关单及其填制规范，只有规章效力，可以不参照。因此，从法院方面考虑，对不熟悉的事实上又是规定不清楚的进出口管理规定出现上述理解，也不关乎法官个人素质，而是法律制度不完善作怪。

九、完善保护财产权的行政法律机制

从上述16个案例，以及笔者的评议，应不难看到完善行政法律机制，加强对财产权保护的重要性和急迫性，同时也顺理成章地引出了笔者如下思考和建议。

（一）完善保护财产权的立法机制。

考虑到人大和国务院立法力量远远不足，而且短时间内不可能培养大批熟悉各行政部门业务和法律事务的专家，目前行政执法的主要依据还是行政规章的实际情况，建议机制上允许和要求从法学专家、律师、行政相对人中的法律人才、行政审判法官中聘请立法顾问，参与规章制定以及国务院行政法规的立法和对备案规章的审查工作。

考虑到部门行政立法重视行政效率但忽视相对人合法权益保护的自然倾向，建议重要规章生效前向社会公布，所有规章引入听证机制（范围可大可小，不影响立法效率）。

考虑到人民法院人员难以对规范各行各业管理行为的行政法律规范都精通了解，建议最高法院吸取国务院及各有关行政部门的法制机构的专家一起研究，提出比较详细的相关司法解释。

（二）适当扩大行政赔偿范围，适当引入行政补偿制度，进一步减轻由于“正常”的行政执法行为给公民、法人或其他组织造成的财产损失。

（三）针对具体事项严格规定紧急避险限度，适当补偿损失，适当缩小对财产的法定征收、征用范围和数额，严格细致规范对收取保证金、抵押物提供行政担保，特别是认真清理和严格限制罚没、查封、冻结、扣留财产的规定。

（四）多渠道解决无过错第三人财产权保护问题，诸如：行政机关有义务提供证据，保证其在民事诉讼活动中的有利地位；国家在确有证据表明无过错第三人无法通过民事渠道得到损失赔偿时，补偿或部分补偿被行政机关以他人违法名义对其造成的财产损失；修改法律规定，在一定情况下给予第三人以行政相对人的同等法律地位。比如本文最后一个案例，修改法律规定，允许在原进口人“失踪”（确有证据证明）情况下，公民、法人或其他组织，以及外国人、外国组织对进口货物具有所有权（确有证据证明）的，允许其以所有权人身份领取货物拍卖价款扣除同类正品进口货物国内零售价与到岸价格之差（相当于扣除税款、进口许可证件引起的差价、原进口人经营利润），以及仓储、变卖费用后的余款，既维护了国家进出口贸易管制和货物进出境海关管理秩序，又保护了货物所有权人的合法权益。

（五）立法充分考虑到维护公民、法人及其他组织合法权益的同时，对保护国有财产也应有具体细密的规定。

（六）国务院法制机构组织专门机构和人才，包括从社会聘请专家学者和从各行政部门聘请专门人才，作为日常业务工作，及时研究解决涉及行政法与刑事立法和民事立法交叉、冲突，以及行政部门法之间交叉、冲突的问题，特别是研究解决保护行政相对人，以及第三人财产权的执法难题，为行政执法部门提供行政法规的立法解释（在全国人大常委会未能及时进行法律的立法解释之前），以及执行法律的行政解释。

《海关法》的修改与若干司法、行政执法难题的解决

2000年6月，全国人大常委会“三读”通过了《中华人民共和国海关法》(以下简称《海关法》)修正案，新《海关法》于2001年1月1日生效。新《海关法》由原来的7章61条修改、增删为9章102条，内容发生极大变化。该法的修订，使困扰司法机关和海关多年的一些司法、行政执法难题基本解决或有望解决。

一、关于自然人与单位犯走私普通货物罪的认定问题

随着1987年《海关法》首先规定“法人犯罪”（在一定情况下，机关、团体、企业事业单位被认定为走私犯罪的主体并由人民法院判处刑罚）以及随后许多单行法律相继作出类似规定，单位可否成为罪犯并承担刑事责任问题，已不再是法学界的学术争议。而后，1997年修订后的《中华人民共和国刑法》（以下简称《刑法》），从总则到分则，对单位犯罪作了全面规定，其中分则部分许多条款规定了单位犯罪的罪名和具体的刑罚幅度。在《刑法》中的“走私罪”一节，有关于走私普通货物罪的专门规定，其中就涉及单位犯走私罪问题。由于我国刑法制度中的走私罪属“行政犯”，认定犯罪须以违反有关国家行政管理的法律和行政法规为前提，即违反海关法，构成走私并达到一定程度的构成走私罪。我国《刑法》、《海关法》规定，违反《海关法》构成走私罪的由司法机关追究刑事责任，违反《海关法》构成走私但尚不构成犯罪的由海关作行政处罚。由于2000年修改后的《海关法》确立在海关总署设立专门侦查走私犯罪的公安机构，又由于根据分工，海关缉私警察负责走私普通货物罪的侦查等一系列原因，准确认定违反《海关法》行为是否构成走私行为，构成走私的是否构成走私普通货物罪，构成走私普通货物罪的行为的犯罪主体是自然人还是单位，对海关坚持依法行政，对构成走私但不构成犯罪的，以及其他违反《海关法》的行为依法予以行政处罚，对

海关走私犯罪侦查机关及时、准确侦破走私普通货物犯罪行为并移送司法机关追究刑事责任，都有了极为重要的意义。

对海关及海关走私犯罪侦查机构来说，认定走私以及构成走私普通货物罪有3个要点：第一，是否存在违反《海关法》，构成走私的行为；第二，该行为是否达到犯罪的程度；第三，违法人是个人还是单位，或单位和个人都有。

不少人认为，认定走私罪只有一个关键所在，即违法行为是否构成走私。关于走私罪与不构成走私罪的走私行为的区分，是一个简单的问题——无非看逃税数额够不够法定标准。至于违法人是单位还是个人，也不难认定，无非看有关合同、票据、信函、单证、申请书、委托书等书证，是否有单位公章或单位事先授权、事后确认，以及款项往来列入单位账目、视为单位默认，有上述情形的，一般都视为单位违法——过去，最高法院也有类似解释。

笔者认为，前述3个问题都是关键且不容易解决的问题，通过再次学习《刑法》、《海关法》，以及1999年《最高人民法院关于审理单位犯罪案件具体应用法律有关问题的解释》（以下简称《高法单位犯罪解释》），并通过学习2000年《最高人民法院关于审理走私刑事案件具体应用法律若干问题的解释》（以下简称《高法走私罪解释》），进一步了解了这3个问题各自具有的难度。

（一）认定走私行为与走私罪遇到的法律规定不协调问题

撇开走私行为固有的复杂性、涉外性造成的调查取证的困难不说，即使事实已经清楚，证据已经充分，1987年《海关法》修改前，单在适用法律认定走私行为是否构成方面，已是一个很复杂的问题，而《海关法》的修改，也很难说降低了认定走私罪的困难程度。我国1980年刑法分则关于走私罪的规定属“引证罪状”［只规定违反海关法规，情节严重的（即构成走私罪），处以何种刑罚］；1987年《海关法》则没有直接给走私行为下定义，而是采用设前提条件加列举的方式直接规定哪些行为是走私罪，其表述形式是“逃避海关监管，有下列行为之一的，是走私罪”，但是当时的《海关法》列举的行为本身，却又明显带有前冠的“逃避海关监管”的内容。而且，依本条立法的逻辑，证明构成列举的行为之后，还必须再另外寻一顶“逃避海关监管”的“帽子”。比如，该法列举的“以牟利为目的的，运输、携带、邮寄除前项所列物品外的国家禁止进出口的其他物品，国家限制进出口或者依法应当缴纳关税的货物、物品进出境，数额较大的"，显然，这一行为本身已表明具有逃避海关监管的某些特征，但还须另外找"逃避海关监管"的帽子。而该法列举的"未经海关许可并补缴关税擅自出售保税货物、特定减免税货物"又无疑说明这一行为自身已经具备"逃避海关监管"的充分条件，不可能再另外找一顶"逃避"帽子。对这种行为，《海关法》设置了一个多余的"帽子柜台"。由于《刑法》规定违反《海关法》情节严重的才构成走私罪，而《海关法》却未规定什么是走私，只是直接规定什么是走私罪，从而造成了《刑法》与《海关法》未很好衔接，可人民法院又不可能抛开《刑法》而引《海关法》判案，虽然后来人大常委会又专门制定《关于惩治走私罪的补充规定》(以下简称《补充规定》)，但该《补充规定》仍未直接给走私下一个明确的定义，也未弥补《海关法》对走私罪规定的缺陷，而是直接规定"走私……的"给予何种刑罚。倒是与《海关法》配套的《中华人民共和国海关法行政处罚实施细则》（以下简称《处罚细则》）起到了一定的弥补作用。首先，《处罚细则》使用了"不构成走私罪的走私行为"的概念，规定走私行为情节严重的，即为走私罪；情节较轻，尚不构成犯罪的，属应受海关行政处罚的走私行为。其次，《处罚细则》规定违反《海关法》的行为除走私行为外，还有违反海关监管规定行为，而且规定走私行为之所以与违反海关监管规定行为有区别，除了社会危害性更大以外，还在于走私行为都具有"逃避海关监管"的特征。最重要的是，《处罚细则》对走私行为直接作了规定，并解决了难找"帽子"的尴尬——该细则采用了"下列逃避海关监管行为是走私行为"的表述，规定擅自出售即构成逃避，对运输、携带、邮寄"禁"、"限"、"税"货物或物品进出境的，补充了"从未设海关地点"或"藏匿"、"伪报"等"逃避"条件。无论如何，上述母法与配套的行政法规表述不一致的情况给海关认定走私行为和移送走私罪嫌疑案件带来不少困难。2000年修改后的《海关法》，为衔接和解决新修改后的《刑法》对走私及走私罪未直接下定义（仍采用补充规定的方式——只规定"走私……的"，给予何种处罚）的问题，采用原《处罚细则》先规定走私行为，情节严重（到《刑法》规定的量化标准）即为走私罪的方式，但在表述上，又仍采用原《海关法》"帽子"加列举的方式，只不过先设定了一个更大的"帽子"(违反本法及有关法律、行政法规，逃避海关监管，偷逃应纳税款，逃避国家有关进出境的禁止性或者限制性管理)，再列举若干种行为，因而再次出现逻辑上的欠缺，即列举的行为中有的自身已经具备“帽子”的条件(如擅自出售)。将来，会有不少人员提出疑问——已有证据证明行为人发生列举的行为，是否还要找“帽子”?

(二) 走私行为与走私罪的区分

这一问题，表面看容易，似乎只要有了走私事实，简单地看一下逃税额够不够新《刑法》的“杠杠”就可以结案移送了。其实远没这么容易。

1. 无论海关调查部门还是走私普通货物罪侦查部门，对直接办理或接受移送的案件，首先都要依据《海关法》确认是否构成走私，这不仅要看有关证据材料是否构成《海关法》列举的行为特征，还要考虑这些行为是否已有走私普通货物的“帽子”(具有违反《海关法》及有关法律、行政法规，逃避海关监管，偷逃应缴税款，逃避国家有关禁止性或限制性管理的特征)。

2. 对构成走私的案件，不构成犯罪由海关作行政处罚就简单了，因为定性标准已解决，处罚标准并不区分私货价值或数量多少，按规定一律予以没收，也可并处罚款。首先，不罚款也可以，而且许多案件没有罚款，这样自然不会引起案值或税款计算争议。其次，罚多少，《海关法》未具体规定，海关罚款多少都不会违反法律。如果国务院对修订前的《处罚细则》中关于走私行为的处罚规定不作根本性的改动，仍是私货等值以下或应缴税款几倍以下的标准，海关并处罚款时即使对私货的估值把握不大或对税款的计算不是十分精确，只要在有把握不会“越线”的幅度内罚款，也就不会违反行政法规。

问题是违反《海关法》构成走私罪的案件，修订前的《海关法》及相关走私罪补充规定都是按案值大小定罪、量刑的，而新《海关法》对走私罪没有规定定罪标准，新《刑法》则修改为按逃税额大小作为走私罪定罪标准。依据新《刑法》，走私普通货物，逃税额达到5万元以上的，都是走私罪(未分自然人还是法人)。2000年公布的《高法走私罪解释》将单位以走私罪判处刑罚的起刑点定为逃税25万(自然人仍为5万)。该解释还对逃税额的计算作了明确规定，即以走私行为案发时所适用的税则、税率、汇率和海关审定的完税价格计算，并以海关出具的证明为准。熟悉海关业务的人都明白，适用税则对进出口商品进行归类(这是适用正确的税率的前提)和审定完税价格(这是适用税率确定后正确征税的前提）是技术性最强、难度最大，也最容易引起争议的工作。海关进出口税则及审定完税价格的原则是公开、透明的，由于是几万、几十万的应税额，哪怕计算误差为万分之一甚至几十万分之一，都可能导致罪与非罪的结论，因此海关出具应税额证明事关重大，将面临更大的压力和考验，对界于罪与非罪的案件，海关调查部门、走私犯罪侦查部门不能存在半点随意性。这与《刑法》修改前以私货价值大小作为罪与非罪、重罪与轻罪的标准相比，难度无疑大大增加了。

（三）自然人还是单位犯走私罪

改革开放前我国不承认私有经济单位的合法存在，由于“极左”思潮的影响，认为国营、集体单位本身不可能违法，违法行为只可能发生在单位里的某些不良个人，我国刑法制度当时也就没有关于法人犯罪的规定。1987 年《海关法》突破原有的刑法制度，第一次规定了单位犯罪，随后有关经济犯罪的许多法律，以及人大常委会关于打击经济犯罪的补充规定中都相继规定了单位犯罪问题，直至新《刑法》全面规定单位犯罪。

单从走私普通货物犯罪看，规定单位犯罪的根本原因是原有的只以自然人为犯罪主体的法律制度无法解决惩处或制止机关、团体、企业事业单位进行走私的问题。当时许多走私案件案值巨大，但很难对某个个人追究责任；或者以某个理由对某个个人追究了责任，由于单位未受损失，单位全体成员反而受惠，“一人遭罪，众人得福”，“一人遭殃，造福一方”，竟出现排队争相慰问责任人的咄咄怪事。有了单位犯走私罪的规定，单位进行走私一旦被查获定罪，不仅直接责任人员和主管领导人员要被追究刑事责任，该单位也要被认定为犯罪人，私货被没收还要课处罚金——单位走私的结果是单位遭受名誉损失的同时，还要承受经济损失，由此才能起到打击、制止和预防走私的目的。既然自然人和单位都可能犯走私普通货物罪，海关调查、侦查部门对查获的走私案件，首先要解决犯罪嫌疑人是自然人还是单位的问题，其难点并不在两者定罪的起刑标准不一样（《刑法》修改前，认定标准为自然人走私案值 2 万元以上，单位走私案值 30 万元以上；《刑法》修改后，认定标准改为自然人走私逃税 5 万元以上，单位走私起刑点未作具体规定，实践中一般理解、执行为与自然人同一标准；2000 年《高法走私罪解释》明确为单位走私逃税 25 万元以上），而在实践中常发生难以区分二者的案件，还会发生办案人员因某种原因有意错认的情形。混淆犯罪主体（是自然人还是单位）的后果是十分严重的。如果该认定单位走私罪的却按自然人定罪处理，就会使国家惩治单位走私的立法目的落空，走私单位的走私货物和违法所得乃至走私运输工具未被依法没收，单位走私主管人员逃避了惩罚，却使直接责任人员按个人走私罪被处以过重的刑事处罚。如果本来该定自然人走私的错按单位走私处理，又会造成本来应受严惩的走私罪主犯逃避惩罚。逃税额小于 25 万的案件因够不上单位走私罪标准，单位就不会有人受刑事处罚；逃税额达到犯罪标准的，主管人员和直接责任人员受惩罚程度也大大低于自然人的量刑尺度。

（四）认定是否构成走私，以及是自然人还是单位走私的关键在于真正吃透有关法律规定精神，全面查清案件事实

现假定一个常发生的案件并以此来进行分析。

某外商独资企业进口货物运输工具申报进口显示器外壳等计算机配件后，企业向海关申报但未办结纳税、结关、放行手续，海关接到举报称其走私计算机整机，于是通知货主第二天查验货物，结果当晚货主收到发货人称发货错误的传真，第二天海关开箱查验前向海关提交。海关办案人员立即面临两个问题：第一，本案构不构成走私？第二，如果构成走私，走私人定为运输工具伪报，还是收货人伪报，或是发货人夹藏？

一种意见认为不构成走私。因为货物装在集装箱，在集装箱内又非裸装而是包装在一个个纸箱内，运输工具负责人监装货物不可能打开纸箱，最多只负申报不实责任；而收货人不知道对方发错货，报关纳税手续尚未完成，可不负报关责任，或者只负申报不实责任；发货人不是《海关法》规定的进口货物报关纳税义务人，因而也不能成为海关行政处罚当事人（或犯罪人）。尽管海关事先接到举报，不排除本案确属走私的可能性，但无法查明发货人故意夹藏，而且发货人不是报关义务人，在海关查验前发货人又声明错发货，可允许货物退运。另一种意见认为已构成走私，这是因为：第一，有人举报；第二，有关货物确实是计算机整机而非机壳等配件；第三，如果海关不通知第二天查验，肯定不会来传真声明错发货。

又有人对上述两种意见都不接受而且据理反驳。对第一种意见，持第二种意见的人可能反驳称第一种意见认为不构成走私的理由不充分。关于运输工具负责人，依据《海关法》、《中华人民共和国海商法》（以下简称《海商法》）、《1965 年便利国际海上运输公约》的规定：运输工具负责人签发的提单内容应包括货物的品名、标志、包数、件数、重量或者体积；对有疑问或无法核对接受货物是否与提单相符的，应当在提单上批注；运输工具负责人在目的港，有就货物向有关当局如实申报的义务。关于收货人，应清楚按常理装错大批货物可能性极小，其可能发现错装的时间本应很快，传真本应更早发出，一纸传真并不能证明到港货物并不是真正订购的货物，海关不通知查验很可能就走私成功。关于发货人，在两种情况下完全可以成为走私当事人——国内没有真正收货人，发货人假借国内单位名义自己进货；或者发货人与国内收货人串通共同走私，本案基本上可以认定为共同走私。持第一种意见的人又会反驳第二种意见持有人，实践中运输工具负责人不可能打开包装一一核对，接受的品名、数量有误依法也只会由委托人自行承担，承运人也从不会因为没有打开一个个包装就拒绝签发提单或径行注明有疑问。具体到本案，运输工具申报货物集装箱号码、每箱内包装件数、总重量与其签发的提单一致，内包装标明的每件重量与总件数之积与申报总重量也一致。至于品名与内包装内实际货物不一致，每件内包装标明重量与实际重量不一致，运输工具负责人由于不能打开内包装，而内包装标明重量与实际重量差别不是很大，作为承运人代表，船长依据委托人提供的内包品名、总重量签发提单以及向海关申报，显然不构成伪报。关于收货人，传真恰恰在海关决定查验前才提交只有可疑性，并不是造假传真、本来准备走私进口整机的必要证据。至于发货人会不会勾结收货人共同走私，或发货人与收货人本是一家走私人，仅凭假设不能定案。

经反复讨论，办案人员可能达成本案须进一步调查取证的一致意见。假设经委托企业所在地海关稽查其账册后没有对外付汇记录，但查获其与国内其他企业的供应计算机整机合同；经与境外转运地海关合作，发现外商境外私人企业转口该批整机的入出境申报；经向承运人了解，承运人提供转口商航次租船协议，等等。根据有关证据，就可以认定：第一，本案不是错发货，是有预谋的走私；第二，企业账册不全，注册资金未到位，此批货物为外商独资企业设立以来的第一宗“生意”，实际是由境外企业组织采购、转运、进口。境外公司虽属外商私人企业，不能依此认定“个人为进行违法活动而设立”①，又不宜单独认定境外公司为

---

① 引自1999年《最高人民法院关于审理单位犯罪案件具体应用法律有关问题的解释》。

走私人。至于国内独资企业，由于没有从事过正常业务，也不具备从事正常进出口贸易的条件，其伪报进口行为也不是“协助走私”，而是公司本身实质是外商走私的工具，故不应视为单位走私主体。因此，对国内企业可以认定为“个人为进行违法活动而设立”。综上，本案判定外商个人为走私罪嫌疑人为宜。至于运输工具负责人，虽然就同一货物，在转运地海关入出境申报与向我海关进境申报不一致是明知的，但本案船东不是承运人，属进口商自己租船运输，货物运抵我港口后运输工具的申报，以及进口企业申报均以外商意志为转移，无论作为自然人的船长，还是作为单位的船东不应负伪报（走私罪）或申报不实（违反海关监管规定）责任。

在其他例子中，我们又可以看到更多的复杂情况。比如在中外合资企业，外商任董事长，国内方任副董事长兼总经理，在履行加工贸易出口合同时，用国内合资方自己未投入合资的工厂生产的内销产品顶替来料加工成品，骗取核销出口，进口原料内销，支付购买国产品后，所得由知情人员私分。此案是单位走私还是个人走私？这里应该分别处理：对单位，只宜按违反海关加工贸易规定作行政处罚；对策划此事的外商和国内方总经理，适用《高法单位犯罪解释》关于自然人“盗用单位名义实施犯罪”则更准确。又如，外贸公司新聘业务员因已近年底，急于完成业务指标以保住自己的饭碗，未经公司授权，擅自将自己经授权以公司名义代理的一家国内公司的一般贸易出口货物顶替为另一家公司的加工贸易产品出口，以高于原代理出口费的款项支付“代理报关费用”(加工企业另支付相当出口退税的款项)，费用划入公司后，该业务员口头向公司老总作了汇报，称“完全是个人做主，出了问题个人负全责”，老总当即让该业务员写成书面说明存档备查。此案是该业务员与一般贸易委托出口公司共同走私，还是外贸公司与加工贸易经营公司共同走私，或是外贸公司自己走私？笔者认为，此案应是外贸公司（其事后认可业务员的行为代表公司，好处也为公司所得）配合他公司共同走私，属单位犯罪。再如海上“无合法证明”类案件。船长不过是运输公司的雇员，履行船长职务，接受船东或委托运输人指令行事，为何被作为走私罪当事人呢？认真学习“无合法证明”条款即可明白，海上运输不同于运抵我国境货物进出境行为，后者处理的是违法进出境行为，而前者处理的是运输行为，船长无论作为承运人代表还是航次包租的随员，作为运输工具负责人，有义务在进入我内海、领海后保证船舶的航行及所载货物不违反我国法律，一旦违反海关法中按走私论处的有关规定，运输工具负责人即为走私（罪）或其他违反海关监管规定行为当事人。这种情况下如果认定承运公司或货主为当事人，既不合理，也违反海关法立法原意。

总体来说，调查认定走私行为，确定是否构成走私罪，走私或走私罪嫌疑行为属单位还是个人，都是很复杂的法律问题和执法难点。笔者愿与海关同行们就有关问题进行探讨，以期大家对走私普通货物罪的认定都能有一个比较统一的认识，在实践中更好地贯彻有关法律关于走私罪的立法精神，既严厉打击走私违法活动，使违法行为受到与其社会危害程度相应的惩罚，又避免不构成走私罪的被错误定罪，该轻罚的却重罚，失去法律的公正性、公平性。

二、关于人民法院或有关行政机关执行公务涉及海关监管货物的处理同海关对上述货物的进出关境管理的交叉问题

海关监管货物属仍处于海关管理状态，形式上已经进口或出口，法律意义上尚未完全进口或出口的货物。随着对外经济贸易的不断发展，不仅办结海关手续的一般贸易进口货物在国内处处可见，各种尚未办结海关手续的海关监管货物也出现在国内生产、流通、消费等领域和环节。比如，遍布全国的加工贸易进口货物（包括“进料加工”或“来料加工”进口的原材料、元器件、零部件，准备出口返销或结转给国内其他加工企业进行深加工的成品、半成品，加工后的边角余料、废料）；根据国家优惠政策，准予减税、免税或免领进口许可证的特定地区、特定企业或有特定用途的进口货物；在国内外举办展览或临时进出境返修，或有其他原因经海关许可暂时进出境的货物，保税仓库或保税区存储、生产、使用的进口货物；已向海关申报，但尚未实际出境的出口货物；进出境运输航空器、船舶、火车、汽车、集装箱等运输工具及其自用物料，等等。由于上述海关监管货物已经事实上进入或仍处于国内生产、流通、运输、消费环节，国内司法机关有关经济纠纷、民事纠纷，以及行政诉讼和行政赔偿，企业破产案件的判决、裁定及其执行，仲裁机构的仲裁决定，或行政管理机关行政决定申请法院强制执行，有关行政执法机关行政决定的直接执行，都有可能直接涉及海关监管货物的处理。由于原《海关法》对此没有明确规定，实践中往往出现两种上述处理同海关管理

发生交叉、冲突的情况。第一，上述司法机关或行政部门未将处理决定事先通知海关，应对海关负责的有关海关监管货物的所有人或控制人及其他向海关负有义务的人也未向海关报告，有关货物在未缴纳关税、未提供进口许可证件、未向海关办结进出口手续的情况下被处理，导致国家进出境货物管理中断，国家关税流失。第二，人民法院或有关行政部门处理海关监管货物前通知海关，或海关未经通知但自行获悉人民法院或有关行政部门将处理海关监管货物，责令有关义务人向海关办理手续，或请求人民法院或有关行政部门协助海关责成有关义务人向海关办理手续，人民法院或有关行政部门以缺少法律依据为由拒绝协助甚至不许有关义务人办理海关手续，同样会导致国家进出境货物管理中断，国家关税流失。为此，新《海关法》专门增加了人民法院或有关行政机关判决或处理海关监管货物时，应当责令当事人办结海关手续的规定。《海关法》作为国家法律，人民法院、有关行政机关，以及海关监管货物的所有人或进口人、使用人、控制人都有义务遵守或执行。实践中，无论人民法院直接判决抵偿债务，还是债权人根据债务人未经海关同意将海关监管货物自行作出的抵押要求法院判决或裁定抵债，或是人民法院执行有关判决时需要裁定以海关监管货物作执行标的，以及处理破产案件需要以海关监管货物作清偿标的，还是其他行政机关因故需处理海关监管货物，都应当责令当事人（对海关负有义务的人）先向海关办理解除监管手续并缴纳关税，纳税义务人无能力缴税或查无下落的，或者义务人已经丧失主体资格的，处理部门应负责从货物价款中扣除关税（破产案件中为保证职工工资以及其他债权人利益，也可考虑只办解除监管手续，而将税款列入债权一并清算）。《海关法》修订以前，特定减免税货物未列入海关监管，新《海关法》将其纳入海关监管货物的范围，但由于这类货物中不少涉及监管年限和违反海关法规问题，执行上述规定更复杂一些。对此，海关总署根据尚未修改的《中华人民共和国进出口关税条例》有关规定和《处罚细则》对海关总署立法原意的解释授权，于1999年就破产清算中发现以债务人名义进口免税物资的纳税义务人问题解释在新《海关法》生效后仍不失为合法、实用的处理方式，即：

（一）如经核实确属债务人正常报关进口的自用免税物资，尚在海关监管年限内的，应由海关对有关物资折旧补征税款后解除监管，进入破产程序，或由海关解除监管后进入破产程序，并申请折旧补征进口关税及进口环节代征税；超过监管年限或未规定监管年限的，视为办结海关手续。

（二）如经核实确属债务人报关进口的自用免税物资，无论是否规定监管年限，进口后未经海关许可擅自出售或移作他用，违法行为尚在两年之内的，海关按走私或违反海关监管规定处罚，按违规处罚的，不免除其纳税义务；违法行为已超过3年的，免予处罚，免征税款；行为发生超过两年但尚在3年之内的，只免予处罚，不免除纳税义务。

（三）如经核实确属经债务人同意，他人以债务人名义进口自用免税物资，债务人收取好处的，对债务人按共同走私处罚，其他走私主要当事人未能查获或无法向其他主要当事人没收私货或追缴私货等值价款的，债务人负连带责任，上述违法行为发生超过两年的免予处罚；债务人未收取好处的，按协助走私从轻处罚，违法行为发生超过两年的免予处罚，但自违法行为发生起超过两年未满3年，又确已无法查获其他走私主要当事人或无法向其他主要当事人没收私货或追缴私货等值价款的，应以债务人为纳税义务人，适用免税物资进口之日税率追缴税款。至于先于破产程序追缴还是进入破产程序以债务人身份追缴，可商人民法院后定。（对于监管年限已满的特殊海关监管货物，免税进口汽车可视为自动解除监管，原进口人亦可径行用于抵债。如涉及车辆更换牌照，办理过户手续，进口人提出办理解除监管手续请求，海关可出具“中华人民共和国海关进口货物证明书”，由其凭以向交通管理机关缴销原黑色车牌，办理过户手续，申领新的行车牌照。至于企业倒闭后的海关监管车辆，属于外商个人的，海关应责令进口人将车辆退运，属于原中外合资、中外合作企业的，可允许凭进口许可证办理进口手续或直接办理退运手续。）

三、关于没有违反海关法规的进出口货物的所有人或“善意第三人”是否有权申领涉嫌走私货物、超期未报关货物或海关变卖上述货物后价款的问题

实践中常发生海关没收走私货物的当事人不是货主，或收发货人尚未取得货物所有权而未被海关列为走私当事人的货主或所有权控制人要求发还货物或变卖价款的情况，也常有不属进口货物收货人的单位或个人以种种理由要求发还海关提取变卖超期未报关货物价款。

对上述两种要求，海关一般均予拒绝。尽管申请人十分不满，海关确是有十足理由和充分的依据。我们先看后一种情况。根据我国对外贸

易管理的法律制度及实践，只有我国境内的法人或其他组织才可自境外直接或委托其他有进出口权的单位进口货物，因此，我国《海关法》所称进口货物的收货人，只能是我国境内的法人或其他组织，而海关法关于海关提取变卖超期未报关货物，扣除有关费用后尚有余款的，一年内可由收货人申请发还的规定，当然只适用于特定的“收货人”，即实际进口该批货物的在我境内的法人或其他组织。《处罚细则》属国务院行政法规，其中第三十五条明确授权海关总署负责解释。1997 年，海关总署曾发出《海关总署关于适用〈中华人民共和国海关法行政处罚实施细则〉第十条的有关问题的通知》(署法〔1997〕627 号文)，该通知下发全国海关，属关于行政法规的立法原意解释，具有行政法规效力，其中明确指出，执行海关法有关规定，遇有进口货物的收货人要求发还海关提取变卖超期未报关货物余款的，同样适用《处罚细则》第十条的规定，即要求进口货物的收货人向海关提交有效进口许可证件。根据上述解释，进口货物的收货人向海关申请发还已经海关提取变卖的超期未报关货物余款时能提交原进口货物法定报关期限内的进口许可证件的，海关发还余款；提交原进口货物法定报关期限之外、但属进口货物运输工具申报进口之日起 3 个月之内补发的许可证件的，海关应予罚款，扣除罚款后仍有余款的，予以发还；不能提交有效证件的，余款不予发还，全部上缴国库。至于要求发还余款的单位不是进口货物的收货人因而也不可能提供许可证件的问题，因为其首先不是收货人就不具备向海关申请发还余款的资格，海关也无须要求其提交许可证件。

再看第一种情况，即实践中常发生进口货物的提单持有人要求海关发还没收的走私货物，或提取变卖的超期未报关货物余款的情况，以及进口货物的发货人以合同未执行完毕、货款尚未支付或完全支付，因而货物所有权尚未转移，仍属发货人所有，对海关按走私没收或按超期未报关货物提取变卖的货款主张权利等情况。海关对上述要求一般都以申请人不是进口货物收货人为由予以拒绝。对此，有的申请人很不理解，认为依有关法律规定，他们是当然的货物所有权人，他们本身又没有违反中国法律，即使有关货物涉嫌违法，由于他们是“善意第三人”，其合法权益也应受到保护。其实这是对法律制度没有全面、全部了解而产生的误解。比如，依据《商法》、《海商法》，提单作为《民法》、《海商法》意义上货物贸易有关一方控制或拥有该货物所有权的凭证，在进出关境环节，即在海关行政管理法意义上，海关是否在其上面加盖放行印章，又成为是否经海关批准收发货人提取、发运货物的凭证之一。至于提单（包括收货人待定的提单）持有人，因为其并不一定是海关法意义上的收货人，海关只应要求进口货物的收货人提交进口许可证件。同时，如果提单持有人，或《民法》、《海商法》意义上的货物所有人并不是进口货物收货人，其就没有资格向海关申请发还海关提取变卖的超期未报关货物的余款。同样，尽管进口货物发货人没有任何违法行为而且货物所有权尚未法定转移，但只要有关货物运经我国领海或进口货物陆路口岸，并违反我国对外贸易管制和海关管理规定，海关就有权依法予以没收。所谓“善意第三人”只是民法上的概念，其合法权益应通过民事途径向民事法律关系的另一方要求赔偿，而不能直接向海关主张权利。对进出境货物、物品、运输工具监督管理中发生的走私违法行为，凡法律已有明文规定没收涉案货物的，海关必须依法没收，并不考虑违法人是否拥有货物所有权。

四、关于适用“无合法证明”条款的若干问题

《处罚细则》实施以来，海关总署先后就《处罚细则》中“无合法证明”的理解和适用问题以1989年第500号文和1997年第1231号文进行过解释和说明。由于两次解释均是针对条文适用的普遍情况，仍有不少单位反映，对不同情况下的具体案件如何适用还是难以把握。其主要原因之一是海上货物运输船舶随船单证情况复杂，具体到每艘船舶，如果因为其缺少某一个甚至某几个单证文件即按《海关法》以及《处罚细则》确定为“无合法证明”并决定按走私处理，当事人往往不服并提出许多证据证明自己运输的合法性。例如，提单一般应随船携带，但现代海运运输油料等液体货物时并不是托运人和承运人现场监装货物，而是委托中介公司使用检验仪器现场取样，装货完毕船舶即可按合同数量先行申报离港，随后中介公司作出数量、质量证明后，托运人经承运人认可，填具正式提单并向承运船舶发传真件。如果仅凭传真件不是正本，没有法律效力，即将其认定为“无合法证明”，当事人显然不服。又如，“（89）署调字第500号文”指出合同、发票、许可证件等属“合法证明范围”，而按惯例航行中的船舶并不需携带上述文件（但如海关对运输工具负责人有义务、有能力提交的承运文件有疑问，并根据这些文件可能

指向的国内货主或主动出现主张该船所运货物权利的人提交的合同、发票、进口许可证件，进一步证明其提交的基本运输单证如载货清单的虚假性后，合同、发票、许可证件又成为是否合法证明的关键证据）。再如，1231号文区分国际运输船舶和来往港澳小型船舶，列明了一系列随船必须的运输单证，但该文实质是关于何种情况“有合法证明”的解释，而非“无合法证明的补充说明”，列明的单证仍不能实现“有之必然”（有了规定的全部单证，亦非铁定的“有合法证明”，因为海关有疑问，仍可将船舶带回进一步审查，很可能通过收货人情况反证上述证明的虚假性）、“无之必不然”（缺少规定所列必有单证，也不一定能认定为“无合法证明”，因为合法运输并不排除某一个必要单证特殊情况下短缺、丢失、损毁）的逻辑推断。为解决这一问题，新修订的《处罚细则》拟在附则部分以名词解释形式进一步明确。但基于这一问题的复杂性，恐怕仍需更详细的论证。

（一）适用范围问题。“无合法证明”条款应适用于所有在我国内海、领海，以及与我内海、领海相连的我内水（原《海关法》关于领海、内海的规定，无法解决内河、内河出海口，以及界河运输走私货物问题，新《海关法》增加了界河、界湖的相关内容，仍未解决内河及其出海口问题。这里引入内水概念）可航水域航行、停泊的可能载运我国禁止进出境物品，或限制进出境货物、物品的运输工具负责人（或上述货物、物品的承运人或发运人，以下均简称运输人），或在上述地点收购或贩卖上述货物、物品的人，以及确有证据证明已经或准备进入上述领域，或从事上述行为，海关检查时仍在我国领海毗连区的运输人、收购人、贩卖人。

（二）权限问题。海关对在上述水域的可能载运上述货物、物品的运输工具，行使登临权、检查权；对确实有向我关境内走私嫌疑或属“无合法证明”的货物、物品，以及运输人及其运输工具，收购人、贩卖人，行使扣留权（班轮除外）；已提供“合法证明”，但海关仍确有理由怀疑其运输合法性的，海关应将有关运输工具及其负责人以及随运货物、物品带回审查（班轮除外）；在我上述水域载运“无合法证明”货物、物品的运输工具向公海逃逸的，行使紧追权。

（三）海关认定是否属于“无合法证明”时，需对运输人、收购人、贩卖人提供的所有证明资料，以及当事人陈述进行综合判断，有时还需将有关人员、货物、物品、运输工具带回作进一步调查，不宜仅以某一证明文件或材料的缺少、涂改、毁损作为是否“无合法证明”的充分条件，特别是当事人能就其不能提交或对内容有涂改、毁损的必要单证有正当理由，举出证据的，海关应予采纳。

（四）海关审查、认定是否属于“无合法证明”，应以下述情况为重点：

1．运输工具。

（1）是否具备载运上述货物、物品出入上述水域的航行或停泊的资格；

（2）是否处于正常航行（航线、航向、航速等）或停泊状态（允许正当理由的偏航、抛锚或目的港变更，以及临时添加燃料或自用物品）。

2．货物、物品。

（1）是否备有正规的舱单、载货清单（允许正当理由的传真件、电子数据传输件）；

（2）载运货物及物品的品种、规格、数量、重量是否与舱单或载货清单明显不一致。

（五）对带回港口或扣留的运输工具负责人、运输工具，以及其载运的货物、物品进一步审查，可要求有关单位及人员提供下列文件材料：

1．运输合同、租船合同，承运人身份证明；

2．托运人身份证明，托运人与收发货人关系证明；

3．收发货人身份证明，进出口货物贸易合同、发票及其他资料，进出口货物许可证件和允许货物、物品进出境的其他文件资料。

五、关于“包税”案件的处理问题

“包税”案件的处理，一直被认为是影响海关执法的一个难题，其难点一直集中在对“包税”的上手人处理的“法律依据不足”，或“违法事实证据不够充分”。“包税”案件一般表现为上手人进口货物，将办理进口手续包括缴纳关税（有的还包括“代办”许可证件）一并“包”给他人代办，形式一般为双方签订一份代理协议或合作协议。依协议的规定，包税人支付给承包人的一揽子费用（包括代理费、关税、商检费等）低得不正常，一般还不够依法缴纳关税的，却又明确规定下手人要依法办事，出现违法事宜上手人概不负责。通关时上手人很少出面，只将合同等购货资料交付下手人，下手人或利用假合同和发票伪报价格、品名、规格、数量，或提供假减免税证明，假许可证或冒用他人许可证件，还有个别案件是与海关人员内外勾结公然走私。处理此类案件，对承包人定性为走私、依法处理在法律上无任何问题，但将上手人定为共同走私人或在无法找到下手人的情况下只定上手人为走私人往往发生争议。上手人有逃避海关监管、逃税乃至逃证的明显主观故意，这是大家毫无争议的，争议的焦点在于上手人是否实施了逃避海关监管行为并被依法处罚。主张对其按走私罪或走私行为处罚的认为，上手人是货物实际进口人，明知应依法缴纳关税并向海关办理进口手续，却“恶意委托”他人代理，非法进口，伪报瞒报非法进口行为应视为上下手人共同实施，对这样严重违法进口货物、偷逃国家关税及许可证管理的主要非法得利人不处理说不过去，定不了伪报瞒报也可定为其他违法，否则，“包税”走私很难遏止。不主张对其按走私罪或走私行为处罚的认为，在通关环节，在设立海关的地点，上手人既没有实施伪报瞒报行为，也没有用其他手法实施违法行为，只要无充分证据证明上手人是伪报瞒报或用其他手法违法的共谋者或方法传授者，不能仅凭主观故意定性为共同违法。持第二种观点的人同时认为，人民法院或海关处罚下手人，以下手人的名义没收了上手人的走私货物，本身就间接处罚了上手人（上手人如果以其不是违法人而货物被海关以下手人名义没收，向人民法院提起民事诉讼要求下手人赔偿，法院会认定“包税”协议是违法无效的合同而不予支持）。如果有人认为力度仍然不够，应通过立法途径解决，仅依现行法律规定处罚依据不足，难以经得起行政诉讼考验。另有第三种意见认为，除下手人仍以上手人名义违法办理报关进口手续的极少见情况外，在认定下手人走私进口的同时，可对上手人按直接购买私货处理，但这一方案无法回避货物实际是上手人对外订约、付汇的事实，可能出现包税案件若不处理则打击力度不够，若处理法律依据又不足的两难。

《海关法》的修改，特别是《海关法》直接对走私行为进行新的描述十分有助于上述问题的解决。原《海关法》未直接对走私下定义，而是通过直接对走私罪设前提条件加列举违法特征的方式作了规定，并规定上述行为情节轻微、不构成犯罪的由海关处罚。但作为走私罪的前提条件——逃避海关监管——却与列举的行为特征（比如从未设立海关地点，或从设立海关地点以伪报瞒报方式运输、邮寄、携带国家禁止、限制进出境货物；或未经海关许可擅自销售保税货物等）相重复，而且有的违法特征未能概括进去（比如通关人在通关之前或之后的非通关环节行为，不直接参与通关的人的行为），这不仅不利于认定走私罪嫌疑并移送案件，也给海关处理不构成走私罪的走私行为带来难度。《处罚细则》虽然变通描述走私行为（将《海关法》关于走私罪定义的前提条件“逃避海关监管”删除，视《海关法》列举的走私罪行为即是“逃避海关监管的走私行为”）解决了一部分问题，但仍存在违法行为列举不全的问题。修改后的《海关法》不直接定义走私罪，而采取将前提条件补充充分（逃避海关监管、偷逃应纳税款、逃避国家有关进出境的禁止性或者限制性管理），对列举行为尽可能用“中性语言”描述（如运输、邮寄、携带国家禁止、限制物品）的方式先定义走私行为，再规定情节严重的构成犯罪，这不仅较好地解决了上述逻辑矛盾，以及《刑法》与《海关法》的衔接问题，而且对“包税”案件的上手人，鉴于其恶意委托他人代办进口手续，并考虑到其是实际货主，即导致货物实际“运输”到中国，并逃避海关监管、偷逃应纳税款、逃避国家有关进出境的禁止性或者限制性管理的人，就可以依据上述规定对其定罪处罚。难题不再难了。

六、关于走私进口废旧切割车的定性与私货处理问题

鉴于我国对进口小汽车一直严加控制，所以以前，走私人为了钻国家对进口汽车零配件管理相对整车较松的空子，为牟取暴利，不惜购买整车后在境外拆解甚至切割，然后偷运进境，或利用零配件进口许可证按配套件进口，后经国家严厉打击切割车进口和调整汽车零配件许可范围，新车切割走私进口势头得到遏止。但近年来，进口废旧切割车案件却越来越多。废旧汽车指报废的事故车和淘汰的超龄车，国外处理这些车时有的压扁，有的拆解做炼铁原料，更有不少作垃圾处理，因为炼钢厂宁肯购买矿石炼铁。为便于最大限度地装载，不法分子以极低的成本购得废旧车后往往将车顶进行切割（即所谓“一刀车”，这样一车空间可装载两辆），或者将车顶横切后再将车头或车尾切下（即所谓“两刀车”、“三刀车”，两车空间可装载五到六辆这样的切割车），再拆下部分部件、零件，分别编号，混装进口。不法分子走私进口废旧汽车成功后，自己或高价出售给他人，在我境内偷偷修补、“翻新”、组装、改装后，非法套牌、冒牌或无牌出售上路，或将拆解的部件、配件、零件非法出售，

牟取高于进口成本几倍甚至几十倍的非法利润。这些非法出售上路的汽车，以及使用废旧车拆解下的零配件的汽车，往往带有极大的事故隐患。为保证广大人民群众生命安全，同时保护国内汽车工业的发展，并防止国外向我国境内倾倒垃圾，我国的基本政策规定：严厉禁止废旧汽车及其零件进口，并规定已经进口的废旧车一律作压扁处理；严厉禁止非法组装或改装套牌、冒牌汽车，一经发现一律没收并予以拆解；严禁利用旧车拆解零件维修汽车。但是，由于适用法律对进口废旧汽车行为定罪量刑存在一些困难，对犯罪分子的打击力度不够，走私势头有增无减。另外，由于对查获的进口废旧汽车的处理缺少明确的法律规定，有的被查获单位拍卖出售，使废旧汽车及其零配件重新流入市场，有的被长期堆放无法处理反而带来仓储费增多、环境污染等问题。由于废旧汽车不能变卖或变卖价值很低，无法发放有效的奖励金鼓励知情人举报走私等，也影响了对走私废旧汽车的打击力度。

对走私进口废旧汽车定罪的困难首先在于适用何种罪名，罪名的适用接着又带来处罚力度问题。“走私”的概念源于《海关法》，走私特定货物、物品，或走私普通货物达到一定逃税额即构成《刑法》中描述的走私罪。另外，《海关法》、《刑法》中还有对运输国家禁止进口的固体废物进境，或无证进口国家限制进口的可用做原料的固体废物的按走私（或走私罪）处理的规定，《刑法》还有关于固体废物污染环境罪的规定。作为一个立法时未予充分考虑的问题，走私废旧汽车在适用上述规定时都有一定难度。

（一）由于废旧汽车进口后主要的危害不是污染环境，而是威胁人民生命安全，影响国产汽车市场，而且海关一般都在海上或通关环节将其查获，很少发现处于已经“堆放”或正在“倾倒”状态的废旧汽车，因此认定为“在境内倾倒、堆放污染环境的固体废物罪”显然不合适。

（二）定为走私进口国家禁止进口的固体废物（罪）似乎比较合适。但是，国家禁止进口的固体废物一般指不能用做原料的废物，而废旧汽车压扁后可以做炼铁原料（据说整体投炉会产生污染气体，但先拆解或作技术处理后可以解决这一问题）。更重要的问题是，根据最高法院司法解释，走私固体废物定罪判刑以重量为违法情节轻重的标准，切割废旧汽车一般一辆重量不到一吨，走私十数辆废旧汽车不过判三五年刑（10吨以下判处3年以下；10吨至100吨判处3年以上10年以下），显然同走私数量如此之大可能产生的社会危害性不相适应，也与走私成功可能获得的暴利不相适应。定为走私进口可以用做原料的固体废物（罪）似乎更合适。但是，根据最高法院司法解释，走私可以用做原料的固体废物，须达到逃税额25万（单位）或5万（个人）才被认为是犯罪。废旧汽车按废钢铁计，价格极低，税率也极低，逃税额即两者相乘的积更是少得可怜，走私上百辆废旧汽车也不够判刑；而且计逃税额先要对商品归类，海关进出口税则中对废旧汽车并没有相应的税号（税则中的“废金属”专指经拆解分类的纯废钢、废铜、废铝等废料；“钢铁制品”中“废钢铁”则仅指钢铁材料经切、刮、铣、磨，产生的废渣、废末、废条)。

（三）按走私普通货物罪处理。对进口废旧汽车按税则归类，经有关部门对新旧程度打折后按税则规定的税率计税后，由海关出具正式的应税证明，人民法院根据逃税额按走私普通货物罪判处刑罚。这个方法的好处是逃税额计算并不困难，计算结果高，人民法院可以判处较重的刑罚，有利于从重打击走私废旧汽车的违法活动。难点也有二：第一，废旧车本身是否应归入税则上的“汽车”，很有疑问；第二，判刑认定的逃税额很高，判刑很重，但国家禁止进口的废旧汽车，视为一般贸易普通货物计税是否合适也有疑问，而且废旧车处理做炼铁废料也好，拍卖也罢，实际价额都很低，往往比计算出的应税额低很多，逻辑上似乎说不过去。海关一纸证明，关乎当事人是否坐牢甚至丢命，事体极为重大，一旦当事人在法庭审判时对海关计税提出异议，海关面对车辆实际状况的“事实”和并不充分的归类、审价、计税依据，或者不够定罪的由海关行政处罚后引起行政复议、行政诉讼，都可能使海关处于尴尬境地。

综上所述，各处理方案都有难点，但笔者认为，采取第二方案中的第一种选择，即按走私国家禁止进口的固体废物定罪更为合适。理由之一，鉴于某货物是否被禁止进口，首先不是因为其是否真的一无所用，而是国家根据本国国情需要的一种政策选择；废物是否可以用做原料，首先也不在于“能不能”，而在于综合考虑成本与效益（用进口废料炼铁综合成本高于进口矿石），人民利益和国家产业政策（进口废旧汽车非法翻修、拼装危害生命安全，冲击国产车市场），环境保护（废旧汽车作炼铁原料不拆解处理污染环境，拆解、处理进一步增加成本）等多重因素后的“应不应”、“许不许”，而国家政策恰恰是严禁进口（包括以炼铁原料为名义）废钢铁。理由之二，走私分子非法进口废旧汽车后翻新、拼装成整车出售，或拆解零配件流入市场，既是走私分子的目的，又常成事实（走私成功），但国家决不应以走私人非法进口的目的和非法流入市场的事实作为废旧汽车（甚至进一步切割的废旧汽车）可以视为非禁止或限制进口的一般贸易“普通货物”的依据。因此，适用本项规定法律依据上能站住脚。至于判刑太轻，完全可由最高法院通过司法解释解决（比如，不以重量为量刑标准，改以车辆数的多少为量刑标准），因为原来走私固体废物适用的数量标准“吨”，也是法院解释的，这样解决似乎困难更少了。

前面已经说到，查获的废旧汽车及其零部件是不能流入市场的，但是，为了避免白白支付仓储费、拆解费，争取给国家更多创收，同时可以按拍卖货价比例向举报人发放奖励金，有的海关曾按普通进口货物拍卖出售，这显然是因小失大，不能鼓励。我国还不十分富裕，我们继续提倡艰苦奋斗、勤俭建国的精神，但我们决不能为些许小利而放任好不容易查获的废旧汽车流入市场，避免可能产生危害人民健康、冲击国产车市场或污染环境的后果。至于举报人奖励金，以及查私人员的立功受奖，应比照毒品查处奖励办法，由国家财政拨出专款解决。

以上仅系个人观点，错误之处，十分欢迎司法界、海关同行批评指正。

中国海关的担保法律制度①

中国海关实行的担保制度的主要法律依据是《中华人民共和国海关法》(简称《海关法》，由全国人大常委会制定。1951 年曾制定《中华人民共和国暂行海关法》，一直实施到 1987 年新《海关法》颁布生效，1999 年《海关法》被再次修订颁布，2000 年 1 月 1 日生效）和国务院为实施《海关法》制定的若干行政法规，以及海关总署为实施上述法律、行政法规而制定的行政规章。中国加入、签订的国际条约，对海关担保工作有规定的，也都是海关担保制度的法律依据。

中国海关担保法律制度是规定和调整进出关境活动当事人及其代理人向海关提供担保，或海关向进出关境活动当事人收取担保过程中，发生的海关与担保人、被担保人，以及金融组织和其他有关单位、个人之间关系的法律规范的总称，是海关法规的重要组成部分。

海关担保作为一种行政管理制度，以进出关境活动当事人（这里是广义，包括货物、物品进出境人及其代理人，进出境运输工具负责人以及其他海关行政管理相对人）直接向海关提供，或委托他人向海关提供，或者海关依法收取某种法定的、由海关认可的保证，以担保人或被担保人承诺在一定期限内履行某种义务为条件，海关在货物通关、征税等方面提供某些便利或灵活措施，允许当事人或其代理人作出某种行为（包括作为和不作为），享受某种权利，在当事人及其代理人或其他担保人不能履行保证并向海关销案时，海关依法追究当事人及其代理人、担保人法律责任的管理制度。因此，海关担保与通常［《中华人民共和国民法通则》（以下简称《民法》)、《中华人民共和国担保法》（以下简称《担保法》)］意义上的民事担保是两种不同法律性质的担保。其主要采取自我担保是不同点，担保履行的行政法律义务更是不同点。而最大的不同点

① 本文为一篇论文提纲，因考虑到本书内容的完整性和本文所具有的价值，故将本文收入。

是许多海关担保具有强制要求提供担保的性质，海关和担保人、被担保人不是平等关系，担保人、被担保人（有时两者同为一体）不履行担保义务，不按民事争议由法院按《民法》以及专门的《担保法》审理，而是由海关直接强制履行。而且海关不仅可以直接处罚自我担保的进出口人，还可以直接对不履行担保义务的担保人进行处罚。由于行政担保是借鉴民事担保的形式形成并发展起来的，两者既有许多的不同点，又有许多相近、相同之处。

中国目前尚没有一部专门的法律全面规定海关担保制度，有关规定在《海关法》（全国人大法律）、《中华人民共和国进出口关税条例》（国务院行政法规，简称《进出口关税条例》）、《中华人民共和国海关行政处罚实施条例》（国务院行政法规，简称《海关行政处罚条例》）、《中华人民共和国知识产权海关保护条例》（国务院行政法规，简称《知识产权海关保护条例》），以及海关总署发布的一些行政规章中均有涉及。

一、《海关法》中的规定

（一）经海关批准暂时进出口的货物和特准进口的保税货物，收发货人提供担保，可以暂时免纳关税。

（二）进出口货物的纳税义务人在规定的纳税期限内有明显转移、藏匿应税货物和其他财产迹象的，海关可以责令纳税义务人提供担保。

以上担保，担保人未履行义务，海关可以采取强制措施。

（三）《海关法》中专门有一章“海关事务担保”（实际只涉及通关时的担保），该章规定在确定货物的商品归类、估价和提供有效报关单证，或者办结其他海关手续前，收发货人要求放行货物的，海关可以在其提供有效担保后放行。

该章没有规定担保人未履行义务的处置，但规定海关事务管理办法由国务院规定。

（四）履行海关处罚决定的担保。《海关法》没有直接从正面规定担保问题，但规定当事人不履行海关处罚决定的，海关可以将保证金抵缴。

二、《海关行政处罚条例》中的规定

（一）有违法嫌疑的货物、物品、运输工具无法或不便扣留的，当事人或者运输工具负责人应当向海关提供等值的担保。

（二）受海关处罚的当事人或者其法定代表人、主要负责人，在出境前未缴清罚款、违法所得，以及依法追缴的货物、物品、运输工具的等值价款的，应当向海关提供相当于上述款项的担保。

三、《进出口关税条例》中的规定

（一）进出口货物的纳税义务人在规定的纳税期限内有明显的转移、藏匿其应税货物，以及其他财产迹象的，海关可以责令纳税义务人提供担保；纳税义务人不能提供担保的，海关可以按照《海关法》的规定采取税收保全措施。

（二）经海关批准暂时进境或者暂时出境的货物，在进境或者出境时，纳税义务人向海关缴纳相当于应纳税款的保证金，或者提供其他担保的，可以暂不缴纳关税。

四、《知识产权海关保护条例》中的规定

（一）根据《知识产权海关保护条例》第十四条的规定，“知识产权权利人请求海关扣留侵权嫌疑货物的，应当向海关提供不超过货物等值的担保，用于赔偿可能因申请不当给收货人、发货人造成的损失，以及支付货物由海关扣留后的仓储、保管和处置等费用”。

（二）根据《知识产权海关保护条例》第十九条的规定，“涉嫌侵犯专利权货物的收货人或者发货人认为其进出口货物未侵犯专利权的，可以在向海关提供货物等值的担保金后，请求海关放行货物”。

五、海关总署其他行政规章关于收取担保的规定

主要涉及进出境汽车运输业务，代理报关企业海关登记注册，信誉不好的加工贸易企业进口加工贸易料件，等等。

商品归类的法律意义

在海关管理工作中，商品归类是一项技术性很强的工作，它和原产地认定、完税价格审定一起，构成海关“三大技术”；商品归类又是一项基础性很强的工作，海关对进出境货物的监督、管理、查验、放行，关税的征、免、退、补，编制国家的进出口统计，均首先以货物的商品属性为依据。不同税号的商品适用不同的税率，商品归类直接涉及进出口人的利益。正因如此，海关查处的违法行为中，有许多直接涉及进出口人向海关申报时商品归类错误造成漏税，或故意伪报商品名称、规格和税号造成逃税或逃避许可证件管理的问题。因此，研究商品归类的法律性质和特点，对海关执法具有直接意义。

一、商品归类的概念和种类

一般意义上的商品归类可以通俗地理解为将特定商品认定为某种特定类别的物品，这当然不是本文讨论的问题。商品学意义上的对商品进行学科分类，以及对特定商品进行识别、归类和学科分析，也不是本文讨论的问题。海关人员，以及海关行政相对人，最关心的是海关行政管理中或者海关法意义上的商品归类。中国是世界海关组织（WCO）成员，世界海关组织的法律文件，包括《商品名称及编码（HS）协调制度公约》（简称 HS 公约），对我国有约束力，作为我国海关行政法规组成部分的海关税则中的商品分类和编码，就直接转换（并补充、细化）自该协调制度。我国作为正式成员的世界贸易组织（WTO），也将该协调制度作为世界贸易组织及其成员共同的贸易语言。另外，世界海关组织还专设协调制度委员会，该委员会对商品归类的疑难问题作出的决定，对成员方有约束力。因此从广义上讲，世界海关组织、世界贸易组织有关商品归类的法律文件，也是我国海关法及我国海关管理范畴内的问题，但讨论这些，无论对海关法研究还是对海关执法实践，都没有太多的直接价值。

本文讨论的商品归类，仅限于我国现行海关法律规定直接涉及的、我国海关管理实际中实行的商品归类。

首先看一下我国有关商品归类的海关法律规定。

（一）人大常委会制定的《中华人民共和国海关法》规定，“进出口货物的商品归类按照国家有关商品归类的规定确定。海关可以要求进出口货物的收发货人提供确定商品归类所需的有关资料；必要时，海关可以组织化验、检验，并将海关认定的化验、检验结果作为商品归类的依据”。还规定，“海关可以根据对外贸易经营者提出的书面申请，对拟作进口或者出口的货物预先作出商品归类等行政裁定。进口或者出口相同货物，应当适用相同的商品归类行政裁定。海关对作出的商品归类等行政裁定，应当予以公布”。

（二）国务院制定的《中华人民共和国进出口关税条例》（以下简称《进出口关税条例》）规定，“国务院制定《中华人民共和国进出口税则》，规定关税的税目、税则号列和税率，作为本条例的组成部分”。还规定，“纳税义务人应当按照《税则》规定的目录条文和归类总规则、类注、章注、子目注释以及其他归类注释，对其申报的进出口货物进行商品归类，并归入相应的税则号列；海关应当依法审核确定该货物的商品归类”。

（三）海关总署制定的《中华人民共和国海关进出口货物征税管理办法》规定，“纳税义务人应当按照法律、行政法规和海关规章关于商品归类、审定完税价格和原产地管理的有关规定，如实申报进出口货物的商品名称、税则号列（商品编号）、规格型号、价格、运保费及其他相关费用、原产地、数量等”。还规定，“海关为审核确定进出口货物的商品归类、完税价格及原产地等，可以对进出口货物进行查验，组织化验、检验或者对相关企业进行核查。经审核海关发现纳税义务人申报的进出口货物税则号列有误的，应当按照商品归类的有关规则和规定予以重新确定”。

（四）海关总署制定的《中华人民共和国海关商品归类管理办法》规定，“收发货人或者其代理人应当按照法律、行政法规规定，以及海关要求如实、准确申报其进出口货物的商品名称、规格型号等，并且对其申报的进出口货物进行商品归类，确定相应的商品编码”；“海关应当依法对收发货人或者其代理人申报的进出口货物商品名称、规格型号、商品编码等进行审核”；“海关可以要求收发货人或者其代理人提供商品归类所需的资料，必要时可以要求收发货人或者其代理人补充申报。收发货人或者其代理人隐瞒有关情况，或者拖延、拒绝提供有关单证、资料的，海关可以根据其申报的内容依法审核确定进出口货物的商品归类"；"海关经审核认为收发货人或者其代理人申报的商品编码不正确的，可以根据《中华人民共和国海关进出口货物征税管理办法》有关规定，按照商品归类的有关原则和规定予以重新确定，并且根据《中华人民共和国海关进出口货物报关单修改和撤销管理办法》等有关规定，通知收发货人或者其代理人对报关单进行修改、删除"；"收发货人或者其代理人申报的商品编码需要修改的，应当按照《中华人民共和国海关进出口货物报关单修改和撤销管理办法》等规定向海关提出申请"；"在海关注册登记的进出口货物经营单位（以下简称申请人），可以在货物实际进出口的45日前，向直属海关申请就其拟进出口的货物预先进行商品归类（以下简称预归类）。直属海关经审核认为申请预归类的商品归类事项属于《中华人民共和国进出口税则》、《进出口税则商品及品目注释》、《中华人民共和国进出口税则本国子目注释》，以及海关总署发布的行政裁定、商品归类决定有明确规定的，应当在接受申请之日起15个工作日内制发'中华人民共和国海关商品预归类决定书'（以下简称'预归类决定书'），并且告知申请人"；"申请人实际进出口'预归类决定书'所述商品，并且按照'预归类决定书'申报的，海关按照'预归类决定书'所确定的归类意见审核放行"；"直属海关经审核认为申请预归类的商品归类事项属于《中华人民共和国进出口税则》、《进出口税则商品及品目注释》、《中华人民共和国进出口税则本国子目注释》，以及海关总署发布的行政裁定、商品归类决定没有明确规定的，应当在接受申请之日起7个工作日内告知申请人按照规定申请行政裁定"；"海关总署可以根据有关法律、行政法规规定对进出口货物作出具有普遍约束力的商品归类决定"。

（五）海关总署制定的《中华人民共和国海关行政裁定管理办法》规定，"海关行政裁定是指海关在货物实质进出口前，应对外贸易经营者的申请，依据有关海关法律、行政法规和规章，对与实际进出口活动有关的海关事务作出的具有普遍约束力的决定。行政裁定由海关总署或总署授权机构作出，由海关总署统一对外公布。行政裁定具有海关规章的同等效力"；"进出口活动的当事人对于海关作出的具体行政行为不服，并对该具体行政行为依据的行政裁定持有异议的，可以在对具体行政行为申请复议的同时，一并提出对行政裁定的审查申请”。

从上述一系列规定可以看出，我国现行海关法律制度涉及的，以及海关管理实践意义上的商品归类有多种，包括作为纳税义务人的进出口货物收发货人及其报关代理人的归类申报；海关对申报归类的审核确定；海关总署的归类决定；海关总署关于商品归类的行政裁定；海关的预归类决定。另外，依据《行政复议法》、《海关法》关于纳税义务人不服海关征税决定，可以向上一级海关申请复议的规定，上一级海关对于不服海关归类审核确定的归类结果而提起的纳税争议的复议决定，本质上也是商品归类行为。还有，根据《行政复议法》关于申请对具体行政行为复议时可以一并提出对所依据的抽象行政行为的审查申请的规定，以及《海关行政裁定管理办法》关于对海关具体行政行为不服，可以在申请复议时一并提出对具体行政行为所依据的行政裁定的审查申请的规定，海关总署对自己关于商品归类行政裁定、商品归类决定，以及其他商品归类的抽象行政行为的审查，当然也是商品归类行为。

为论述方便，我们把海关方面，包括海关总署作出的商品归类行为，按行政法中关于行政行为的分类，归为抽象行政行为和具体行政行为两类。这样，就可以把商品归类分为以下三大类：

（一）海关总署关于商品归类的抽象行政行为

1. 商品归类决定。属海关总署根据法律、行政法规的规定作出，并对外公布、具有普遍约束力的行政行为。

2. 商品归类行政裁定。属海关总署根据进出口货物收发货人的申请，就商品归类作出并对外公布的具有普遍约束力的行政行为。

3. 关于商品归类的公告及其他对外公布的规范性文件。也属于海关总署具有普遍约束力的行政行为。

4. 海关总署对行政复议中涉及的海关总署有关商品归类的行政决定、行政裁定和其他规范性文件的审查。

（二）海关关于商品归类的具体行政行为

1. 商品归类的审核确定。包括对进出口货物收发货人申报的商品归类的审核、确认，或否认、重新确定商品归类。

2. 预归类决定。海关应进出口货物收发货人的申请，作出预归类决定的商品，必须是《进出口税则》或海关总署有关商品归类的行政裁定、行政决定，以及其他规范性文件有明确规定的商品。“预归类决定书”一经作出，申请人实际进出口的货物与申请预归类的货物相同的，海关应当按照“预归类决定书”的归类意见审核放行。

3. 关于商品归类的行政复议。复议决定可能维持海关审核确定的或者“预归类决定书”作出的商品归类，也可能认可进出口收发货人原来申报的商品归类或申请复议主张的商品归类，还可能直接作出新的商品归类决定。尽管复议机关也可能是海关总署，但此时作为行政复议机关的海关总署，其地位不是立法者。行政复议属于具体行政行为，复议机关包括海关总署，必须依据《进出口税则》，以及海关总署对外公布的有关商品归类的行政决定、行政裁定或其他规范性文件作出。

（三）进出口货物收发货人的归类行为

1. 商品归类申报行为。收发货人进出口货物必须向海关申报货物的品名、规格、型号，填写正确的商品归类税则号列，并有义务向海关提供有关审核确定商品归类的资料。

2. 申请预归类行为。性质上属于进出口货物收发货人对将要进出口的货物的商品归类申请事先申报，并请求海关事先审核确认。

3. 就海关审核并重新确定的商品归类或预归类决定提出复议申请。性质上属于申请人行使自己的商品归类权和商品归类异议权。申请人还有权一并提出对有关商品归类依据的海关总署的抽象行政行为的审查。

可以看出，以上各种归类行为分别有自己独立、确定的法律性质，作出各种行为分别适用不同的法定程序。但也有共同之处，即都属于对具体商品归入海关税则具体税号的行为。因此，我们可以说，海关法意义上的商品归类，是指海关总署、各级海关，以及海关管理相对人依据有关法律规定，将特定进出口商品决定、裁定或规定，或者申报、审核确定、决定为《进出口税则》的特定号列的行为。

二、商品归类法律关系《

从海关管理意义上说，有多少种商品归类，就有多少种商品归类法律关系。其中，海关总署就商品归类作出的抽象行政行为，涉及海关总署同不特定的、整体的进出口货物当事人的关系，涉及海关总署同国务院、同下属海关上下级之间的工作关系，涉及海关总署与平行的国家部门机关之间的协作配合关系，涉及海关总署与鉴定化验单位、行业协会、科研机构的协作或中介咨询、服务关系，还涉及海关总署与世界海关组织的关系。上述关系凡属于法律、行政法规、海关规章规定和调整的，都是海关商品归类法律关系。但海关总署归类行为属于立法行为，作出的规定、决定、裁定都具有普遍约束力，不直接涉及特定进出口人的特定利益，这种行为涉及的法律关系十分复杂，而进行法律分析的意义却不是很大。因此，本文重点讨论受海关法律规定、调整的，进出口货物的收发货人向海关申报商品归类和海关审核确定商品归类过程中形成的法律关系，进出口货物的收发货人向海关提出预归类申请和海关作出预归类决定过程中形成的法律关系，以及进出口货物的收发货人不服海关归类决定向上一级海关（包括海关总署）申请复议，海关行政复议机关作出复议决定过程中形成的法律关系。

至于海关总署的抽象行政行为，也不是任何情况下都不直接涉及特定进出口人的利益。依据我国法律制度，认为国务院部门抽象行政行为违法，本来只能由全国人大及其常委会和国务院行使监督权。后来《行政复议法》、《国务院行政复议条例》规定了行政复议中可以附带提起审查抽象行政行为（不包括行政规章）的制度。根据这一制度，具体的进出口货物的收发货人就具体的进出口货物的商品归类认定有异议，并正式提起行政复议，而且收发货人认为这一异议的解决涉及与此争议有关的海关总署关于商品归类的抽象行政行为（海关总署关于商品归类的行政规章除外），如归类决定、行政裁定或其他规范性文件不符合国家法律规定（广义，包括法律、行政法规，也包括海关总署自己制定的行政规章）时，可以一并申请对有关抽象行政行为进行审查，审查由海关总署进行。

从大的类别说，申报和审查、确认商品归类法律关系和预归类法律关系，以及关于商品归类的行政复议法律关系，都属于商品归类法律关系，其最大的共同点是主体双方都是海关和进出口人，最大的不同点是权利与义务不同。因此，权利与义务是这里讨论的一个重点。以下，我们分别进行简要分析。

（一）申报和审查、确认商品归类法律关系中，海关和进出口货物的收发货人，以及报关代理人的主要权利与义务

1. 海关

（1）归类法律规定清楚、公开的义务。这不仅是政务公开的要求，还基于法律既然设定进出口货物的收发货人有义务正确归类，也应保证其有条件明了有关规定。

(2) 审核、确定（包括否定进出口货物的收发货人申报的商品归类）的权利。

(3) 要求进出口货物的收发货人提供和补充提供有关资料的权利，这是海关对商品归类的审核确定的工作需要，也是法定权利。

(4) 组织对进出口商品进行化验、检验的权利，以及将海关认定的化验、检验结果作为商品归类依据的权利。

(5) 通知修改、删除报关单，以及同意修改、删除报关单申请的权利。这也就是要求或同意变更商品归类申报的权利。

(6) 行政处罚、追补税款的权利。进出口货物的收发货人因其商品归类行为构成“申报不实”，海关有权处罚并且不免除当事人补缴税款的义务。构成伪报走私的，没收有关货物并可加处罚款。

(7) 有关争议复议前置。有关商品归类的复议属于“纳税争议”，根据《海关法》的规定，纳税义务人对海关商品归类决定有异议，可以先向海关申请复议，对复议决定不服，才可以向人民法院起诉。纳税义务人不能直接向人民法院起诉。

(8) 海关归类决定，以及据此作出的征税决定不因纳税义务人申请复议停止执行。海关已经作出征税决定的，申请人应先缴纳税款，再提出复议申请。

(9) 由于海关的原因一年补税。根据《海关法》和《进出口关税条例》的有关规定，由于海关的原因导致商品归类错误，漏征、少征税款的，海关可以在一年内补征。

(10) 规定改变不补不退。实质是有关商品归类的法律、行政法规、行政规章，海关总署关于商品归类的行政规定、行政裁定，以及其他规范性文件实行从旧原则。新规定对以前的归类行为，无论是海关做出的还是进口货物的收发货人申报的，都没有溯及力。

2. 进出口货物的收发货人

(1) 了解有关商品归类的法律规定，这是权利也是义务。

(2) 如实申报并提交有关资料的义务。

(3) 正确归类的义务。

(4) 根据海关要求补充提供有关资料的义务。

(5) 配合海关化验、查验的义务。

(6) 对海关审核确定的商品归类提出异议、申请复议，以及一并提出对海关商品归类所依据的抽象行政行为进行审查的权利。

(7) 过错三年补税。由于进出口货物的收发货人申报商品归类的过错，造成漏征、少征税款的，三年内收发货人有义务根据海关的要求补缴税款。

(8) 认为申报的商品归类有误，申请修改、删除报关单的权利。

(二) 预归类法律关系中海关和进出口货物的收发货人，以及报关代理人的主要权利与义务

1. 进出口货物的收发货人

(1) 提出预归类申请的权利。

(2) 提供准确的拟进出口货物的资料、信息的义务。

(3) 申请必须在货物实际进出口前45日内提出。

2. 海关

(1) 接受申请的义务。

(2) 预归类决定应当在15个工作日内作出。

(3) 通知申请人按照规定申请行政裁定，应当在7个工作日内作出。

(4) 申请人实际进口的货物与申请商品归类的货物相同，海关应当按照预归类决定书的归类意见审核放行。

(三) 关于商品归类的海关行政复议法律关系中海关和进出口货物收发货人的主要权利与义务

1. 进出口货物的收发货人

(1) 先缴纳税款。

(2) 享有《行政复议法》、《行政复议条例》、《海关实施行政复议法办法》规定的有关行政复议的一切权利，承担一切义务。

2. 海关

(1) 依法受理。

(2) 有权维持、撤销、变更海关原归类决定或认可申请人的归类意见。

四、处理归类案件应特别注意区分案件性质

归类案件，广义上包括海关认为进出口货物的收发货人及其代理人的归类决定不正确并通知修改、删除报关单的案件；海关受理的进出口

货物的收发货人及其代理人就商品归类提出的修改、删除报关单的案件；海关认为进出口货物的收发货人及其代理人的归类行为构成申报不实，甚至构成走私嫌疑的案件；进出口货物的收发货人及其代理人对海关不批准修改、删除报关单申请的行为，或要求修改、删除报关单的行为，重新确定商品归类的行为，以及因此而导致的征收、追补税款行为，行政处罚行为不服而提起行政复议的案件。由于这些案件涉及的都是商品归类行为，行为特征很容易混淆，办案人员必须十分注意区分。

（一）进出口货物的收发货人对海关认定有异议，并不认为自己申报归类有错误，海关审核认为进出口收发货人的商品归类申报属于认识错误而要求修改、删除报关单，要求重新申报的行为。这类行为不构成违法，海关不能处罚，但可以要求或决定归入海关认为正确的税号。当事人有异议可以提起复议，但不影响海关先按重新确定的归类征税。

（二）进出口货物的收发货人或其代理人由于填写报关单粗心等原因导致归类错误，不致对海关税收、许可证件管理、海关统计准确性或海关监管秩序等造成影响，申请修改、删除报关单行为，或者归类行为有其他轻微过错，依法应当不予处罚，海关同意退还单证或责令修改、删除报关单，要求重新申报的行为。这类行为属当事人有违法情节，但情节轻微，依据行政处罚法的规定，属于依法不予处罚的行为。

（三）申报不实行为（属于申报人有过错未能正确申报商品归类。不包括认识、理解的偏差而对海关的决定持有异议，也不包括轻微违法但依法应当不予处罚的行为），包括影响海关统计准确性的行为；影响海关监管秩序行为；影响国家许可证件管理的行为；影响国家税款征收的行为；影响国际汇率、出口退税管理的行为。这些行为均应注意准确认定行为属性，正确适用处罚条款。海关作出处罚决定，不因此免除其纳税义务。

（四）走私行为。主要指进出口货物的收发货人及其代理人，能够正确进行商品归类的情况下，出于偷逃税款或者逃避国家进出口许可证件管理，以及骗取出口退税等违法目的，故意错误进行商品归类的行为。认定这类行为应当注意当事人是否有能力正确归类而故意错误归类，以及有无违法目的。至于当事人是否达到违法目的，是否给国家造成实际危害结果，不是认定是否构成走私的要件。海关对这种行为必须严厉打击。

海关监管货物的法律性质及其处置①

一、海关监管货物的概念和法律属性

海关监管货物是我国海关对进出境货物实施监督管理中的专用术语。根据2000年修订并公布的《中华人民共和国海关法》（以下简称《海关法》），即现行《海关法》，海关监管货物包括自进境起到办结海关手续止的进口货物，自向海关申报起到实际出境止的出口货物，过境、转运、通运货物，特定减免税货物，以及暂时进出口货物、保税货物和其他尚未办结海关手续的进出境货物。其中，过境、转运和通运货物，是指由境外启运，通过中国境内继续运往境外的货物（其中通过境内陆路运输的，称过境货物；在境内设立海关的地点换装运输工具，而不通过境内陆路运输的，称转运货物；由船舶、航空器载运进境并由原装运输工具载运出境的，称通运货物）。而保税货物，则是指经海关批准未办理纳税手续进境，在境内储存、加工、装配后复运出境的货物。以一般贸易方式进出口，向海关申报，经海关查验，办结征税（或核准免征、减征）、放行手续的货物，一般说来不再属于海关监管货物。但进出口人经海关许可，采取转关运输方式进出口的货物，即进口货物收货人或其代理人在进境地海关申报，经海关加封后运输至目的地海关，正式办理报关、纳税、放行手续，出口货物发货人及其代理人在发货地海关办理报关、纳税手续，经海关加封后运输至出境地海关办理放行手续的货物，则属于海关监管货物。同样，进口货物在运输工具负责人向海关申报后，收货人办结报关进口手续以前的停泊、装卸、储存期间，出口货物在发货人向海关办理出口手续后海关放行以前的储存、装卸、停泊期间，也属于海关监管货物。办结报关手续经海关放行的特定减免税货物，在规定的海关监管年限内，仍属于海关监管货物。笔者特别要指出的是，原

① 原载《海关执法研究》2008年第3期。

1987年《海关法》只明确规定未办理海关手续的进出口货物，过境、通运、转运货物，以及保税货物、暂时进出口货物和其他未办结海关手续的货物是海关监管货物，特定减免税货物是否属于海关监管货物，海关内外对其的认识，甚至海关执法实践都出现过不一致。与1987年《海关法》配套的国务院《海关法行政处罚实施细则》规定，“未经海关许可并补缴关税，擅自出售特准进口的保税货物、其他海关监管货物”、“未经海关许可并补缴关税，擅自出售特定减税或者免税进口用于特定企业、特定用途的货物”是走私行为；“未经海关许可，擅自开拆、提取、交付、发运、调换、改装、抵押、转让海关监管货物”、“未经海关许可，将特定减税或者免税进口的货物、物品移作他用的行为是违反海关监管规定的行为”。上述规定表明立法者当时是将海关监管货物与特定减免税货物并称的，而且规定了许多种类的擅自处置海关监管货物的行为，擅自处置特定减免税货物的行为则仅有“移作他用”。后来执法实践中大量出现擅自将特定减免税货物出售、转让、抵押等情事，明显违背国家特准企业减免税进口的初衷，甚至助长一些不法企业以骗税为目的申请减免税货物进口行为的蔓延，海关不得不查处，可又缺乏直接的依据，于是先是将这些行为扩大解释为“移作他用”，苦于不能全部解释进去，后又视为“未办结海关手续的货物”，即扩大解释为擅自处置海关监管货物。到2000年《海关法》修改，以及随后修改配套的《海关法行政处罚实施细则》，后改为《海关行政处罚条例》时，才正式将特定减免税货物纳入海关监管货物法定解释。

根据现行《海关法》第三十七条的规定，“海关监管货物，未经海关许可，不得开拆、提取、交付、发运、调换、改装、抵押、质押、留置、转让、更换标记、移作他用或者进行其他处置”；“海关加施的封志，任何人不得擅自开启或者损毁”；“人民法院判决、裁定或者有关行政执法部门决定处理海关监管货物的，应当责令当事人办结海关手续”。这一规定表明，海关监管货物是未完全办结海关进出境手续（即未完成进境或出境的法律过程，一定意义上说，处于国境内关境外），有关经营人、所有人及其代理人对海关负有法定义务的货物，是不能自由处置，即物权受到一定限制，暂时不能完全适用民事、商事法律（如《民法通则》、《物权法》、《担保法》、《合同法》等）的货物。

从海关法和海关监管实践看，海关监管货物几乎涵盖了进出我国国境的全部货物。其中，多年来就一直占进出口货物的“半壁江山”的加工贸易货物（绝大多数为保税货物），进口后处于海关监管状态长达半年到一年，加工后还必须复出口；数量庞大的特定减免税货物（法定减免税货物、临时减免税货物不属于海关监管货物）进口后处于海关监管状态长达数年之久；暂时进境货物复出境前在我国境内的整个期间处于海关监管状态。

海关监管货物是海关监管的直接对象，货物收发人、所有人及其代理人，以及有关的运输人、储存人、加工生产单位都需根据有关法律规定对海关承担一定的责任，未经海关许可，不得擅自处置。人民法院以及其他国家执法部门处置海关监管货物，也需责令当事人首先向海关办结有关手续。准确认识海关监管货物的法律属性，以及处理海关监管货物的基本规定，是海关严格履行进出境货物、物品、运输工具监督管理机关职能，进出口人严格遵守进出境法规和维护自己的合法权益，以及人民法院在司法审判、其他国家执法部门公务活动中正确处置处于海关监管状态下的货物的前提。

二、海关监管货物的合法处置

海关监管货物的合法处置，包括正常处置方式和其他处置方式。

（一）海关监管货物的正常处置方式

1. 进口货物自进境起到办结海关手续止，出口货物自向海关申报起到出境止，过境、转运和通运货物自进境起到出境止，应当接受海关监管。进口货物的收货人、出口货物的发货人应当向海关如实申报，交验进出口许可证件和有关单证。进口货物的收货人应当自运输工具申报进境之日起 14 日内，出口货物的发货人，除海关特准的外，应当在货物运抵海关监管区后、装货的 24 小时以前，向海关申报。进口货物应当由收货人在货物的进境地海关办理海关手续，出口货物应当由发货人在货物的出境地海关办理海关手续。经收发货人申请，海关同意，进口货物的收货人可以在设有海关的指运地，出口货物的发货人可以在设有海关的启运地办理海关手续。上述货物的转关运输，应当符合海关监管要求；必要时，海关可以派员押运。经电缆、管道或者其他特殊方式输送进出境的货物，经营单位应当定期向指定的海关申报和办理海关手续。办理进出口货物的海关申报手续，应当采用纸质报关单和电子数据报关单的形式；海关接受申报后，报关单证及其内容不得修改或者撤销；进口货物的收货人经海关同意，可以在申报前查看货物或者提取货样。需要依法检疫的货物，应当在检疫合格后提取货样。进出口货物应当接受海关查验，海关查验货物时，进口货物的收货人，出口货物的发货人应当到场，并负责搬移货物，开拆和重封货物的包装。海关认为必要时，可以径行开验、复验或者提取货样；经收发货人申请，海关总署批准，其进出口货物可以免验。除海关特准的外，进出口货物在收发货人缴清税款或者提供担保后，由海关签印放行。

2. 经海关批准暂时进口或者暂时出口的货物，应当在六个月内复运出境或者复运进境（在特殊情况下，经海关同意，可以延期）。

3. 经营保税货物的储存、加工、装配、展示、运输、寄售业务和经营免税商店，应当符合海关监管要求，经海关批准，并办理注册手续。保税货物的转让、转移，以及进出保税场所，应当向海关办理有关手续，接受海关监管和查验。加工贸易制成品应当在规定的期限内复出口，其中使用的进口料件，属于国家规定准予保税的，应当向海关办理核销手续；属于先征收税款的，依法向海关办理退税手续。

4. 特定减税或者免税进口的货物，向海关办理报关进口手续后的海关监管年限内，继续接受海关监管。

5. 过境、转运和通运货物，运输工具负责人应当向进境地海关如实申报，并应当在规定期限内运输出境。海关认为必要时，可以查验过境、转运和通运货物。

6. 海关监管货物，未经海关许可，不得开拆、提取、交付、发运、调换、改装、抵押、质押、留置、转让、更换标记、移作他用或者进行其他处置。海关加施的封志，任何人不得擅自开启或者损毁。

7. 人民法院判决、裁定或者有关行政执法部门决定处理海关监管货物的，应当责令当事人办结海关手续。

需要说明的是：(1) 本项规定是国家立法机关鉴于实践中人民法院、有关行政执法部门涉及处理海关监管货物的情况大量出现，海关提出属于海关监管货物，未办结海关手续，特别是关于补缴税款、补交许可证件、解除监管的手续，不能处理，特别是不能变更所有权及使用权，但缺乏明确、正面的法律依据，2000 年《海关法》修改，特别增加这一规定。(2) 人民法院处理破产案件涉及海关监管货物，2000 年《海关法》

修改前，甚至修改后，直至今天，做法很不统一，也难以统一。主要是海关认为进入破产程序前应当先办理海关手续，而人民法院在2000年《海关法》修改前，或认为海关提法没有法律正面规定，或认为《破产法》中处理海关监管货物有关的规定只是清偿债务顺序，即税款清偿在何环节的问题，没有其他法律规定；2000年《海关法》修改后则认为，虽然有《海关法》规定，但大量破产案件列入可清偿财产有限，先办结海关手续，特别是缴纳税款手续，会导致其他债权人根本得不到任何清偿，尤其是连职工工资等都无法保证，显然不合国家立法本意。实际做法上就出现先办理海关手续或不办理海关手续，只进入国家税款清偿顺序的不同。笔者认为虽然法理上未解除海关监管的货物不能直接进入国内民商领域，但破产案件可以特别处理，即责令当事人先办理缴纳关税之外的海关手续，关税税款列入清偿顺序，兼顾了行政法、民商法之间的衔接，既保证了国家行政管理权，又保证《破产法》规定的职工工资优先受偿，以及先于国家税款受偿的债权人的利益。

8. 在海关监管区外存放海关监管货物，应当经海关同意，并接受海关监管。

9. 进出口货物的原产地按照国家有关原产地规则的规定确定。

10. 进出口货物的商品归类按照国家有关商品归类的规定确定。海关可以要求进出口货物的收发货人提供确定商品归类所需的有关资料；必要时，海关可以组织化验、检验，并将海关认定的化验、检验结果作为商品归类的依据。海关可以根据对外贸易经营者提出的书面申请，对拟作进口或者出口的货物预先作出商品归类等行政裁定。进口或者出口相同货物，应当适用相同的商品归类行政裁定。

11. 需要向海关申报知识产权状况的，进出口货物收发货人及其代理人，应当按照国家规定向海关如实申报有关知识产权状况，并提交合法的使用有关知识产权的证明文件。

（二）海关监管货物的非正常处置方式

1. 进口货物的收货人自运输工具申报进境之日起超过3个月未向海关申报的，其进口货物由海关提取依法变卖处理，所得价款在扣除运输、装卸、储存等费用和税款后，尚有余款的，自货物依法变卖之日起一年内，经收货人申请，予以发还；其中属于国家对进口有限制性规定，应当提交许可证件而不能提供的，不予发还。逾期无人申请或者不予发还的，上缴国库。货物不宜长期保存的，海关可以根据实际情况提前处理。

2. 确属误卸或者溢卸的进境货物，经海关审定，由原运输工具负责人或者货物的收发货人，自该运输工具卸货之日起 3 个月内，办理退运或者进口手续；必要时，经海关批准，可以延期 3 个月。逾期未办手续的，由海关按超期未申报货物的规定处理。

3. 收货人或者货物所有人声明放弃的进口货物，由海关提取依法变卖处理；所得价款在扣除运输、装卸、储存等费用后，上缴国库。

4. 加工贸易保税进口料件或者制成品因故转为内销的，海关凭准予内销的批准文件，对保税的进口料件依法征税；属于国家对进口有限制性规定的，还应当向海关提交进口许可证件。

5. 特定减免税进口货物因故经海关批准，在海关监管年限内出售、转让、出租、抵押、质押或移作其他用途的，扣除使用年限后办理补税、解除监管等手续，其中属于国家限制进口货物的，还需补领、提交进口许可证件。

6. 暂时进境货物，因故经海关许可，在境内销售、转让、留用或留在境外的，另行办理进出口报关、纳税手续。其中属于国家限制进出口货物的，还需补领、提交进出口许可证件。不能提交的，必须复出口或者复进口。

三、违法处理海关监管货物行为及其法律责任《《

根据《刑法》、《海关法》、《海关行政处罚条例》的规定，违反关于正常处置或非正常处置的规定处理海关监管货物，将构成“违反海关监管规定”甚至“走私”行为，由海关给予行政处罚。情节严重，构成犯罪的，追究刑事责任。

1. 进口货物的收货人超过规定期限向海关申报的，由海关征收滞报金；海关监管货物运输、储存、加工、使用期间造成损毁或者灭失的，除不可抗力外，对海关监管货物负有保管义务的人应当承担相应的纳税义务和法律责任；载运海关监管货物的船舶、汽车不按照海关指定的路线行进的予以警告，可以处 5 万元以下罚款，有违法所得的，没收违法所得。

2. 未经海关许可，擅自将海关监管货物开拆、提取、交付、发运、调换、改装、抵押、质押、留置、转让、更换标记、移作他用或者进行其他处置的；未经海关许可，在海关监管区以外存放海关监管货物的；经营海关监管货物的运输、储存、加工、装配、寄售、展示等业务，有关货物灭失、数量短少或者记录不真实，不能提供正当理由的；经营保税货物的运输、储存、加工、装配、寄售、展示等业务，不依照规定办理收存、交付、结转、核销等手续，或者中止、延长、变更、转让有关合同不依照规定向海关办理手续的；未如实向海关申报加工贸易制成品单位耗料量的；未按照规定期限将过境、转运、通运货物运输出境，擅自留在境内的；未按照规定期限将暂时进出口货物复运出境或者复运进境，擅自留在境内或者境外的，处货物价值5%以上、30%以下罚款，有违法所得的，没收违法所得；所涉货物属于国家限制进出口的需要提交许可证件，当事人在规定期限内不能提交许可证件的，另处货物价值30%以下罚款；漏缴税款的，可以另处漏缴税款1倍以下罚款。

需要说明的是，进行上述处罚后，并不意味着海关监管货物解除自然海关监管状态，或者不再属于海关监管货物，并没有免除当事人补缴税款和办理有关海关手续的义务。另外，关于特定减免税货物出租或移作他用法律责任的追究，主要在是否造成漏税和需要补税上有些不同意见。目前通行的看法是出租或者移作他用意味着改变了减免税货物性质，除处罚、没收违法所得外还应补税；具体做法是根据监管年限，折旧扣除已使用价值，根据违法使用年限占剩余合法使用监管年限的比例补税。笔者对此持保留意见，认为违法所得加补税，再加罚款，实质上等于双重征税加罚款，而且对于货物仍在进口人实际控制和继续合法使用情况下，只推论曾经有一段时期货物性质改变，理论上牵强。笔者认为，无法追回的属于改变货物性质，处罚后应予补税，但不没收违法所得，理论依据是比移作他用违规行为更严重的擅自出售的走私行为，在无法或不便没收时，也只将出售所得作为货物等值价款追缴，并不视为违法所得，没收后再另追缴私货等值价款。笔者主张对其中以谋取税款收益为目的的，完税价格中已合法使用价值视为违法成本不扣除，补全税；因其他原因未及时报经海关同意的可扣除已合法使用价值。而对于没有脱离进口人控制或能够追回的，应视为没有整体改变货物性质，仅仅是违法使用，虽然实际得到的利益本质上一部分或全部属于税收优惠，但可作为违法所得追缴。至于没有违法所得的需考虑平衡没收违法所得加罚款的处罚尺度，可以考虑罚款额从高。

3. 使用伪造或变造的手册、单证、印章、账册、电子数据，或者以其他方式逃避海关监管，擅自将海关监管货物在境内销售的；使用伪造或变造的手册、单证、印章、账册、电子数据，或者以伪报加工贸易制成品单位耗料量等方式，致使海关监管货物、物品脱离监管的；以藏匿、伪装、瞒报、伪报或者其他方式逃避海关监管，擅自将保税区、出口加工区等，海关特殊监管区域内的海关监管货物、物品，运出区外的，都属于走私行为。构成犯罪的走私行为，除法院判处刑罚（包括有期徒刑、无期徒刑和死刑，并处罚金）外，海关还要没收走私货物；不构成走私罪或其他犯罪的走私行为，由海关没收走私货物，并处罚款。

分析《海关法》，以及《刑法》、《海关行政处罚条例》中的上述有关规定，联系有关规定的立法目的和立法原意，可以明白国家对于违法处置海关监管货物行为的处罚原则，是严厉惩处以逃避国家进出口管制，或偷逃国家税收为目的的故意违法行为，从重处罚影响国家税收或进出口管制的过失行为，从轻处罚擅自处置海关监管货物，以及违反了进出口管理秩序但未影响税收或国家进出口管制的行为。

海关立法的指导思想和基本原则

海关立法，在这里是广义，包括海关总署，以及下属单位的全部立法或“准立法”活动。本来，依国家法律关于立法权限的规定，中央国家行政机关的部门机关包括海关总署只有有限的立法职能，即有权制定行政规章。但《中华人民共和国海关法》（以下简称《海关法》）规定，海关总署可以作出行政裁定等具有普遍约束力的抽象行政行为；根据国务院行政规章制定程序，县级以上行政机关可以参照规章制定程序制定规范性文件；根据海关总署制定的、向国务院备案的海关立法管理规定，海关总署，以及各直属海关可以制定规范性文件。同时，海关总署还代表海关系统，有时候是正式征求全国海关意见后代表海关系统，就全国人大法律草案、国务院行政法规草案提出修改意见，或者主动提出现行法律、行政法规的修订建议。另外，海关总署还有权对自己制定的行政规章进行立法解释；对国家法律、行政法规在海关管理领域作出行政规章级别的行政解释。这里把上述活动都称为海关立法。

基于这样的考虑，我们把作为海关基本法的《海关法》，以及所有与海关工作有关的法律的规定，如《进出口关税条例》、《海关行政处罚条例》、《海关稽查条例》、《进出口货物原产地条例》、《海关统计条例》、《知识产权海关保护条例》等，专门关于海关管理的行政法规和所有与海关管理有关的其他行政法规的相关规定，海关总署行政规章，以及海关总署和直属海关制定的其他规范性文件，海关总署的立法或行政解释等，都纳入作为海关法律体系的组成部分。

一、海关法的立法指导思想

海关立法指导思想应当而且只能是以科学发展观为指导，保障海关履行国家宪法、法律，以及国务院行政法规赋予海关的职能、任务，构建和完善科学、合理，充满活力和效率的海关法律体系。毋庸讳言，相对全国人大制定、修订、解释国家法律的立法活动，以及国务院制定、修订、解释行政法规的立法活动，海关立法活动层次要低，范围要窄。但海关作为有法定立法权限的中央国家行政机关的部门机关，其立法活动当然是国家立法的组成部分。

(一) 履行海关法定职能

根据我们国家的基本法——《中华人民共和国宪法》的规定，我国是人民当家做主的国家，所有国家机关都是依人民意愿产生、以为人民服务为宗旨。其中，全国人民代表大会及其常务委员会是最高国家权力机关，负责制定、修改国家宪法和法律，决定国家各项基本事务，其中包括决定中央人民政府的机构设置和主要行政首长任免。根据宪法规定，我国的一切机关、团体、政党，都必须在宪法和法律的范围内活动，地方各级人民代表大会及其常务委员会是地方国家权力机关。中央人民政府，即国务院作为最高国家行政机关，是国家权力机关的执行机关，对全国人大及其常委会负责并接受其监督；地方各级人民政府对地方各级人大及其常委会负责并接受其监督。

海关是法律规定的国家进出境监督管理机关。海关总署是国务院的直属机构，是全国人大决定的国家最高行政机关的部门机关。海关职能的法律来源有以下几个方面：

1. 全国人大及其常委会制定的宪法、法律对所有国家机关的一般规定和对国家行政机关，特别是中央人民政府的特别规定；

2. 全国人大常委会专门制定的海关基本法——《海关法》；

3. 国务院行政法规关于行政机关履行职能的一般规定；

4. 国务院专门制定的关于海关工作的行政法规，如《进出口关税条例》、《海关行政处罚条例》、《海关稽查条例》、《进出口货物原产地条例》、《知识产权海关保护条例》、《海关统计条例》等；

5. 国务院制定的其他行政法规有关海关履行职能的部分；

6. 全国人大常委会，我国政府批准、决定参加的有关海关工作的专门的国际公约，以及其他公约、条约中有关海关履行职能的部分。

海关立法，必须以上述法律、行政法规为指导。另外，还要协调、考虑海关总署自己依据法律和行政法规，为履行法定职能而制定的行政规章。

(二) 积极、认真实践科学发展观

宪法、法律是人民意志的体现。科学发展观则是宪法、法律关于人民当家，国家机关为人民服务基本原则的与时俱进的最直接、最准确、最科学、最全面的概括和阐述。科学发展观的核心是“以人为本”，以人为本就要坚持人民做国家主人，人民意愿就是国家意志，人民对国家大政方针有知情权、参与权，对国家发展成果有享受权。科学发展观反映了人民最迫切、最实际、最直接的愿望，这就是社会的全面、协调，可持续发展。海关立法活动，必须积极、认真实践科学发展观，坚持处处以人民利益为重，统筹兼顾，为国家的政治、经济、文化、社会、生态环境文明建设全面、协调、持续发展而服务。

（三）坚持依法行政，为国把关，服务经济，促进发展的方针，贯彻《海关法》的指导思想

依法行政是宪法、法律对国家行政机关的基本要求；而海关基本法不仅直接规定了海关监管、征税、查缉走私、海关统计的基本职能，还开宗明义在第一条确立了维护国家主权和利益，加强海关监督管理，促进对外经济贸易和科技文化交往，保障社会主义现代化建设的海关法立法指导思想。毫无疑问，海关工作方针，就是上述立法指导思想的体现。海关立法工作，当然、必须贯彻这一思想。

（四）完善海关法律体系

海关法律体系是以海关基本法为核心，包括所有有关海关工作的法律、行政法规和海关规章的有机统一体。海关法律体系有紧密联系的不同层次和不同分支、部门。海关立法活动，必须找准立法结果在该体系中的位置，既不能超越或降低层次，也不能脱离或跨越其他层次，还要与其他层次分支相互协调，保持联系。海关立法活动的目的只能是进一步完善海关法律体系，而不是削弱、分散、打乱这一体系。

二、海关立法的基本原则

为实现海关立法的上述指导思想，在海关立法实践中，必须遵循以下基本原则。

（一）不违背上位法

在我国法律体系中，不同层次的法分别由不同权力级别的机关制定，法的效力等级也因此截然不同。其中全国人大制定的宪法居于最高层次，一切其他法律、行政法规都不能违背宪法。在其他层面，全国人大制定的基本法律高于人大常委会制定的法律；人大常委会法律则高于国务院制定的行政法规；国务院行政法规高于国务院部委或省级人民政府，以及省会市和其他法定有规章制定权的市制定的行政规章。制定下一等级的法，不能违背上位法，否则无效。海关立法活动中，无论是自己制定规章，还是提出法律、行政法规草案的修改意见，或是修改现行法律、行政法规的修订建议，都必须考虑这一基本原则。

（二）依法立法

海关立法活动不是向公民、社会团体那样的自愿参与行为，而是法定职能活动，海关立法活动的范围、权限、途径、形式都是法定的。海关依法立法的活动，属于依法行政的组成部分，一是依法必须为，二是必须依法为。

（三）遵循专门的立法规定

我国人大专门制定了《立法法》，国务院专门制定了行政法规制定程序和行政规章制定程序。海关立法活动，除遵循海关立法职能活动的有关法律规定外，还必须全面、严格遵循这些专门规定。海关总署自己制定的关于立法活动的规定，最集中地反映在专门制定的《海关立法管理规定》中，其他规章和规范性文件中也散见一些。海关立法活动，当然也遵循这些规定。

（四）维护、保障行政相对人合法权益

海关作为国家行政机关的部门机关，其全部工作的根本价值，是通过履行法定职能，实现国家机关为人民服务的宗旨。海关的每一个立法活动，不仅都必须符合维护国家利益，即全体人民利益的要求，还必须都符合维护、保障每一个海关行政管理相对人合法权益的要求。没有个别就没有一般。打着国家利益、人民利益旗号，忽视甚至损害具体的行政相对人正当、合法权益的管理规定，不可能真正维护国家利益、人民利益。

（五）保证海关法律体系和整个国家法律体系的统一、完整

广义上的海关法包括整个海关法律体系中的所有层次，所有分支、部门的法律规定，海关法律体系又是整个国家法律体系的有机组成部分。我国法律体系，包括作为它的一个分支的海关法律体系，已经具有统一性和完整性的特点。海关立法活动的目的和结果，都应当是使这两个体系更加完整和统一。不允许脱离这两个体系，在这两个体系之外立法；也不能形式上属于这两个体系，但立法的结果造成不同法律层次、分支、部门之间相关规定冲突，脱节或重复。从海关法律体系的统一性、完整性而言，该体系不仅有众多法律、行政法规和海关规章分别处于不同层次，还分别构成海关组织法、海关监管法、海关税法、海关处罚法、海关稽查法、海关担保法、海关统计法、海关科技法、海关装备管理法、海关财务管理法、知识产权海关保护法、海关缉私警察法、海关国际合作法等不同的法律部门。这些部门本身，也相对自成体系，分别由若干相对独立的分支构成。比如，海关组织法，至少包括海关管理体制法、海关机构设置法、海关人事管理法等；海关监管法，至少包括一般贸易货物进出境管理法、保税货物监管法、其他进出境货物管理法、特殊监管区域监管法、进出境运输工具监管法、进出境行李物品监管法、进出境邮递物品监管法等；海关税法，则至少包括税收征管法、税收减免法、完税价格审定法、商品归类法、商品化验法、商品原产地法、税收强制法等。海关立法活动，必须通盘考虑新的立法与这些不同的、相对独立而又密切联系的法本身及其所处的层次、分支、部门的关系。就我国整个法律体系的统一性、完整性而言，我国法律体系不仅可分为宪法、刑法、民法、经济法、行政法等十余个大的相对独立又相互联系的基本法律部门，每个基本法律部门又分为若干个，甚至数十个相对独立，又密切联系的次一级的法律部门。而构成这些次一级法律部门的法，包括法律、行政法规、行政规章，不仅普遍有相对独立性，还普遍具有与其他次级法律部门，甚至基本法律部门密切联系，相互交叉的特点。比如《海关法》，作为行政法的部门法，不仅与其他部门行政法，比如《对外贸易法》、《国家安全法》、《文物保护法》、《邮政法》、《航空法》、《铁路法》、《交通法》、《林业法》、《农业法》、《食品卫生法》、《商检法》、《知识产权保护法》等，都有一定的甚至密切的联系，还与其他国家基本法律部门，比如刑法、经济法法律部门有一定的甚至密切的联系。因此，海关立法活动，不仅必须考虑海关法律体系的统一性、完整性，还必须考虑与其他次级行政法律部门，甚至与其他基本法律部门的关联，保持整个国家法律体系的统一性、完整性。

（六）科学、民主、公开

这是我国宪法，特别是《立法法》对我国所有立法活动规定的基本原则。所谓“科学”，指立法坚持科学态度、尊重客观事实、反映客观规律、满足客观需要；所谓“民主”，指立法目的反映民需、立法过程民众参与、立法结果凝聚民心；所谓“公开”，包括立法论证公开、立法项目公开、立法过程公开、立法内容公开、立法后评估过程和结果公开。立法活动坚持科学、民主、公开，是人民当家做主、法律代表人民意志、立法结果满足人民需求、立法过程人民监督的必然要求。近些年，海关在坚持科学、民主、公开立法方面作了不少努力，受到广大进出境当事人的好评，受到最高国家行政机关的立法工作部门，如国务院法制办，甚至最高国家权力机关的立法工作部门，如全国人大法工委的肯定。

（七）讲求立法技术

搁开法律的内容和本质不说，单就法律文件这一特定载体的形式而言，法律文件必须符合法定的专门的形式和体例，必须使用特定的规范的法律语言和符号。当然，还必须符合语法正确、逻辑严密、文字简约的要求。立法技术需要用心学习才能掌握，需要不断实践才能提高。

（八）兼顾必要性与可行性，便于操作，保证行政效率

海关作为行政机关的部门机关，主要职能是依法监管进出关境的货物、物品、运输工具，征收关税和其他法定由海关征收、代征的税费，打击走私，编制海关统计。海关立法仅仅是上述行政管理活动的辅助职能，即为保证依据国家法律、行政法规履行上述职能而进行必要的次一级立法。海关立法活动既不能本末倒置，成为主要工作；也不能花拳绣腿，做一些与上述职能没有关系或没有直接的、重要的、紧密的、急迫的关系的工作。海关主体工作任务十分繁重，之所以设置专门机构和使用大量专职、兼职人员从事立法工作，是因为迫切需要这些立法。海关立法活动当然需要根据轻重缓急，编制立法计划，不仅需要当年度的计划，还需要中长期规划，但海关立法活动，必须以优先满足当下执法最急迫的需要为原则。

仅有必要性还不足以进入立法程序。作为立法项目，还必须预先论证该项目可不可能成功制定出台，尤其要考虑是否具备条件在本立法年度出台，诸如立法目的是否已经清楚，立法依据是否已经明确，立法内容是否已经清晰，立法难题是否已经研究和基本解决或有望年内解决，立法人员力量是否充足等，如果论证结果表明暂时难以制定出台，只能缓办。

有了必要性和可行性，并且纳入了年度立法计划后，确保法律文件制定出台后能够操作，便于操作，又是立法工作者必须遵循的原则。所谓能够操作和便于操作，是指法律文件出台后，一方面是行政相对人容易理解，便于遵守和监督执法，便于行政救济；另一方面是海关执法人员清楚明白，能够和便于执行，提高而不是降低行政效率。

（九）兼顾现实与将来，保持相对稳定

包括海关进出境监督管理领域在内，社会现实的每一个方面都纷繁复杂而且生动多变。要保证法律的实用，实现法律的价值，必须坚持一切从实践中来，深入调查研究，广泛征求基层执法人员和管理相对人的意见和建议，进行科学论证，尽可能明白确定、具体细密，满足现实需要的同时又要富有前瞻性，顾及一个时期的发展变化，适当概括宽松，留有余地，保持法律的相对稳定，避免朝令夕改。

（十）及时修订、解释、清理

现实生活日新月异，调整社会关系的法律规范总是滞后。在海关监管领域，面对千变万化的商品，纷繁复杂的管理相对人和数以亿计的进出境行为，海关管理法规的不适应是天天遇到的难题。因此，尽可能及时地清理法规，尽可能及时地明令废止或修订过时的规定，尽可能及时地对一些原则性规定和自由裁量规定进一步解释或细化，也是海关立法活动必须遵循的原则。

海关执法研究

HAIGUAN ZHIFA YANJIU

经济纠纷中涉及的海关变卖走私货物的问题[①]

由中国法律事务中心指派，受本案第三人中华人民共和国××海关委托，作者作为代理人之一，参加原告人中国电子器材××公司诉××贸易公司××分公司经济合同纠纷一案的诉讼。根据有关当事人以及××海关委托的另一诉讼代理人的陈述，根据法庭调查说明的本案有关事实，根据国家有关法律、行政法规和行政规章，并根据原告人提出的诉讼要求，提出以下几点意见。

一、本案作为经济合同纠纷案件，其处理结果与××海关有无法律上的利害关系，或者××海关对本案原被告争议的诉讼标的有无独立请求权的问题

《中华人民共和国经济合同法》（以下简称《经济合同法》），是当事人订立、履行经济合同，合同管理机关调解、仲裁经济合同纠纷，以及人民法院审理经济合同纠纷案件的基本法律依据，相信大家均无异议。由于本案属彩电显像管购销合同纠纷案件，国务院根据《经济合同法》制定颁布的《工矿产品购销合同条例》（以下简称《合同条例》）也同时适用，相信大家也无异议。进而言之，本案处理结果与××海关是否有法律上的利害关系，也应指人民法院根据《经济合同法》、《合同条例》的有关规定，审查本案涉及的购销合同纠纷，明确各有关方面的法律责任时，确认××海关是否属于上述《经济合同法》、《合同条例》有关规定所指的当事人、关系人或责任人，是否依法应当承担民事责任。经查，上述《经济合同法》和《合同条例》中的有关条文，主要是对合同是否有效的确认，其中对违反合同的责任承担规定：经济合同纠纷所涉及的

① 本文为作者的一篇代理词。

当事人或者关系人、责任人，应当而且只能是订立合同的双方当事人和应负连带责任的担保人，即关系人，以及对经济合同不能履行或不能完全履行的有过错的上级领导机关或业务主管机关。具体到本案，有关事实足以表明，××海关既非本案纠纷涉及的彩电显像管购销合同纠纷的签约人，也非供需双方任何一方的担保人，更不是双方当事人任何一方的上级领导机关或业务主管机关。确认本案涉及的购销合同是否有效，或确认由哪些单位承担违反该合同有关条款的违约责任，均与××海关无法律上的必然联系。换言之，××海关对本案的处理结果，并无法律上的利害关系，这里是讲“法律上”的利害关系，不是有关当事人“认识上”的利害关系，而是依法律规定必然存在的利害关系。

至于××海关对本案纠纷涉及的诉讼标的有无独立请求权，答案更清楚：订立履行彩电显像管购销合同的是本案原、被告人，本案原告支付被告货款，被告交付原告货物，均不涉及××海关任何经济利益或经济责任，××海关当然对诉讼标的没有，也不应有独立请求权。事实上，××海关也没有提出有独立请求权。

××海关是作为本案第三人参加诉讼的。根据《最高人民法院关于在经济审判工作中贯彻执行〈民事诉讼法〉（试行）若干问题的意见》中对诉讼参加人的司法解释，第三人仅限于对当事人争议的诉讼标的有独立请求权，或者虽然没有独立请求权，但是案件处理结果同其有法律上的利害关系的人。经修改，1991 年重新颁布的《中华人民共和国民事诉讼法》（以下简称《民诉法》）关于第三人的规定，同原试行的《民诉法》一样。××海关对本案原、被告争议涉及的贷款 330 万元，货物显像管 5000 余只，无独立请求权，并没有“提起诉讼”；××海关对本案的处理结果并没有法律上的利害关系，也没有“申请参加诉讼”，因此，该海关实际上并不具备第三人的资格，对此，请求审判长、审判员考虑。

二、××海关变卖显像管、打印机、不间断电源的行为是行政行为还是民事行为的问题 ≪

本案中，之所以事实上××海关卷入了原、被告经济合同纠纷，其根本原因在于本案被告依据与本案原告签订的工矿产品销售合同，销售给原告人的合同标的 5100 余只彩电显像管原来曾是××海关处理没收来的，违反海关监管规定进口的货物中的一部分（原货物总数为：彩电显像管 13142 只，打印机 97 台，不间断电源 125 台）。要认定海关变卖行为与本案原、被告人之间的销售行为引起《经济合同法》、《合同条例》，以及《民诉法》上的民事法律后果，则首先要认定××海关乃至全国海关，甚至一切行政执法机关和司法机关的变卖处理罚没物资的行为，是属于应当适用上述《经济合同法》、《合同条例》、《民诉法》的民事行为。我们的看法是否定的，即变卖行为是行政行为而非民事行为。××海关变卖没收货物的行为，以及本案原、被告之间的销售行为，前者属于行政行为，后者属于民事行为，可以从下述比较中明显区别开来：

（一）法律依据不同。海关变卖货物的主要依据是《中华人民共和国海关法》（以下简称《海关法》），《中华人民共和国海关法行政处罚实施细则》（以下简称《处罚细则》），以及中华人民共和国海关总署的行政规章《关于处理罚没财物的保管和处理规定》。本案原被告之间的销售行为则依据《经济合同法》、《合同条例》以及《五金交电家电化工商品购销合同实施办法》（以下简称《合同实施办法》）。

（二）行为人法律地位不同。海关的变卖行为由海关方面单方面决定变卖对象，变卖品种、数量和变卖价格，收购方的意愿，海关可以考虑，但并不一定考虑；原、被告人之间的销售行为，则只能由双方依平等互利、等价有偿、协商一致的原则，达定协议，协议是双方真实的意见表示，是双方的共同意愿。

（三）行为的法律表现形式不同。海关的变卖行为，法律上的表现形式为海关行政部门请示、海关行政首长批准签字、海关书面请示，以及海关总署书面批复；原、被告人之间的销售行为；法律上的表现形式则为依据《经济合同法》、《合同条例》、《合同实施办法》的规定签订工矿产品销售合同。

（四）行为的法定程序不同。海关的变卖行为无论变卖对象，变卖货物的品种、数量、价格，均需依专项行政法规，按行政程序逐级报抵销售行为；原、被告人之间的购销则由购销人自由决定购销对象，平等协商，独立做主议定购销数量、品种、价格。

（五）货物法定来源不同。海关变卖的货物系根据国家法律法规、规章，无偿地、强制地罚没而来；购销人购销货物，属依《经济合同法》签订协议后，以等价有偿、平等互利的原则交换而来。

（六）所有权不同。海关罚没来的财务，所有权属于国家而不属于实施的海关单位；海关是代表国家处理罚没财务，罚没货物、物品变价处理所得款项，追缴的货物价款，没收的违法行为人违法所得，罚款等都必须全部、无偿上缴国库。除确属错案，即认定海关处罚错误，必须纠正者外，入库款项一律不得办理退库手续；依购销合同购得的货物，或支付的贷款，所有权分别属于购货人和收款人，除发生纠纷经调解、仲裁或人民法院审判变更者外，购销双方当事人依合同所取得货物或货款，取得后即拥有完整的所有权，包括占有、支配、使用、收益和处分的权利。

（七）定价方式和价格限制不同。海关罚没货物，依有关行政规章，变卖价格明显低于市场正常价格，一般掌握在不低于市场零售价格的70%；依购销合同购买、销售货物，买卖双方一般以市场正常价格的基础议定价格。

（八）有关纠纷的法定解决途径不同。海关变卖行为属行政行为，特定海关就特定货物变卖给特定对象的行为属具体行政行为。海关具体行政行为相对人，就变卖行为而言即变卖对象或收购单位，认为海关变卖行为违法或明显不当，侵犯其合法权益，可以而且应当通过行政复议、行政诉讼的法定途径解决，但行政争议，依现行法律、法规、规章的规定，不适用调解或仲裁的办法。而购销合同纠纷，当事人任何一方均可以依法申请国家规定的合同管理机关进行调解或仲裁，也可以申请人民法院作为经济合同纠纷案件进行审理，判决或当庭调解。根据我国的法律制度，解决行政争议和民事争议的途径有明显区别，《行政诉讼法》、《行政复议条例》，《海关法》、《海关行政复议实施办法》，与《民诉法》、《经济合同法》、《合同条例》，《合同实施办法》等法律、法规、规章对此有明确具体的规定，这里不再赘述。

综观上述八点区别，可以确认，××海关变卖行为应作为具体行政行为；对变卖行为是否违法的审查，应通过行政诉讼、行政复议的方式。

三、××海关的变卖行为是否违法和有效的问题

根据本案案情，认定海关变卖行为是否违法、有效，又涉及另外三个行政行为的认定，即海关总署制定规章的抽象行政行为，海关总署就特定请示针对特定事件下达的特定指示，财政部门制定规章抽象行政行为。根据我国宪法，及有关法律、法规的规定，对行政机关的抽象行为（主要是制定法规、规章的行为，发布具有普遍约束力的行政命令和制定

规范性文件的行为）是否与国家宪法、法规相抵触，审查权、监督权在国家权力机关，以及制定行政规章的上级行政机关，制定行政法规的国家最高行政机关对自己制定的行政法规可以自行撤销、变更；国务院及各级行政机关对下级行政机关、行政部门制定的行政规章，有权撤销、变更，国家最高权力机关对一切与宪法、法律相抵触的行政法规或行政规章，有权撤销。人民法院审理行政案件，抽象行政行为不属受理范围。对具体行政行为，根据《行政诉讼法》、《行政复议条例》的有关规定，行政行为相对人认为行政机关的具体行政行为侵犯其合法权益，可以依法提起诉讼或申请复议。但上述《行政诉讼法》、《行政复议条例》对具体行政行为争议案件可以通过人民法院或行政复议机关审理、复议的范围，还有进一步的限制，这里不必赘述。这里只想说明，审查行政行为是否违法，是否有效，由人民法院行政审判机关，以及行政复议机关受理并作出有关判决或复议决定，尚无法律、法规规定经济合同管理机关、人民法院在调解、仲裁、审查经济纠纷时对行政机关的行政行为是否违法、是否有效应作出裁定或判决。在发生经济纠纷后，涉及行政机关的行政行为是否有效，是否违反国家法律、法规或规章，可以而且能够通过其他途径了解或认定。鉴于在本案中有关当事人坚持认为海关变卖行为违法与本案涉及的纠纷有直接联系，甚至海关变卖行政行为应对原被告的经济纠纷负连带责任，我认为也不妨在这里谈一谈海关变卖行为是否违法和有效的问题。

经查本案案卷材料和有关法律、法规、规章，经向海关总署有关部门、最高法院有关部门、××海关有关部门了解，我的结论是：不能认定××海关变卖行为违法，××海关变卖没收货物这一行政行为的有效性应得到保证。

海关系统是国家实行垂直领导的行政部门机关之一。海关总署是国务院直属机关，直接统一领导全国海关。海关总署的规章，全国海关必须遵守；海关总署的行政命令，下级海关应严格执行。海关执法的基本法律依据是《海关法》、《处罚细则》，以及海关总署有关行政规章。具体到处理罚没货物，除《海关法》、《处罚细则》的一般规定外，全国海关都依照海关总署制定的具体行政规章。现行有效的有关罚没货物、物品、款项处理的行政规章，是中华人民共和国海关总署 1990 年制定的《关于罚没财物保管和处理的规定》。再进一步具体到本案涉及的××海关的变卖行为，都是根据上述规定的有关法定程序，以及海关总署有关本案变卖对象、变卖价格的专门批示做出的。海关总署的批示包括四点内容：第一，经主管海关行政首长批准；第二，变卖在处理决定生效后进行；第三，变卖对象属国有商业单位，经营范围包括五金交电、家电化工；第四，基于质量风险、经营消耗和收入，按规定价格在市场零售价以下。另外，基于该案当事人（即变卖对象）违法行为的情节以及在海关查处案件中的表现、当事人实际身份和经营目的特殊性，根据总署专门批示，特别准予以原当事人做变卖对象，货物价格掌握在正常市场零售价格的50%。综上所述，××海关的变卖行为，绝不属私自变卖，也不应该认为是违法变卖，而是依据海关总署行政规章和行政决定作出的行为。

通过查阅案卷材料和有关文献，我也注意到，上述变卖行为在某些具体做法上与财政部 1986 年制定的《罚没财物和追回赃款赃物管理办法》不一致的问题。我认为这里首先有一个海关总署行政规章与财政部行政规章是否完全一致的问题，还有一个海关总署的行政决定是否有效，由谁决定其效力的问题。如前所述，对海关制定行政规章的抽象行政行为是否合法，即行政规章是否与国家宪法、法规、行政法规相违背，以及各行政规章之间是否有冲突，审查权在全国人大和国务院。××海关的变卖行为，是依据其上级机关，作为国务院直属机构的海关总署制定的规章所做出的，作为实行垂直领导的海关下级机关，这足以被认定是依法办事。海关总署根据国家法律规定设立，对下级海关实行垂直领导，海关总署针对××海关上报的专案材料专门作出的批复，××海关必须执行，这完全符合实行垂直领导的行政机关，下级服从上级的行政法基本原则，××海关根据海关总署批复作出变卖行为，也不能认定是违法行为。至于海关总署的相关规章与财政部规章是否冲突，我认为这远不是审理经济合同纠纷案件本身所应解决和所能解决的问题。

在这里，我还愿意指出，我国社会主义法制建设的现状表明，经济立法、行政立法都不十分完善，许多行政规章、行政法规，乃至法律都有待制定或修订，比如上述财政部的《罚没财物和追回赃款赃物管理办法》中关于执法机关（包括海关、工商、物价部门，公安、检察、司法机关，也包括交通、行政、卫生，城建等行政管理机关）变卖处理、罚没物资和赃物，要求应由执法机关、财政机关、接收单位会同有关部门按质论价的规定，在实践上早已过时，但未被修订。现实中很少有哪些执法机关变卖没收货物、物品时，邀请财政部门或有关部门参加，这些部门也没能力全部参加所有行动。仅就海关而言，每年查处案件数以万计，罚没收入数以亿计，财政部门或有关部门都未派员参加海关变卖，对此，这些部门自然是知道的，海关罚没收入情况更是直接报财政部。这只能表明某些行政规章的个别条文需要修订完善，不能以海关系统执行海关总署行政规章时与财政部规章的个别条文中的个别规定不完全一致，就认定海关未依法办事。这里还可以举个例子。前述 1986 年财政部的《罚没财物和追回赃款赃物管理办法》的适用范围，与海关有关的仅是走私贩私行为。而按 1987 年《海关法》，涉及海关罚没处理的违法行为不再包括贩私，依《处罚细则》，海关对走私行为和违反海关监管规定的行为都可以罚款和没收货物。例如本案涉及的货物，原来就属于被告人违法进境，海关按无证到货处理，依据《处罚细则》作出没收部分货物的决定。这种处罚方式在《海关法》中并无明确规定；不是以走私而以违反海关监管规定执法的案件中关于没收货物的变卖行为的规定，财政部的规章、办法中没有也不可能有具体明确规定。海关总署 1990 年制定的《关于罚没财物保管和处理的规定》虽然写明依据财政部相关办法制定，实际上关于违规案件的处罚没收来的财物处理，也不是直接依据财政部相关办法，而是比照规定的。当然，财政部关于罚没财物的处理办法制定于 1986 年，海关总署关于罚没财物的处理办法制定于 1990 年，由于各方面情况的变化，海关总署的办法增加一些更适用的，并减删一些无法执行的内容，在有关规章一时不能协调，有些法律法规、规章一时不能制定修订的情况下，在我国社会主义法制有待完善的情况下，也只能如此了。基于这种原因，作为下级机关的××海关，依照海关总署规章办事应是无可非议的。

四、××海关对本案原告人与被告人的经济合同纠纷，涉及的质量问题有无事实上或法律上的经济责任，或行政责任的问题 «

笔者注意到，本案材料中有关当事人提到××海关变卖行为违反了《中华人民共和国进出口商品检验法》（以下简称《商检法》）、国务院的《工业产品质量责任条例》（以下简称《质量责任条例》），以及国家技术监督局的《关于严厉惩处经销伪劣商品责任者的意见》（以下简称《惩处意见》）的问题。经反复查阅、研究，《商检法》的适用对象是进出口商品的收货人和发货人，不包括罚没进出口货物的行政执法机关或司法机关。海关作为国家对进出境货物、物品的监督管理机关，依法验放一切合法进出境货物、依法查处一切违法进出境货物，海关依法没收的进出境货物，是无偿没收的，没收货物的质量当然也不由海关负责。实践中，海关将非法进出境货物（这里应注意，进出境货物并不都是进出口货物，在非设立海关的口岸非法进出境的货物、物品，不能称为进出口货物）没收以后，依法变卖给国有商业单位之后，才由商业单位纳入国内正常销售渠道。收购单位是否有责任、有能力对这些罚没变价处理的货物提供质量证明，不属海关职责范围，也不便就此表示意见。这里仅需说明，海关罚没的非法进出境货物，均不属正常进出口货物，海关也不是《商检法》所称必须将进出口货物报检的收发货人，因此，不存在违反《商检法》的问题。

至于《质量责任条例》，经查，其适用对象有明确规定（见该条例第四条），产品的生产、储运、经销企业应按该条例规定，对产品质量责任负责。海关作为国家行政机关，当然不是企业；海关依海关行政管理法规、规章履行职务，变卖罚没货物，更不属生产、储运经销产品，××海关不存在因变卖罚没财物而违反《质量责任条例》的问题。

国家技术监督局的《惩处意见》，也明确规定是针对经销市场商品的企业的民事行为，不适用于海关变卖行为也是显而易见的。

至于海关变卖行为生效以后，收购单位纳入正常经销渠道时，是否有违反上述《质量责任条例》、《惩处意见》的行为，海关没有义务，也没有能力约束经销企业，当然也不应对收购、经销者的行为负任何责任。

五、××海关是否侵害原告人合法权益的问题

海关行政变卖行为是否侵犯有关当事人合法权益，本属行政纠纷而非经济纠纷。但鉴于有关当事人一再提出这一问题，我们在这里也顺便谈一下看法。本案有关事实，以及××海关查处违规案件的事实表明，海关变卖行为作为行政行为，发生在原被告作为民事行为的购销行为之前。海关的变卖行为，自开出变卖价款收据起，已经完成。收购人对海关变卖的13100余只显像管、97台打印机和100余台不间断电源，全部具有独立的、完整的所有权。收购人纳入销售渠道，在商品数量、品种、

价格、质量上，在交货方式、交货时间上，均享有完全的自主权，并不受海关变卖行为的任何约束，海关也没有对其销售行为负责的义务。事实上，本案被告与原告订立经济合同时，双方当事人均没有、也没必要事先征得海关同意。本案经济纠纷涉及的购销合同中的货物种类、数量、价格，也无一与海关变卖的数量、品种、价格完全相同。因此，××海关的变卖行为，与原被告订立和履行购销合同的行为无法律上的必然联系，××海关的变卖行为并不能产生侵害本案原告合法权益的法律后果。

我们不妨做一些假设：

假设××海关不是行政机关，而是商业企业；假设××海关不是依行政法变卖罚没货物，而是依《经济合同法》经销商品；假设××海关与本案被告也订立了购销合同；假设××海关与被告订立了货物品种、数量、价格完全与原被告之间的购销合同一样的又一个购销合同；假设前后两个合同因涉及同一批货物而形成连环购销合同，那么，根据《最高人民法院关于审理经济纠纷案件具体适用民事诉讼法的司法解释》，当事人完全可以申请人民法院将前后合同中与本案有直接利害关系的当事人列为本案的第三人通知其参加诉讼。问题是，上述种种毕竟只是假设。

六、最后一个问题

本案能否根据原告人的请求，减少环节，由××海关、原告人、被告直接返还有关货物与款项呢？笔者认为，这种做法，既没有法律依据，也是实际上不可能办到的。相关法律法规、规章均没有行政执法机关，乃至司法机关依法变卖的货物，可由收购人乃至收购并销售后的下一手购买人自由退运，变卖款项可以从国家金库直接退给经收购单位将变卖货物纳入正常销售渠道以后的第二手乃至第三、四手购买人的规定。相反，只有罚没收入一经入库，除确属行政处罚错误外一律不得办理退库手续的行政规章。具体到本案，海关变卖给被告与被告销售给原告的货物数量、品种、价格均不同，变卖行为与购销行为的法律依据也完全不同，实践中也无法做到直接返还。

在陈述了上述几点意见以后，综合考虑，我们认为，本案实质上只是原被告之间的购销合同纠纷，××海关不具有第三人的资格，××海关的行政行为与本案原被告之间的销售行为无法律上的必然联系，南宁海关对原被告诉讼标的无独立请求权，对案件处理结案无法律上的利害关系，××海关的变卖行为作为行政行为无法在这里确认是否违法或不当，事实上该行政行为没有、也不可能侵犯原告人的合法权益，建议法庭只对原被告之间的纠纷进行调解或判决。

两种不同背景下的“包税”①

“包税”进口走私案件，偷逃国家关税和进口增值税，性质恶劣，危害严重。前些年，“包税”走私猖獗，由于违法人作案手法的特殊性，海关调查案件事实、认定有关当事人法律责任轻重、正确作出处罚决定都有许多困难，引起了各方各界的关注。海关系统内有不少人认为，所谓困难，主要是立法不健全，导致了真正的进出口走私人（主要是所谓“上手人”）规避法律。要解决问题，也只能从完善立法，特别是对“上手人”明确定性走私，予以惩处。对此，笔者曾表示过不同意见，认为不是立法问题，而主要是思想认识和执法实践问题。

1999年以后，在许多人不曾注意到的情况下，带有倾向性、普遍性的“包税”走私，基本上偃旗息鼓，只有零散案件发生（笔者在本文后面将就其原因进行分析）。与此相应，海关系统要求抓紧从立法上解决“包税”案件的呼声也很少听到了。

海关监管、海关打击走私的形势真如天上风云，说变就变。地方海关的信息表明，近年来，以“包税”方式偷逃国家进口环节税款的案件明显上升，并有规模性、普遍性的倾向。而且，这些案件的调查处理难度更大。这种倾向和查处的困难，已引起海关及有关部门，甚至国务院领导的高度重视。

根据初步掌握的情况，笔者感到，近期内发生和有进一步增多趋势的“包税”案件，与几年前猖獗一时的“包税”案件无论作案手法、主要责任人，及其违法事实的认定上，都有很大区别，因此，海关应对措施也应有所不同。考虑到类似前些年形式的“包税”案件并未根绝，以及许多海关人员仍然持有“包税”案件查处困难的原因是立法不完备的观点，特别是新的“包税”类型大有增多趋势，具有更大的查处难度，

---

① 原载《海关执法研究》2003年第4期。

并且两类“包税”毕竟有很多相似处，作为引玉之砖，笔者愿将两种“包税”的特征、查处难点和涉及的法律问题进行对比分析，并分别提出应对建议。

一、主要由“下手人”承担违法责任的“包税”案件

此类案件前些年肆虐至极。其典型手法是货物实际进口人（所谓“上手人”）与代理人签订一份代理进口协议，即所谓“包税”协议，“协议”明确规定委托人支付一定费用，代理人负责一切通关手续，甚至大多还明确规定下手人负责缴纳税款和必须遵守国家法律。运作方式上又可分为两大类。一类是实际进口人负责对外签约、付汇，将有关单证交代理通关人（代理人如果不需要也可以不给，甚至不写入协议），即履行协议义务，只等代理人取回海关验放手续后提货；另一类则只负责直接或间接对外付汇，或者干脆全权委托下手人代办对外签约、付汇和报关进口手续。

“包税”案件的违法性在于当事人赚取非法财产，其本质是上、下手人共同瓜分本来应由上手人足额缴纳，但通过下手人（上手人提供机会，有时还提供方便，或者与下手人共同谋划或运作）非法运作而少缴，甚至完全逃缴的国家进出口环节的税款。

国家税款征收是法定的，少缴、逃缴税款必然通过非法途径。将一般贸易应税进口货物假借特定企业、特定用途、特定地区名义，以特定减免税货物方式，嫁接特定身份、特定用途、特定时间，以临时减免税货物方式进口，或者以低报进出口货物价格伪报进出口货物品名、数量、规格、型号等方式进口，达到少缴、逃缴税款的目的，是当时“包税”案件的主要特征。

海关查获这些案件，所认定的事实一般是：第一，发现报关单证虚假（包括合同、发票、减免税证明等），并查获或由有关当事人、证人指证有这样一个“包税”进口协议；第二，不能证实报关单证虚假，但查获“包税”协议，证明进出口人身份虚假（冒用特定减免税身份或加工贸易经营人身份），并购买、盗用、借用他人减免税证明或加工贸易手册；第三，闯关或绕关走私，查获“包税”协议；第四，查获“包税”协议，不能证实报关单证虚假，但申报价格明显偏低；第五，查获“包税”协议，且报关单上涉税申报项目，如商品归类、规格、型号、数量

等明显错误，不改正必然导致少征税款，但提交的单证真实或不能认定虚假。

认定上述事实后，海关会进行处理。依笔者的意见，通常也是海关执法实践中较为通常的做法，针对第一种情况，海关对下手人按走私罪嫌疑移送或按走私行为处罚。对上手人，共谋或共同参与造假、伪报的，定共同走私；提供方便的，定协助走私；查获协议，上手人未向下手人提供单证但未参与任何通关行为的，按申报不实处罚（进口人未及时、准确履行向委托报关人提交报关资料义务，导致报关不实）；虽查获“包税”协议，但上手人向下手人提供了真实报关资料，下手人未据以报关的，不予处罚。针对第二种情况，对直接冒用他人身份的下手人，以走私罪嫌疑移送或按走私行为处罚；上手人未参与运作的不处罚，参与的，视情况按共同或协助走私处理；对出售或出借减免税证明、加工贸易手册的，没收违法所得，并按协助走私处罚。针对第三种情况，对从事闯关、绕关的运输人，按走私罪嫌疑移送或按走私行为处罚；对组织或指挥闯关、绕关的下手人，按共同走私处理；对提供了真实报关单证，或者下手人没要求因而也未提供报关单证的上手人，未参与谋划闯绕关的不予处罚，参与的，按共同走私处理。针对第四种情况，对上下手人都不处罚，海关估价征税或认可申报价格（一般在海关没有过硬价格资料的情况下），作为疑点，可开展事后稽查。针对第五种情况，对上手人不处罚，对下手人或委托报关人按申报不实处罚。

上述5种情况差别很大，海关的处理当然也各有不同，但归纳起来，至少有一个显著的共同之处，即在大多数情况下，上手人是“包税”违法案件的始作俑者，却很少受到处罚。对此，不少海关办案人员表示愤怒，还有人担心会不会导致鼓励“包税”行为的后果。有些办案人员认为之所以未能对大多数“包税”人惩处，是因为法律依据不足，因而强烈要求尽快进行立法，明确规定对上手人按走私罪或走私行为进行处罚。笔者同意无法处罚上手人是因为缺少法律依据的观点，但不能同意通过立法解决这一问题的主张。行政部门及人员已经或准备作出一些缺少法律依据的行为，并主张立法解决执法依据的问题屡见不鲜，但总有许多行政行为不被立法机关或有立法权的上级行政机关认可，所以不予立法，这意味着国家不同意作出这些行政行为。人民法院则更简单，对没有法律依据的具体行政行为一般都依法判决无效。具体到“包税”行为，笔者同样认为，现行法律制度不能得出追究“包税”人法律责任的认识符合立法者思想，即在一定情况下，立法原意本就不主张追究“包税”人责任，因而也就不必进行补充立法。强行作出规定反而会违背我国法治精神，破坏或损害现行法律制度和社会秩序、工作秩序。因为，（一）根据我国刑法制度，只有犯罪意思表示而没有实施犯罪行为的，不能“主观归罪”；（二）对“包税”走私的下手人追究刑事责任或按走私进行处罚，首先要没收走私货物。其中，如果货物是上手人实际进口的，他事实上已实际受到海关没收货物的惩罚（只是以下手人的名义而已——尽管他可以“包税”协议为据，向人民法院提起民事诉讼，但恶意“包税”，意图占国家便宜的协议不会受到我国民法支持）。如果货物进口与上手人无关，“包税”协议事实上不过是低价买卖合同，进出口环节与上手人无关，自然不应受处罚。

实际上，“包税”之所以曾猖獗一时，决不在于法律上缺少对“包税”人的打击规定，主要还是因为当时反走私的高压态势不足，假批件、假证明、假手册、假报关单乱飞，还有一些海关内部腐败人员予以配合，致使下手人“包税”走私屡屡得逞。曾几何时，国家持续整顿社会经济秩序，反走私实行全社会齐抓共管，海关毫不留情地清除内部腐败分子，虽未曾立法打击上手人，“包税”走私不能说销声匿迹，却也所见不多了。

二、新形势下又成气候的“包税”

随着我国加入 WTO 后，海关近几年始终坚持打击走私，走私违法活动开始向智能化、隐蔽化发展，钻海关实行成交价格估价原则的空子，瞒报价格偷逃关税和进口增值税成为走私的“热点”，也成为海关打击走私的难点。新形势的“包税”走私案件出现并有迅速增多的趋势，这不能不引起我们高度重视。

新型“包税”案件以多方合作，最终通过低报完税价格偷逃进出口环节税款为主要特征。典型案件是由一些有丰富进出口经验或复杂海内外经济联系的公司或个人（个人还需利用进出口公司名义，一些贪小便宜或管理不善的公司正好提供这种方便），与国内客户以可能还不够交纳关税和进口环节其他税费的条件达成代理进口，被代理方以协议款项与外商谈判，以分期或分途径支付货款、分签或补签合同、分开发票为条件达成进口协议，进口报关只以较低价格附相应部分合同、发票，申报是全部实际成交价格，钻海关实行成交价格估价原则的空子，除非海关查获（事实上很难）“另外”的合同、发票，或“另外”途径、“另外”方式的付款行为，或者海关掌握充分确实的最近一个时期从同一输出国输入相同或类似货物的价格资料，或者国内市场相同或类似货物价格资料并据以估价征税，但海关仍不能不认定其违法伪报或申报不实并予以处罚。

简单分析这种“包税”行为就可以发现，它与以前的“包税”案件有相似之处，更有本质的不同。相似之处都是以偷逃国家进口环节税款为目的，签订（包括口头）“包税”协议，主要由“包税”人完成通关走私。而不同之处更明显：以前是经营单位作发包人，由下手人造假或内外勾结，仍以上手人名义走私通关。现在是经营单位“抢生意”，以低于正常进口税和代理费的总价“包税”代理他人进口，实质上是两家共分偷逃税所得；或者以正常税额代理（自行垫缴税款，事后由被代理人偿付足额款项）进口，将伪报瞒报进口货物价格或品名、规格、数量偷逃税款所得独吞。以前是以拙劣手法造假合同、假发票走私或内外勾结放私，现在是在知道海关遵循我国入世承诺，实行实际成交价格的完税价格原则，在境外发货商配合下，以“真合同”、“真发票”、“真价格”向海关申报，天衣无缝；实际上通过其他渠道、其他方式向外商另行支付部分货款，如向外商在华机构另外付汇或支付人民币，通过进口人海外分支机构支付外汇，销售后利润分成，旅检渠道携带出境，分散转移给其他国内企业，由该企业兑换外汇再通过其他渠道对外付汇等。由于海关在我国加入世贸组织后实行实际成交价格原则，在无法查明申报人申报价格有假，无法证实其提交的价格资料不实或不全的情况下，海关要么根据自己掌握的价格资料估价征税（还要准备面对纳税义务人不服提起的行政复议或行政诉讼），要么承认其申报价格为完税价格（这就容易造成国家税款的大量流失）。

这种有预谋、高智商、有计划、内（其他企业）外（商）勾结、多方协作“包税”代理、低价申报逃税的走私，使海关审价征税部门和缉私部门都面临前所未有的工作难度。于是又有一些人主张，从立法上解决问题。对此，笔者仍然认为不妥当，实践上也不现实。对于国内被代理人，有人以低于正常价格税款代理进口当然是求之不得，即使占了国家便宜，也不构成违法犯罪，因为他不是进口人，也未与代理进口人合谋或共同运作走私。对下手人，他主动“包税”走私，只要提交的报关单与合同、发票一致，海关在不能证实存在两份合同、两份发票，证明其另有付款行为的情况下，其申报价格无论与海关掌握的价格资料相差多大，海关都无法认定为申报行为违法，国家也不可能武断地制定新法规定其为违法。

面对新挑战，海关只能在自身挖潜力。增强关员业务素质和法律素质，加强价格资料搜集和价格审查，减少低报损失，对嫌疑比较大的低报，不妨重点到企业事后稽查，细查一切账目、单据、文电，审查其国内外所有经济联系等，一旦查实必将严厉处罚。

特定减免税案件审理的若干问题[①]

本文所称“特定减免税案件”，指海关在进出关境货物监督管理活动中，对违反《中华人民共和国海关法》（以下简称《海关法》）、《中华人民共和国海关行政处罚实施条例》（以下简称《海关行政处罚条例》），以及有关法律、行政法规和海关总署行政规章，未经海关许可，擅自将特定减免税货物（主要指机械设备、汽车、特种车等）出售、转让、抵押、移作他用，构成走私行为或违反海关监管规定行为，依法应由海关给予行政处罚的案件。构成走私罪，应由司法机关追究刑事责任的案件，不在本文讨论范围。

所谓“特定减免税货物”，根据现行《海关法》第五十七条的规定，指“可以减征或免征关税”[②] 的“特定地区、特定企业或者有特定用途的进出口货物”。

广义上，特定减免税货物的海关监管，包括实际进出关境的监督管理，进口以后海关监管期限内的监督管理，以及追征或补征进口关税及海关代征税的管理，还包括对违反海关对特定减免税货物监管规定、构成走私或违反海关监管规定行为，海关给予行政处罚的一系列活动。

根据现行《海关法》、《中华人民共和国进出口关税条例》（以下简称《进出口关税条例》），以及《海关行政处罚条例》的规定，涉及包括特定减免税货物在内的海关监管货物的违法行为，远不止“出售”、“转让”、“抵押”和“移作他用”四类，只是本文作者认为选此四类进行分析已经足以说明本文想要说明的问题。

如果擅自“出售”（以及恶意租借，甚至高价有偿转让，或高价变相出售的所谓抵押）包括特定减免税货物的海关监管货物事实清楚，海关

---

① 原载《海关执法研究》2005年第4期。

② 根据现行《中华人民共和国进出口关税条例》第六十五条的规定，进口环节海关代征税的征收管理，适用关税征收管理的规定。

可将其定性走私并没收货物（可并处罚款）；如果“擅自抵押”海关监管货物事实清楚，没有变相出售情况，被抵押货物完好存在，按违反海关监管规定处以罚款，不存在补税问题，恐怕大家都没有争议；被抵押货物因不可抗力毁损或部分毁损，予以免责核办解除监管手续；因保管不当毁损或部分毁损，作罚款、补税处理，相信大家也无争议。

常发生的争议在于对擅自“转让”（以及收付款证据不充分或价格条件优惠的擅自出售）、“移作他用”货物可以责令收回的行为是否补征税款（给予罚款处罚，无法收回的折旧全额补税相信大家应无争议），以及被抵押物已经无法收回的，经海关事先允许的“抵押”是否罚款（对未经允许的抵押行为罚款大家也应无争议）。本文试就上述争议问题谈些意见。

上述有争议的“转让”，与“移作他用”按现行《海关法》，以及现行《海关行政处罚条例》的规定，实际上已没多少区别（都属于海关监管货物的转让或移作他用，而且凡转让别人使用的都可称为用途改变，只不过“移作他用”范围更广，还包括本企业自用范围内的“用途”改变或使用地改变）。但按 1987 年《海关法》和《海关法行政处罚实施细则》（以下简称《处罚细则》）的规定，“转让”专用于当时含义不包括特定减免税货物的海关监管货物，“移作他用”则专用于特定减免税货物。

关于这一点，可以从原《海关法》与现行《海关法》的附则中关于海关监管货物解释的区别上得出结论。

原《海关法》的解释是：“‘海关监管货物’，是指……进出口货物，过境、转运、通运货物，以及暂时进出口货物、保税货物和其他尚未办结海关手续的进出境货物。”现行《海关法》的解释是：“‘海关监管货物’，是指……进出口货物，过境、转运、通运货物，特定减免税货物，以及暂时进出口货物、保税货物和其他尚未办结海关手续的进出境货物。”

笔者认为，原《海关法》所以不认为特定减免税货物属于海关监管货物，立法目的可能是当时国家为了鼓励利用外资和技术，建设经济特区，以及重点扶持科教文卫事业，贫困地区、重点工程等，给予一些符合特殊条件的需要进口货物的特定企业，以及进口特定用途货物的，或进口货物的单位属于在特定地区的企事业单位及机关、团体等以减免税优惠待遇，海关承认这些优惠的前提是有关单位符合特殊条件，提出申请并获批准，货物完成通关放行手续，标志着有关单位的应有优惠待遇已经实现，海关并不需要直接对货物继续监管。当然，国家也决不能听任有些单位骗取优惠，即实际上没有资格享受优惠，或者并没有需要优惠的特定用途，又或者没有在特定地区，再或者虽具有优惠资格，但货物进口后该单位恶意不用于原给予优惠的目的，而将减免税进口的货物直接出售谋取暴利，因此 1951 年《中华人民共和国暂行海关法》（以下简称《暂行海关法》）和 1987 年《海关法》均将未经海关许可并补缴关税，擅自出售特定减税或者免税进口用于特定企业、特定用途的货物的行为，定为走私罪或走私行为，处以没收货物并可加处罚款的处罚。（考虑到有些“擅自出售”行为发生在特定地区内，而货物出售后才被运出特定地区，或者运出特定地区后的货物无法认定出售，难以根据《海关法》中关于擅自出售用于特定地区的进口减免税货物的条款认定为走私罪或走私行为，1987 年《处罚细则》将特定减免税进口用于特定地区的货物，擅自运往境内其他地区的行为补充定为走私行为。）

1951 年《暂行海关法》，以及 1987 年《海关法》都没有关于特定减免税货物构成违反海关监管规定行为的规定，这也反证特定减免税货物正常报关进口后视为办结海关手续，海关不对货物继续监管。1987 年《处罚细则》也没有像保税货物，以及其他海关监管货物被擅自抵押、转让、提取、交付、调换、发运行为被定为违反海关监管规定行为一样，规定擅自抵押、转让、提取、交付、调换、发运特定减免税货物的行为也是违反海关监管规定行为（至于《处罚细则》专门规定的一条“未经海关许可，将特定减税或者免税进口的货物、物品移作他用的”，属于违反海关监管规定行为，笔者认为，这可能是考虑到有些特定减免税货物进口后并没有被用于享受减免税优惠待遇的进口人申请进口的用途，甚至擅自转让给其他企业，但海关又无法获得充分证据证明属于“擅自出售”，甚至是一开始就属于骗取优惠的“伪报”，这种行为有很大的骗取或利用国家减免税政策非法牟利嫌疑，应当处罚但又无法定为走私进行处罚，所以才有此特别规定。但总的看，特定减免税货物并没有作为海关监管货物被全面监管）。

只要有利可图，就有人会想尽一切办法图之。正是由于《海关法》没有特定减免税货物进口后海关继续监管，进口人对货物作其他处置需经海关许可的规定，《海关法》，以及《处罚细则》生效后，将特定减免税货物进口后转让或以“抵押”、“出借”、“协作”、“支援”为名转让牟利的行为越来越多。作为进出境货物监督管理机关的海关显然不能听之任之，于是在通过立法解决之前，实践上，海关对这种行为，按擅自转让、抵押、交付、发运海关监管货物进行处罚，对外非正式的解释是特定减免税货物也属于“其他尚未办结海关手续”的货物，即海关监管货物。而2001年《海关法》和2004年《海关行政处罚条例》，索性同保税货物一样，直接列明专门一类的海关监管货物，擅自将特定减免税货物转让、抵押、发运、交付、移作他用的行为，都属于违反海关监管规定。

擅自将特定减免税货物移作他用，以及后来发生的抵押、转让、交付、发运等行为，应受海关行政处罚，大家没有更多的异议（笔者倒是认为，有些情节较轻的，可以从轻、减轻，甚至免予处罚，后面会专门谈及），但是否还要进行补税，则争议很大。这也是本文最想论证的问题。

前边已经述及，特定减免税货物被转让或移作他用的，凡货物不能追回的应全额补税，这点大家并无争议。争议主要在设备没有脱离进口人原使用地、控制地，或已经追回，或海关责令追回就能追回的情况下，还要不要对暂时被转让或移作他用期间的行为补税。

主张要行为人补税的，主要引用了1987年《处罚细则》第三十一条中关于“依照本实施细则处以罚款但不没收进出境货物、物品、运输工具的，不免除当事人依法缴纳税款、办理有关手续的义务”；或《海关行政处罚条例》第五条关于“依照本实施条例处以警告、罚款等行政处罚，但不没收进出境货物、物品、运输工具的，不免除有关当事人依法缴纳税款、提交进出口许可证件、办理有关手续的义务”的规定。笔者认为这一依据并不充分。

先看1987年《处罚细则》，以及1987年《海关法》（其中都没有关于特定减免税货物转让、抵押、移作他用行为违法的直接规定）的相关规定。

《处罚细则》第十一条规定：“有下行为之一的，处货物、物品等值以下或者应缴税款两倍以下的罚款：

（一）逃避海关监管，运输、携带、邮寄货物、物品进出境，但有关货物、物品不属于国家禁止进出境的物品、国家限制进出口或者依法应当缴纳关税的货物、物品的；

（二）未经海关许可，擅自开拆、提取、交付、发运、调换、改装、抵押、转让海关监管货物或者海关尚未放行的进出境物品的；

（三）经营保税货物的运输、储存、加工、装配、寄售业务，有关记录不真实或者数量短少不能提供正当理由的；

（四）未经海关许可，将特定减税或者免税进口的货物、物品移作他用的；

（五）进出境货物的品名、数量、规格、价格、原产国别、贸易方式、消费国别、贸易国或者其他应当申报的项目申报不实的；

（六）不按照规定期限将暂时进出口货物复运出境或者复运进境，擅自留在境内或者境外的；

（七）不按照规定期限将过境、转运、通运货物运输出境，擅自留在境内的；

（八）未经海关许可并补缴关税，擅自转让进出境运输工具的自用物资、物品的。"

认真分析以上规定，自然得出结论，将《处罚细则》第三十一条适用本条规定的情形，只意味着有的情形下要补税，并不是每种情况（似乎只有第八项）都必须补税。笔者认为，其中特定减免税货物移作他用，在已经或能够追回，并由海关责令追回的情况下，进口货物的减免税性质没有改变，进口人的减免税优惠待遇资格没有改变，不存在税的问题，不应补税。

2001年《海关法》，以及2004年《海关行政处罚条例》关于上述违反海关监管规定行为的规定是类似的，只不过特定减免税货物也明文规定为海关监管货物后，合并了上述第二、四项，即擅自转让、抵押、交付、发运特定减免税货物也明文规定是违反海关监管规定行为。

对此，主张补税的认为存在税的问题，因为对进口人而言，减免税待遇是国家基于进口人用于申请减免税进口的目的才给的，移作他用期间显然没有用于原目的，故不应享受优惠；对下手人而言，其不是减免税待遇享受人而享受了减免税待遇。笔者认为，只有一般进出口货物漏征税款的才存在税的问题，追回或可能追回的特定减免税货物即使在移用期间，性质也可认为没有改变，补税在法理上没一般贸易货物对应。不仅货物性质没改变，所有权人仍是原进口人。而下手人，实际上并不会享受减免税优惠待遇，因为上手人不会把减免税进口便宜白白奉送下手人，下手人一般只能按一般贸易货物价值接受转让、租借使用，或抵押、留置等用。何况，即使下手人享受了减免税的好处，他也不是纳税义务人，与海关不发生管理或税收法律关系。至于上手人可能得到减免税进口而按一般贸易货物暂时移用、转让期间的好处，完全可以“违法所得”名义没收。这种好处无法查明的，也可以通过适当提高罚款额达到不让违法人得好处的目的。

此外，笔者发现，即使应当补税，操作起来难度也极大。比如，进口后一段时间才移用的，完税价格要折旧。海关通用的折旧方式是看监管年限（又称监管期限，出现和演变过程后面会述及）与使用年限的差距，比如监管年限为 6 年的设备，用了 1 年，即折去 1/6。但进口后移用的时间绝大多数情况下不是整年，比如进口后 1 年 3 个月零 17 天时发生移用，计算起来就很麻烦；还有，既然是在监管期限暂时移用又追回，移用期也往往不是整年，比如移用了 2 年 5 个月零 23 天，要补税，还要更麻烦地计算移用期占监管期的比例。有人会说麻烦不是法定理由，但极其麻烦影响行政效率而又能有替代办法（比如作为违法所得没收或增加罚款）就是理由了。

还有更大的麻烦。进口日期、移用日期、查获日期定得绝对准确并不那么容易，定当日还是次日没有法律明文规定。再就是“移用日”，从“移”还是从“用”的当日，还是次日更不好决定（移用行为是即时行为还是持续行为也没有法律认定），当事人一旦持异议并提起行政诉讼，单这一小点，就可能构成“事实不清”导致海关败诉。何况，还有海关按比例每年折旧方式并不十分合理，税率、汇率适用不正确，计算过程不精确等一系列均可能败诉的因素。

综上，笔者主张移用期间不补税，但应当没收违法所得（移用期的好处不仅包括税，更多的还是货物成本贬值，没收所得已是很重的惩罚）若再加上罚款，对当事人的惩罚已经足够。至于没有或查不清违法所得的，可以以可能得到的好处为依据适当加重罚款。显然，这样做既不违法理，又能达到惩处违法人的目的，还保证了行政效率，减少了涉诉和败诉风险。

实际上，在 1987 年《海关法》和《处罚细则》生效期间，以及 2001 年《海关法》生效初期，海关执法实践上一直对没失去所有权、控制权，以及已经或者能够追回特定减免税货物的擅自移用行为并未补税，理论上是否应补税的争议也很少。2002年海关税收任务完成吃紧，有关争议才多起来，并且一些单位、部门确实开始补税，并由此引发了或加剧了其他几个有关的争议。

（一）法律规定海关对漏税的，3年内追征的规定，是必须在3年内发出征税通知（开具缴款通知书），还是3年内对有关漏税行为作出认定，可以在3年后实际追补。过去，无论海关总署有关批复精神，还是海关执法实践上，都以从严、从有利当事人的原则进行掌握，即在3年内开出税票的视为有效。税收任务吃紧，便有人从理论上论证，认为“追征”可以理解为“追”和“征”两个行为，因此，可以执行为3年内“追”而3年外“征”。联系《税收征管法》、《海关法》、《进出口关税条例》、《处罚细则》、《海关行政处罚条例》等法律、行政法规中，关于少征、多征、漏征、补征、追征的一系列术语和相关规定，显然不能得出“追征”是两个行为的结论。笔者认为，海关还是应当3年内开出税票，3年内追征。为国家多征税款的好意可以理解，但不能同保护纳税义务人合法权益相冲突。

（二）所谓海关监管年限与3年追征期的关系。20世纪90年代初，海关总署曾有文件解释追税期限、处罚时效与监管期限的规定并行不悖。对这个解释现举例说明：监管年限为6年的，违规行为需要补税的（比如减免税货物无法或不便责令追回），第6年发生的行为，3年内发现的，从发现之日起3年内，即第8年内仍可追征和处罚①；但第一年发生的行为，3年内发现的，只可以3年内追征；虽然仍在6年监管期限内，第5年才发现，或者已发现但第5年才决定追税的（而且不是由于办案期限超出3年，办案期间可以视为3年追征时效中止的理由），不能再追征（只要是3年内发现的，就可处罚。而什么期限内作处罚决定，法律没有规定）。前几年税收任务吃紧，不少人就想推翻过去的解释和实际做法，主张只要是在监管期限内发生的、监管年限期满后三年内发现的违规行为需要补税的，都可以在监管期满后3年内追征。不然，就等于2001年《海关法》中关于海关可以在监管期限内和期满后3年内稽查的规定没用了，等于2004年《进出口关税条例》中关于由海关监管使用的减免税进口货物，监管年限内转让或移作他用需要补税的规定没用了。事实上，

① 当时处罚时效为3年，现为2年。

上述例子谈及的第一种情况很有意义，而另一种确实没意义。我们还应当注意到，1987 年《海关法》、《进出口关税条例》都没有监管期限的规定，监管期限或监管年限的规定最初见于海关总署相关规章，2001 年《海关法》、2004 年《进出口关税条例》才有规定，但《海关法》只规定期满后 3 年内可以稽查，并没规定查出漏税的，不管哪年发生的行为，海关是不是 3 年内发现的，都可以在监管期满后 3 年内追征税款；《进出口关税条例》只规定监管年限内转让或移作他用需要补税的如何处理，并没说该行为无论年限内还是年限外发现，年限期满后 3 年内都可以追征税款。应当看到，3 年追税是法律明示的时效规定，监管年限内，还是期限外补税，只有间接规定，并没有时效的明示规定，发生冲突或理解差异，后者应当服从前者。

（三）“移作他用”到底是即时行为还是持续行为。同样，过去海关执法实践中或理论认识上，一直将其认作即时行为。税收任务一吃紧，有关理论认识也变了形。一些人开始认为，“移作他用”重点在“用”，而“用”是持续状态。其实，这样认为，无非是对违法行为 3 年后发现的，既不能处罚，又无法征税的情形，无法接受，简直是白忙一场。但坚持“移作他用”是持续行为，又会同“转让”行为是即时行为、3 年后发现既不处罚也不补税的理解和实践做法相矛盾，何况，转让违法性质更重一些，处罚应严于移用，而不是相反。笔者一直认为，“移作他用”不是持续行为，但反对者不少。依笔者意见，就“移作他用”词语本意而言，“移”是主动词，“作他用”是“移”的目的（状语）；就海关法律关系而言，“移”者是海关行政管理相对人，“用”者则大多数情况下不是。

最后，笔者还想从社会效益角度谈一点不成熟看法。笔者认为，对特定减免税货物，国家从制定减免税政策伊始，就预见了这部分货物不征或少征税款对国家税收减少的影响，与促进企业技术改造，或鼓励外商投资，或扶植科教文卫事业的意义孰轻孰重，就预定税收任务的税基不包括这一部分。另一方面，享受优惠的单位进口货物后，在应有用途上已经完全（或者完全不能）发挥应有作用，转让或移作他用恰是合情合理！就是用于预定用途期间，利用休闲时兼营其他，或短时出租出借方便他人的同时自己得些好处不也是好事吗？问题是应当事先报经海关许可。如果事先申请，海关不应支持吗？笔者认为，事先申请获准的，不仅不存在处罚问题，监管期限接近期满的或者提前完成预定用途任务的，还可以不作一般贸易货物补征税款，而作提前解除监管处理，这才体现执政为民思想，又没有违反法律规定。就未经海关许可，擅自移用、转让行为而言，违规行为侵害的主要是海关管理秩序（并可能给个别专门从事转让牟非法利益的单位钻空子），而不是国家税收，海关不能把处理暂时转让、移用（又能追回的）特定减免税货物行为的重点放在税收上，更不能把为增加税收作为目的。事实上大家都清楚，打击走私违规对于国家税收的作用在于震慑有关单位不敢偷税漏税，而不在于追补税款。

海关调查的法律保障[①]

海关调查的法律保障，有两重基本含义：第一，海关调查工作是我国行政机关依法行使政权，履行职务的构成内容之一，海关依法进行调查工作，以及与调查工作有关的活动，不受任何机关、团体、个人的干扰阻挠，法律充分保障其有效性；第二，海关开展调查工作，以及与调查工作有关的活动，必须严格依法进行，违法必究，法律充分保障其合法性。对前者，可称为海关调查工作的“法律保证”；对后者，则可称为海关调查工作的“法律监督”。两者的结合，才是海关工作依法行政法律制度上的保障。

一、海关调查工作的法律保证

海关是国家行政机关的专门机关（即进出关境监督管理机关），海关调查工作是海关工作的重要组成部分，我国法律制度对调查工作的保证，是从对包括海关在内的所有国家机关权力的保证、对海关履行职能的保证和对海关调查工作的专门保证 3 个方面实现的。

（一）法律赋予包括海关在内的国家机关，及其他单位、个人所不能比拟的地位和权力。国家是凌驾于整个社会之上的强力组织，国家机关履行职务，具有不可抗拒的权威性、强制性，国家机关以军队、警察、法庭、监狱等暴力手段为后盾。这种强力性、权威性，又正是通过作为国家意志的法律予以肯定和固定化的。法律以强制性行为规范的形式，把国家机关的活动职能化、制度化、秩序化，干扰破坏这种职能、制度、秩序的，会立即受到严厉制裁、制止和纠正。国家行政机关职能、任务，通过《中华人民共和国宪法》、《中华人民共和国中央及地方人民政府组织法》加以规定，同时，作为国家根本大法的宪法，又专门规定，“一切

① 本文写于海关调查局职能调整前。现调查工作主要由缉私部门承担，但法律保障的理论分析仍有其现实意义。

违反宪法和法律的行为，必须予以追究"，在《刑法》、《行政处罚法》、《治安管理处罚法》，及其他大量法律、行政法规中，对一切妨碍阻挠国家机关履行职务，违反行政管理的行为，作了种种具体的处罚规定。海关是国家行政机关的专门机关，海关调查工作是海关工作的重要组成部分，海关依法查处违反海关法规当事人的行为，自然属于国家机关依法履行职务的组成部分，自然受到上述法律法规的有效保证。

（二）国家通过《海关法》及其他相关法律、行政法规，专门赋予海关履行职务所应有的地位、权力，专门规定了其他有关国家机关、社会组织对海关工作应支持和配合，专门规定了对违反海关管理规定行为应处罚。这些都有效保证了海关职能活动的实现，从而也有效保证了海关调查职能活动的实现。

《海关法》第一条开宗明义强调了立本法重要目的之一是为了"加强海关监督管理"；第二条明确规定了海关的法律地位，即：(1) 是国家机关；(2) 是监督管理机关；(3) 是进出关境管理机关。这就明确保证海关在进出关境监督管理环节履行职能的唯一的和至高无上的地位。

为保证上述目的和海关的职能发挥，《海关法》第三条、第七条则专门规定，由"国务院设立海关总署，统一管理全国海关"；"海关依法独立行使职权，向海关总署负责"；"海关的隶属关系，不受行政区划的限制"；"各地方、各部门应当支持海关依法行使职权，不得非法干预海关的执法活动"。

为保证海关职能活动的进行，《海关法》在诸多条款中，详细规定了海关的权力，同时，又具体规定了进出关境活动当事人，以及有关单位、个人在海关履行职能的活动中应尽的义务。由于海关的各项职能活动密切相关，相互连接配合而成为海关业务活动的整体，上述种种关于权力和义务规定，也当然从不同侧面保证了海关调查职能活动的开展。例如，《海关法》赋予海关检查权、查验权、扣留权、收取担保权、税收保全权，同时要求进出境运输工具必须从设立海关的地点进出境；到达或驶离设立海关的地点时，运输工具负责人必须向海关如实申报，交验单证并接受查验；从一个设立海关地点驶向另一设立海关地点，必须办理海关手续；进境后申报前或办结出境海关手续实际出境前的运输工具，必须按指定路线行进，装卸进出境货物、上下旅客，必须接受海关监管；因特殊情况在非设关地停、泊、降，或装、卸货物，应立即报告附近海关；货物进出境、过境、转运、通运，都应该受海关监管，如实申报、接受查验，货物收发人或其代理人应向海关如实申报，提交各种有关单证；海关查验运输工具、进出境货物，运输工具负责人，进出口货物的收货人、发货人应当到场并负责开启门仓，搬移、开拆货物；海关监管货物，未经许可，任何单位或个人不得开拆、提取、转让；进出境旅客行李物品、邮递物品，物品所有人、邮递人需向海关如实申报、接受查验；海关对运输工具、进出境行李物、进出境行李物品、邮递物品施加的封志，任何人不得擅自开拆或毁损等。上述海关的权力和义务，既是海关履行对进出境货物、物品、运输工具监管职能所必需的，也从根本上保证了海关能及时发现违反《海关法》情事，获取证据，为海关对违法行为进行最后查证核实并进行处罚打下基础。

应指出的是，除了《海关法》以外，与之配套的行政法规，以及大量海关规章，进一步从许多方面详尽规定了海关任务、职能，以及履行职能、完成任务应有的各项权力，具体规定了有关当事人应承担的各项义务。

此外，国家制定的其他可能涉及海关工作的法律及行政法规，如《邮政法》、《交通法》、《铁路法》、《航空法》、《商业银行法》、《税收征收管理法》、《文物保护法》、《保密法》、《担保法》等，也都列条规定了海关的权力及当事人的义务，从而从各个方面保证海关履行职务；同时也提供了对海关依法查处违反《海关法》及上述法律、法规有关规定行为的保证。

为了保证海关履行职务的顺畅，《海关法》及有关法律、法规、规章，还专门规定有关部门、单位对海关工作应予以协助；或规定了海关同各有关部门，如公安、法院，以及邮局、港务、车站、航空站、银行、税务部门、文物部门、外经贸部门等，相互联系、配合、协作的具体方法，这无疑对海关调查工作，也是一种有力的法律保证。

（三）《海关法》和有关法律、行政法规，以及海关规章，专门对海关调查工作的权力、手段，组织人员及物质保证作出规定，有效地保证了海关调查工作的开展。

为保证海关调查工作的开展，根据有关法律、法规、规章，各级海关普遍设立调查机构，选调思想、作风过硬，业务精熟的海关干部充任调查人员，并适时培训，轮训缉私技能，国家划拨调查办案专项费用，配发调查专用车船和检查、化验设备，配发武器、警械，从各方面保证海关调查工作的开展。

此外，我国政府参加，或同外国政府、国际组织缔结的许多双边、多边条约或公约，也有力地保证海关调查情报来源，保证着海关调查干部专业技能不断提高，保证着对跨国走私毒品、武器案件的查处。

二、海关调查工作的法律监督

如同海关调查工作的法律保证一样，海关调查工作的法律监督，也可以从根据宪法和法律规定对包括海关在内的整个国家行政机关执法活动的监督，对包括海关调查工作在内的整个海关工作的监督（《海关法》第七十一条专门规定："海关履行职责，必须遵守法律，维护国家利益，依照法定职权和法定程序严格执法，接受监督。"），以及对海关调查工作的专门监督三个方面阐述。由于前两方面各自又有许多种类，为更明晰、简明起见，我们按法律监督的种类一一简要分析。

总体来说，海关调查工作的法律监督，可分为两大类，即一般监督和专门监督。其中，一般监督又分为外部一般监督与内部一般监督。外部一般监督，包括社会监督（又包括舆论监督与人民群众监督）与党的监督；内部一般监督，包括行政机关内部上下级之间的监督，平行监督。专门监督，包括专门机关的监督与调查部门的自我监督。其中专门机关的监督，又可分为外部专门机关的监督与内部专门机关的监督。外部专门机关的监督，包括国家权力机关、国家司法机关、检察机关的监督；内部专门机关的监督，包括行政审计机关、监察机关、法制机构的监督。其中，法制机构的监督，又包括行政复议监督与执法监督检查。至于调查部门的自我监督，又包括多种形式，在分类阐述时将进一步分析。

（一）社会监督

根据宪法和国家有关法律制度，国家鼓励和保护社会舆论，特别是新闻渠道，对国家机关及其工作人员（当然包括海关调查部门及其人员）是否依法行政进行监督，无论内部反映还是"公开曝光"的违法违纪行为，都必须得到纠正、查处和追究。

根据宪法及有关法律、行政法规的规定，任何公民、企业事业单位、社会团体，对国家机关及其工作人员的违法违纪行为，都有权利、有义务进行揭发、检举，各有关部门、单位，对人民来信来访检举、揭发，或电话举报违法违纪行为的，都必须认真办理和查处，给予负责任的答复。新修订的《海关法》第八十条专门规定，“任何单位和个人均有权对海关及其工作人员的违法违纪行为进行控告、检举。收到控告、检举的机关有权处理的，应当依法按照职责分工及时查处”。

（二）党的监督

不仅指各级党的领导机关对国家行政机关及其工作人员的违法行为，通过党内决定或建议的方式及时制止和纠正，各级党组织还专门设立检查委员会，专门负责查处违法违纪行为的党员。我国现在实行党的纪律检查机构与行政监察部门合署办公制度，这就更有力地保证对行政机关违法人员的及时查处。

（三）行政机关内部上下级之间的监督

根据我国宪法、国务院及各级人民政府组织法及有关行政管理的法律、行政法规，上级行政机关对下级行政机关，上级行政部门对下级行政部门，可以通过要求下级机关及时报告情况、请示问题、汇报工作、报送信息，以及进行检查、调查等方式，监督下级行政机关、下级行政部门及其工作人员的执法情况，下级行政机关及行政部门，下级工作人员，可能通过报告、反映、建议、意见，以及越级控告、揭发检举等方式监督上级行政机关、行政部门及其人员是否依法行政。

（四）平行监督

指没有隶属关系的行政机关、行政部门之间的监督。例如国务院及其部门，地方党政机关及其部门，都可以通过正式渠道向海关总署或地方海关反映海关调查部门及其人员的执法情况，提出意见和建议，揭露违法行为及有法不依现象。在海关内部，其业务部门以及非业务部门，所有海关干部职工，都有权利、有义务对海关调查部门及其人员是否严格依法办事、有无徇情放私、贪污受贿等违法情事，进行监督、检发、检举。

（五）国家权力机关的监督

海关是实行集中统一领导的机关，不像地方国家行政机关，受地方国家权力机关监督，对海关（当然包括海关调查部门）及其工作人员（当然包括海关调查人员）的监督，主要由最高国家权力机关，即全国人大及其常委会实施。这种监督，可有两种方式：第一种是通过不断制定、修订法律，对海关职能、任务、权力作出规定，要求海关只能在法定权限内行事。这种立法，有两类：一类是专门的，如《海关法》及与海关工作直接有关的法律，具体规定海关工作的内容、方式、秩序、权力及限制，除了一般性规定外，还在《海关法》中专门规定海关人员“必须遵守法律、法规，秉公执法”，对私分没收货物、购买没收货物、徇私舞弊放纵走私的规定有处罚措施；另一类是所有行政机关通用的，如《行政诉讼法》、《行政处罚法》、《国家赔偿法》，其中关于行政机关对违法行为必须查处，查处违法行为必须依法定程序，对公民、法人和其他组织进行处罚必须以事实为依据，以法律、法规、规章为准绳；查处违法案件对当事人造成损害的，应依法赔偿；必须接受司法、检察机关的监督等规定。第二种监督方式是更直接的，诸如人大及常委会听取报告、通过方案、召集汇报、进行专门调查、视察、检查执法情况等，这些都可形成对海关调查工作是否严格依法办事的有效监督。

（六）国家司法机关的监督

主要是通过审理行政案件，对行政机关的具体行政行为（包括调查、处理违反行政管理法规案件）是否合法进行监督。从司法实践看，行政诉讼案件中对行政处罚不服的案件占很大比例，特别是海关行政诉讼案件，绝大多数是不服海关行政处罚，以及对海关查处案件中采取的强制措施不服的案件。行政诉讼制度对海关调查工作严格依法办案是十分有效的监督。

（七）检察机关的监督

根据宪法规定，检察机关是国家的法律监督机关，包括海关调查人员在内的一切国家机关工作人员的违法犯罪行为（主要指职务犯罪，如渎职、贪污、受贿等），人民检察院可以直接立案侦查，并向人民法院提起公诉。

（八）审计监督

审计机关的监督属行政监督的一种。调查工作中对办案费的管理及缉私装备的配备使用，查私奖金的分配，举报走私奖励金的分发，罚没财、物的管理，扣留、没收货物的管理和变卖，抵押金的管理等，国家行政审计机关都有权进行审计。《海关法》第七十六条专门规定，“审计机关依法对海关的财政收支进行审计监督，对海关办理的与国家财政收支有关的事项，有权进行专项审计调查。”

（九）行政监察监督

依据《行政监察法》，国家行政监察机关对包括海关调查人员在内的所有国家行政机关工作人员在履行职务过程中是否有违法违纪行为，有权监督和查处。《海关法》第七十五条还专门规定，“海关及其工作人员的行政执法活动，依法接受监察机关的监督”。

（十）法制机构的监督，包括复议监督和执法监督检查

海关设置的法制机构同其他行政机关设置的法制机构一样，除立法职能之外还有两项主要职能。一是行政复议职能。对不服海关具体行政行为（实践中主要是不服海关行政处罚和行政强制措施）提出复议申请的案件进行审理；二是对海关各业务部门（包括调查部门）及其人员（包括调查人员）的业务执法情况进行日常监督和执法检查。

（十一）调查部门的自我监督

海关调查系统，为保证严格依法办案，有一整套严密的自我监督制度。其中包括海关调查人员工作纪律、武器使用纪律、情报工作纪律、审理工作规程、海上缉私规程、情报工作规程、私货管理制度、岗位责任制度、请示报告制度、检查汇报制度，与其他业务部门的联系配合制度，以及回避制度等。这些制度，有效地保障了海关调查部门、人员上下之间，平行部门之间的相互监督。海关系统实行垂直领导体制，上级海关对下级海关的监督就尤为重要。因此，《海关法》第七十七条专门规定，“上级海关应当对下级海关的执法活动依法进行监督。上级海关认为下级海关作出的处理或者决定不适当的，可以依法予以变更或者撤销”。为防止海关调查办案出现徇私舞弊行为，尽管国家《行政处罚法》已经对行政机关调查办案实行回避制度作了明确规定，《海关法》第八十一条又专门规定了，海关工作人员在调查处理违法案件时，遇有“是本案的当事人或者是当事人的近亲属”；“本人或其近亲属与本案有利害关系”；“与本案当事人有其他关系，可能影响案件公正处理的”的回避条款。

需要强调指出的是，多年来海关执法以及执法监管都比较重视实体性的内容，而忽视程序性的内容。而近年来无论整个国家的法律建设，还是海关法律建设，都要求海关及其人员，特别是调查部门及其人员，在工作中十分注意遵守法定程序，依法定程序办事是行政的重要组成部分，也是人民法院对海关行政行为进行审查，国家权力机关对海关执法进行检查的重要内容。“重实体、轻程序”的倾向必须从根本上得到纠正。

上述种种海关调查工作的法律监督种类，无论是内部的和外部的，还是一般的和专门的监督，都从不同方面，从各个环节要求海关调查人员必须严格依法行政，依法办案，对违法和不当的行为，必须及时制止和纠正，违法违纪人员，必须及时追究责任，合法权益受侵害的公民、法人及其他组织，应及时得到赔偿。

关于案件调查处理的难点问题探讨①

《中华人民共和国海关法》（以下简称《海关法》）的修订，对于确保海关认真履行职能，坚持“依法行政，为国把关”的工作方针，在维护国家利益的同时保护进出关境活动当事人合法权益，都将产生巨大影响。本文结合《海关法》的修改实施，以及配套行政法规的相继完善，就海关在案件调查中遇到的一些执法难题谈一些认识。

一、海关监管货物发生交叉处理的问题

法院的判决、裁定及其执行，仲裁机构的仲裁决定，行政机关依据行政决定申请法院强制执行，有关行政机关行政决定的直接执行，都有可能直接涉及海关监管货物的处理。由于原《海关法》对此没有明确规定，实践中往往出现两种其他行政决定同海关管理发生交叉、冲突的情况，一是上述司法机关或行政部门未将处理决定事先通知海关，应对海关负责的有关海关监管货物的所有人或控制人，以及其他向海关负有义务的人也未向海关报告，有关货物在未缴纳关税和进口环节税，未提供进口许可证件，未向海关办结进出口手续的情况下被处理，导致国家进出境货物管理中断，国家税款流失；二是人民法院或有关行政部门处理海关监管货物前通知海关，或海关未经通知但自行获悉人民法院或有关行政部门将处理海关监管货物，责令有关义务人向海关办理手续，或请求人民法院或有关行政部门协助海关责成有关义务人向海关办理手续，人民法院或有关行政部门以缺少法律依据为由拒绝协助，甚至不许有关义务人办理海关手续，同样导致国家进出境货物管理中断，国家税收流失。

为了防止国家税款流失，新《海关法》专门增加了人民法院或有关

① 原载《海关政研参考》2001年1月（61期）。

行政机关判决或处理海关监管货物时，应当责令当事人办结海关手续的规定。《海关法》作为国家法律，人民法院，有关行政机关，海关监管货物的所有人或进口人、使用人、控制人都有义务遵守或执行。实践中，无论人民法院直接判决抵偿债务，还是债务人未经海关同意将海关监管货物自行作出的抵押，要求法院判决或裁定抵债，或是人民法院执行有关判决时需要裁定以海关监管货物作执行标的，以及处理破产案件需要以海关监管货物作清偿标的，还是其他行政机关因故需处理海关监管货物，都应当责令当事人（对海关负有义务的人）先向海关办理解除监管手续并缴纳关税，纳税义务人无能力缴税或查无下落的，或者义务人已经丧失主体资格的，处理部门应负责从货物价款中扣除税款（破产案件中为保证职工工资，以及其他债权人利益，也可考虑只办解除监管手续，而将税款列入债权一并清算）。

由于不少特定减免税货物涉及了监管年限和违反海关法规的问题，执行上述规定时会更复杂一些。对此，海关总署根据尚未修改的《进出口关税条例》有关规定和《中华人民共和国海关法行政处罚实施细则》（以下简称《处罚细则》）对海关总署立法原意解释授权，于1999年就破产清算中发现以债务人名义进口免税物资的纳税义务人的问题，提出下列处理方式，在新《海关法》生效后仍不失为合法、实用的处理方式。

（一）经核实确属债务人正常报关进口的自用免税物资，尚在海关监管年限内的，应由海关对有关物资折旧补征税款后解除监管，进入破产程序，或由海关解除监管后进入破产程序，并申请折旧补征进口关税及进口环节代征税；超过监管年限或未规定监管年限的，视为办结海关手续。

（二）经核实确属债务人报关进口的自用免税物资，无论是否规定监管年限，进口后未经海关许可擅自出售或移作他用、违法行为尚在两年之内的，海关按走私或违反海关监管规定处罚。按违规处罚的，不免除其纳税义务；违法行为已超过3年的，免予处罚。免征税款，行为发生超过2年但尚在3年之内的，只免予处罚，不免除纳税义务。

（三）经核实确属经债务人同意，他人以债务人名义进口自用免税物资，债务人收取好处的，对债务人按共同走私处罚，其他走私主要当事人未能查获或无法向其他主要当事人没收私货或追缴私货等值价款的，债务人负连带责任。上述违法行为发生超过两年的免予处罚，债务人未收取好处的，按协助走私从轻处罚；违法行为发生超过两年的免予处罚；但自违法行为发生起超过 2 年未满 3 年，又确已无法查获其他走私主要当事人，或无法向其他主要当事人没收私货或追缴私货等值价款的，应以债务人为纳税义务人，适用免税物资进口之日税率追缴税款。至于先于破产程序追缴还是进入破产程序再追缴，可商人民法院后再定。（对于免税进口汽车，监管年限已满的特殊海关监管货物，可视为自动解除监管，原进口人亦可径行用于抵债。如涉及车辆更换牌照和办理过户手续，进口人提出办理解除监管手续请求，海关可出具“海关进口货物证明书”，由其凭以向交通管理机关缴销原黑色车牌，办理过户手续和申领新的行车牌照。至于企业倒闭后的海关监管车辆，属于外商个人的，海关应责令进口人将车辆退运，属于原中外合资、中外合作企业的，可允许凭进口许可证办理进口手续或直接办理退运手续。）

二、没有违反海关法规的进出口货物的所有人或“善意第三人”是否有权申领涉嫌走私货物、超期未报关货物或海关变卖上述货物后的价款的问题

实践中常发生海关没收走私货物的当事人不是货主，或收发货人尚未取得货物所有权，而未被海关列为走私当事人的货主或所有权控制人要求发还货物或变卖价款的情况，也常发生不属进口货物收货人的单位或个人以种种理由要求发还海关提取变卖超期未报关货物价款的情况。

对上述两种要求，海关一般均予拒绝。尽管申请人十分不满，海关确实有十足理由和充分依据的。根据我国对外贸易管理的法律制度及实践，只有我国境内的法人或其他组织才能自境外直接或委托其他有进出口权的单位进口货物，因此，我国《海关法》所称进口货物的收货人，只能是我国境内的法人或其他组织，而《海关法》关于海关提取变卖超期未报关货物，扣除有关费用后尚有余款的，一年内可由收货人申请发还的规定，当然只适用于特定的收货人，即实际进口该批货物的、在我境内的法人或其他组织。《处罚细则》属行政法规，其中第三十五条明确授权海关总署负责解释。1997 年，海关总署曾发出《海关总署关于适用〈中华人民共和国海关法行政处罚实施细则〉第十条的有关问题的通知》(署法〔1997〕627 号)，该通知发全国海关，属关于行政法规的立法原意解释，具有行政法规效力。上述解释明确指出，执行《海关法》有关规定，遇有进口货物的收货人要求发还海关提取变卖超期未报关货物余款

的，同样适用《处罚细则》第十条的规定，即要求进口货物的收货人向海关提交有效进口许可证件。根据上述解释，进口货物的收货人向海关申请发还已经海关提取变卖的超期未报关货物余款时，能提交原进口货物法定报关期限内的进口许可证件的，海关发还余款；提交原进口货物法定报关期限之外，但属进口货物运输工具申报进口之日起 3 个月之内补发的许可证件的，海关应予罚款，扣除罚款后仍有余款的，予以发还；不能提交有效证件的，余款不予发还，全部上缴国库。至于要求发还余款的单位不是进口货物的收货人因而也不可能提供许可证件的问题，因为其不是收货人就不具备向海关申请发还余款的资格，海关也无须要求其提交许可证件。

实践中常发生进口货物的提单持有人要求海关发还没收的走私货物或提取变卖的超期未报关货物余款的情况，以及进口货物的发货人以合同未执行完毕，货款尚未支付或完全支付，因而货物所有权尚未转移，仍属发货人所有，对海关按走私没收或按超期未报关货物提取变卖的货款主张权利等情况，海关对上述要求一般都以申请人不是进口货物收货人为由予以拒绝。对此，申请人很不理解，认为依有关法律规定，他们是当然的货物所有权人，他们本身又没有违法中国法律，即使有关货物涉嫌违法，由于他们是“善意第三人”，其合法权益也应受到保护。其实这是对法律制度没有全面、全部了解而产生的误解。比如，依据《商法》、《海商法》，提单作为《民法》、《海商法》意义上货物贸易有关一方控制或拥有该货物所有权的凭证，在进出关境环节，即在海关行政管理法意义上，海关是否在上面加盖放行印章，又决定了其是否能成为经海关批准收发货人提取、发运货物的凭证之一。至于提单持有人（包括收货人待定的提单），因为其并不一定是海关法意义上的收货人，海关只应要求进口货物的收货人提交进口许可证件；同时，如果提单持有人，或《民法》、《海商法》意义上的货物所有人并不是进口货物收货人，无资格向海关申请发还海关提取变卖的超期未报关货物的余款。同样，尽管进口货物发货人没有任何违法行为，而且货物所有权尚未法定转移，但只要有关货物运经我国领海或进口货物陆路口岸，并违反我国对外贸易管制和海关管理规定，海关就有权依法予以没收。所谓“善意第三人”只是民法上的概念，其合法权益应通过民事途径向民事法律关系的另一方要求赔偿，而不能直接向海关主张权利。海关对进出境货物、物品、运输工具在其监督管理中发生的走私违法行为，凡法律已有明文规定没收涉案货物的，必须依法没收，并不考虑违法人是否有货物所有权。

三、关于适用“无合法证明”条款的若干问题

《处罚细则》实施以来，海关总署先后就《处罚细则》第四条“无合法证明”的理解和适用问题，以 1989 年第 500 号文和 1997 年第 1231 号文进行过解释和说明。由于两次发文解释均针对条文适用的普遍情况而言，仍有不少单位反映，对不同情况下的具体案件如何适用还是难以把握。其主要原因之一是海上货物运输船舶随船单证情况复杂，具体到每一个船舶，缺少某一个甚至某几个单证文件即确定为《海关法》以及《处罚细则》中的“无合法证明”，并决定按走私处理，当事人往往不服并提出许多证据证明自己运输的合法性。例如，提单一般应随船携带，但现代海洋运输油料等液体货物时，并不是托运人、承运人现场监装货物，而是委托中介公司使用检验仪器现场取样，装货完毕船舶即可按合同数量先行申报离港，随后中介公司作出数量、质量证明后，托运人经承运人认可并填具正式提单，并向承运船舶发传真件。如果仅凭传真件不是正本、没有法律效力，即认定为“无合法证明”，当事人显然不服。又如，1989 年第 500 号文指出，合同、发票、许可证件等属“合法证明范围”，而惯例中，航行中的船舶并不需携带上述文件（但海关对运输工具负责人有义务、有能力提交的承运文件有疑问，并对这些文件可能指向的国内货主或主动出现主张该船所运货物权利的人提交的合同、发票、进口许可证件进一步调查，并证明其提交的基本运输单证，如载货清单的虚假性后，合同、发票、许可证件又成为是否合法证明的关键证据）。再如，1997 年第 1231 号文区分地对国际运输船舶和来往港澳小型船舶列明了一系列随船必需的运输单证，但该文实质是关于何种情况“有合法证明”的解释，而非“无合法证明的补充说明”，列明的单证仍不能实现“有之必然”（有了规定的全部单证，亦非规定的“有合法证明”，因为海关有疑问时，仍可将船舶带回进一步审查，很可能通过收货人情况反证上述证明的虚假性）、“无之必不然”（缺少规定所列必要单证，也不一定能认定为“无合法证明”，因为合法运输并不排除某一个必要单证特殊情况下短缺、丢失、损毁）的逻辑推断。

为解决这一问题，新修订的《处罚细则》拟在附则部分以名词解释

形式进一步明确。但基于这一问题的复杂性，恐怕仍需更详细的论证。

（一）适用范围问题。“无合法证明”条款应适用于所有在我国内海、领海，以及与我内海、领海相连的我内水（原《海关法》有关领海、内海的规定，无法解决内河、内河出海口，以及界河运输走私货物问题，新《海关法》增加了界河、界湖，仍未解决内河及其出海口问题，这里引入内水概念）可航水域航行、停泊的，可能载运为我国禁止进出境物品或限制进出境货物、物品的运输工具负责人（或上述货物、物品的承运人、发运人，以下均简称运输人），或在上述地点收购贩卖上述货物、物品的人，以及确有证据证明已经或准备进入上述领域，或从事上述行为，海关检查时仍在我国领海毗连区的运输人、收购人、贩卖人。

（二）权限问题。对在上述水域可能载运上述货物、物品的运输工具，海关行使登临权、检查权；对确有向我大陆走私嫌疑或属“无合法证明”的货物、物品，以及运输人及其运输工具、收购人、贩卖人，海关行使扣留权（班轮除外）；对已提供“合法运输证明”但海关仍确有理由怀疑其运输合法性的，海关得将有关运输工具及其负责人，以及随运货物、物品带回审查（班轮除外）；对在我上述水域载运“无合法证明”货物、物品的运输工具向公海逃逸的，海关行使紧追权。

（三）海关认定是否属于“无合法证明”，需对运输人、收购人、贩卖人提供的所有证明资料，以及当事人陈述进行综合判断，有的还需将有关人员、货物、物品、运输工具带回作进一步调查，不宜仅以某一证明文件或材料是否缺少、涂改、毁损，作为是否“无合法证明”的充分条件，特别是当事人能就其不能提交或内容有涂改、毁损的必要单证提出正当理由，举出证据的，海关应予采纳。

（四）海关审查认定是否属于“无合法证明”，应以下述情况为重点：

1. 运输工具是否具备载运上述货物、物品出入上述水域的航行或停泊的资格，是否处于正常航行（航线、航向、航速等）或停泊状态（允许正当理由的偏航、抛锚或目的港变更，以及临时添加燃料或自用物品）。

2. 货物、物品是否备有正规的舱单载货清单（允许正当理由的传真件、电子数据传输件），载运货物或物品的品种、规格、数量、重量是否与舱单或载货清单明显不一致。

（五）对带回港口或扣留的运输工具负责人、运输工具及其载运的货物或物品进一步审查，可要求有关单位及人员提供：运输合同、租船合同，承运人身份证明，托运人身份证明，托运人与收发货人关系证明，收发货人身份证明，进出口货物贸易合同、发票及其他资料，进出口货物许可证件及允许货物、物品进出境的其他文件资料。

四、关于“包税”案件的处理问题

“包税”案件的处理，一直被认为是影响海关执法的一个难题，其难点一直集中在对“包税”上手人的处理“法律依据不足”或“违法事实证据不够充分”上。“包税”案件一般表现为上手人进口货物，将办理进口手续，包括缴纳关税（有的还负责“代办”许可证件），一并“包”给他人代办，形式一般为双方签订一份代理协议、合作协议，依协议的规定，“包税”人支付给承包人的一揽子费用（包括代理费、关税、商检费等）低得不正常，一般还不够依法缴纳关税，其中却又明确规定下手人要依法办事，出现违法事宜，上手人概不负责。具体通关时上手人很少出面，只将合同等购货资料交付下手人，下手人或利用假合同、假发票伪报价格、品名、规格、数量，或提供假减免税证明、假许可证，或冒用他人许可证件，还有个别人是与海关人员内外勾结公然走私。处理此类案件，对承包人定性走私、依法处理在法律上无任何问题，但将上手人定为共同走私人或在无法找到下手人的情况下，只定上手人为走私人往往发生争议。上手人有逃避海关监管，逃税乃至逃证的明显主观故意，这是大家毫无争议的。争议的焦点在于上手人是否实施了逃避海关监管行为并应依法被处罚。

主张按走私罪或走私行为处罚的人认为，上手人是货物实际进口人，明知应依法缴纳关税并向海关办理进口手续，却恶意委托他人代理非法进口，伪报瞒报非法进口行为应视为上、下手人共同实施，对这样严重违法进口货物、偷逃国家关税及许可证的主要非法得利人不处理说不过去，定不了伪报瞒报也可定为其他，否则，“包税”走私很难遏制。不主张按走私罪或走私行为处罚的人认为，在通关环节，在设立海关的地点，上手人既没有实施伪报瞒报行为，也没有用其他手法实施行为，只要无充分证据证明上手人是伪报瞒报或其他手法的共谋者或方法传授者，就不能仅凭主观故意定性共同违法。这是第一种观点。

持第二种观点的人认为，人民法院或海关处罚下手人，以下手人的名义没收了上手人的走私货物，本身就间接处罚了上手人（上手人如果以其不是违法人而货物被以下手人名义没收，向人民法院提起民事诉讼要求下手人赔偿，法院会认定“包税”协议是违法无效的合同不予支持）。如果认为力度仍然不够，应通过立法途径解决，依现行法律规定，处罚依据不足，难以经得起行政诉讼考验。

另有第三种观点认为，除下手人仍以上手人名义违法办理报关进口手续的极少见情况外，在定下手人走私罪的同时，可对上手人按直接购买私货处理，但这一方案无法回避货物实际是上手人对外定约、付汇的事实。于是出现“包税”案件不处理打击力不够，处理法律依据又不足的两难。

《海关法》的修订，特别是《海关法》直接对走私行为进行新的描述模式十分有助于这一问题的解决。原《海关法》未直接对走私下定义，而是以直接对走私罪设前提条件加列举违法特征的方式作了规定，然后规定上述行为情节轻微，不构成犯罪的由海关处罚。但作为走私罪前提条件的“逃避海关监管”与列举的行为特征（比如从未设立海关地点或从设立海关地点，以伪报瞒报方式，运输、邮寄、携带国家禁止、限制进出境货物。又如未经海关许可擅自销售保税货物等）相重复，而且又有些种类的违法特征未能概括进去（比如通关人在通关之前或之后的非通关环节行为，不直接参与通关的人的行为），这给认定走私罪嫌疑并移送案件，以及海关处理不构成走私罪的走私行为带来了难度。《处罚细则》虽然“补壁”变通，描述走私行为（将《海关法》关于走私罪的定义的前提条件“逃避海关监管”删除，视《海关法》列举的走私罪行为即“逃避海关监管的走私行为”）解决了部分问题，但仍存在违法行为列举不全的问题。修改后的新《海关法》不直接定义走私罪，而采取将前提条件补充充分（逃避海关监管、偷逃应纳税款、逃避国家有关进出境的禁止性或者限制性管理），对列举行为尽可能用中性语言描述（如运输、邮寄、携带国家禁止、限制或应缴税款）的方式，先定义走私行为，而后规定情节严重的构成犯罪，这不仅较好地解决了上述逻辑矛盾，以及《刑法》与《海关法》的衔接问题，而且对“包税”案件的上手人，鉴于其恶意委托他人代办进口手续，并考虑到他是实际货主，即导致货物实际“运输”到中国，并“逃避海关监管、偷逃应纳税款、逃避国家有关进出境的禁止性或者限制性管理”的人，就可以依据上述规定对其定罪处罚。

五、走私进口废旧切割车的定性与私货处理问题

鉴于国家一直对进口小汽车严加控制，前些年，走私人钻国家对进口汽车零配件管理相对整车的管理较松的空子，为谋取暴利，不惜购买整车在境外拆解甚至切割，然后偷运进境，或利用零配件进口许可证按配套件进口。经严厉打击切割车进口和调整汽车零配件进口许可范围，新车切割走私进口势头得到遏制。但近年来，又出现进口废旧切割车案件增多的问题。

废旧汽车指报废的事故车和淘汰的超龄车，国外有的压扁或拆解做炼铁原料，更有不少做垃圾处理。为便于最大限度的装载，不法分子以极低的成本购得废旧车后，往往将车顶进行切割（即所谓“一刀车”，这样一辆车的空间可装载两辆），或者将车顶横切后再将车头或车尾切下(所谓“两刀车”、“三刀车”，两车空间可装载五六辆这样的切割车)，再拆下部分部件、零件，分别编号，混装进口。违法人走私进口废旧汽车成功后，自己或高价出售给他人在我境内偷偷修补、翻新、组装、改装后，非法套牌、冒牌出售，或无牌出售，上路，或者将拆解的部件、配件、零件非法出售，牟取高于进口成本几倍甚至几十倍的非法利润。这些非法出售上路的汽车，以及使用废旧车拆解下的零配件的汽车，往往带有极大的事故隐患。为保证广大人民群众生命安全，以及保护国内汽车工业的发展，并防止国外向我国境内倾倒垃圾，国家的基本政策是严厉禁止废旧汽车及其零件进口，并规定已经进口的废旧车一律压扁处理；严厉禁止非法组装、改装套牌、冒牌汽车，一经发现一律没收并予以拆解；严禁利用旧车拆解零件用于维修汽车。但是，由于适用法律对进口废旧汽车行为在定罪量刑上存在一些困难，对犯罪分子的打击力度不够，走私势头有增无减。另外，由于对查获的进口废旧汽车的处理缺少明确的法律规定，查获单位有的还将其拍卖出售，使废旧汽车及其零配件重新流入市场，有的长期堆放无法处理反而带来环境污染问题；加上废旧汽车不能变卖或变卖价值很低，无法发放有效的奖励金鼓励知情人举报走私等原因，反过来又影响了对走私废旧汽车的打击力度。

对走私进口废旧汽车定罪的困难首先在于适用何种罪名，而罪名的适用又带来处罚力度问题。“走私”的概念源于《海关法》，走私特定货

物、物品或走私普通货物达到一定逃税额即构成《刑法》中的走私罪。另外，《海关法》、《刑法》还有关于按走私（或走私罪）处理运输国家禁止进口的固体废物进境，或无证进口国家限制进口的可用做原料的固体废物的规定，《刑法》还有固体废物污染环境罪的规定。由于没有充分考虑一些问题，现在适用上述规定都有一定难度。

（一）由于废旧汽车进口后主要的危害并不在于污染环境，而在于威胁人民生命安全和影响国产汽车市场，而且海关一般都在海上或通关环节查获，认定为在境内倾倒、堆放污染环境的固体废物罪显然不合适。

（二）定为走私进口国家禁止进口的固体废物（罪）似乎比较合适。但是，禁止进口的固体废物一般指不能用做原料的废物，而废旧汽车压扁后可以作炼铁原料（据说整体投炉会产生污染气体，但先拆解或技术处理后可以解决这一问题）。更重要的问题是，根据最高法院司法解释，走私固体废物定罪判刑以重量为违法情节轻重标准，切割的废旧汽车一般一辆重量不到一吨，走私数十辆废旧汽车不过判三五年刑，显然同走私数量如此之大可能产生的社会危害性不相适应，也与走私成功可能获得的暴利不相适应。定走私进口可以用做原料的固体废物（罪）似乎更合适。但是，根据最高法院司法解释，走私可以用做原料的固体废物，须达到逃税额25万元（单位）或5万元（个人）人民币才被认为是犯罪。废旧汽车按废钢铁计算，价格极低，税率也极低，走私上百辆废旧汽车也不够判刑；而且计逃税额先要对商品归类，《进出口税则》对废旧汽车并没有相应的税号（《进出口税则》上"废金属"专指经拆解分类的纯废钢、废铜、废铝等废料，"钢铁制品"中的"废钢铁"则仅指钢铁材料切、刮、铣、磨出废渣、废末、废条）。

（三）按走私普通货物罪处理。对进口废旧汽车按《进出口税则》归类，经有关部门对新旧程度打折后按《进出口税则》规定的税率计税后，由海关出具正式的应税证明，人民法院根据逃税额按走私普通货物罪判处刑罚。其中，好处是逃税额计算并不困难，计算结果高；人民法院可以判处较重的刑罚，有利于从重打击走私废旧汽车的违法活动。难点是：第一，废旧车本身是否应归入《进出口税则》上的汽车，尚有疑问；第二，判刑认定的逃税额很高，判刑很重，但国家禁止进口废汽车，视为一般贸易普通货物计税是否合适也有疑问，而且废旧车处理做炼铁废料也好，拍卖也罢，实际价额都很低，往往比计算出的应税额低很多，逻辑上似乎说不过去。海关一纸证明，关乎当事人是否坐牢，甚至会不会丢命，一旦当事人在法庭审判时对海关计税提出异议，车辆实际状况的事实和并不充分的归类、审价、计税依据，或者不够罪的由海关行政处罚后引起的行政复议、行政诉讼，都可能使海关处于尴尬境地。

综上所述，各个处理方案都有难点，但笔者认为，采取第二方案，即按走私国家禁止固体废物定罪更为合适。理由之一是鉴定某货物是否被禁止进口，首先不是因为其是否真的一无所用，而是国家根据本国国情需要的一种政策选择；而且废物是否可以用做原料，首先也不在于“能不能”，而在于综合考虑成本与效益（用进口废料炼铁综合成本高于进口矿石）、人民利益和国家产业政策（进口废旧汽车非法翻修、拼装危害人民生命安全，冲击国产车市场）、环境保护（废旧汽车做炼铁原料不拆解处理会污染环境，拆解处理则进一步增加成本）等多重因素后“应不应”、“许不许”，而国家政策恰恰是严禁进口（包括以炼铁原料为名义）进口废钢铁。理由之二，走私分子非法进口废旧汽车后翻新、拼装成整车出售或拆解零配件流入市场，但国家决不应以走私人非法进口的目的和非法流入市场的事实作为废旧汽车（甚至是进一步切割的废旧汽车）可以视为非禁止或限制进口的一般贸易普通货物的依据。因此，适用本项规定在法律依据上能站住脚。至于判刑太轻，完全可由最高法院通过司法解释解决（比如，不以重量为量刑标准，改以车辆数的多少为量刑标准），因为原来走私固体废物适用的数量标准“吨”，也是法院解释的。

如前文所述，查获的废旧汽车及其零部件是不能流入市场的，但是，为了避免白白支付仓储费、拆解费，争取给国家更多创收，同时可以按拍卖货价比例向举报人发放奖励金，有的海关曾将查获的废旧汽车按普通进口货物拍卖出售，但这显然是因小失大，不能鼓励。我国还不十分富裕，我们继续提倡艰苦奋斗、勤俭建国的精神，但我们决不能为些小利放任好不容易查获的废旧汽车流入市场，因为这可能产生危害人民健康，冲击国产车市场或污染环境的后果。至于举报人奖励金及查私人员的立功受奖，应比照毒品查处奖励办法，由国家财政拨出专款解决。

审理加工贸易案件应当注意理解法规立法原意和目的[①]

一、认真理解和执行《海关法》第一条和《行政处罚法》第一条（立法指导思想）

新中国建立之初，国家就制定了《中华人民共和国暂行海关法》，并以该法为依据，制定了一系列配套行政法规和行政规章，一同作为海关职能活动的基本依据。1987 年，在研究总结改革开放后海关行政管理的新特点新经验的基础上，国家制定了新的海关基本法。它是一部很不错的法，保证了十几年来在国际国内不断剧烈变化的形势下，海关行政管理基本上有法可依。毋庸讳言，1987 年《海关法》有许多规定不能适应新形势的需要，因此才导致《海关法》的大修改。但提请大家注意，原《海关法》第一条的立法指导思想（也是立法目的），在 2001 年新《海关法》再次一字不差地予以保留，并将其基本精神，再次贯穿于新《海关法》的全部条文，再次成为与新《海关法》配套的行政法规（如《进出口关税条例》、《海关行政处罚实施细则》（以下简称《处罚细则》）、《知识产权海关保护条例》、《海关稽查条例》、《海关担保条例》、《保税区条例》、《出口加工区条例》等）、海关行政规章（海关所有行政规章，不一一列举）的立法指导思想。毫无疑问，它应是海关全部职能活动，包括海关审理加工贸易案件的指导思想。至于《行政处罚法》，作为专门规范行政机关的行政处罚行为的法律，其立法指导思想当然也是海关行政处罚的指导思想。长话短说，具体到审理案件，是否认真贯彻《海关法》第一条维护（国家主权和利益）、加强（海关监督管理）、促进（对外经济贸易和科技文化交往）、保障（社会主义现代化建设）；是否依照《行政处罚法》保障和监督行政机关有效实施行政管理、维护公共利益和社会秩序、维护公民、法人和其他组织的合法权益，是海关行政处罚决定

① 原载《海关执法研究》2002 年第 2 期。

是否合法、适当的基础。这里必须注意，《海关法》和《行政处罚法》指导思想的着眼点不同，语言表述自然也不同，但两者之间绝没有矛盾。这当然是由于行政管理的终极目标就是人民利益，维护国家利益与维护公民、法人利益的一致性所决定的。比如说，该罚的未罚、该重罚的罚轻了，等于纵容破坏进出关境环节正常秩序的违法行为，不仅是对国家政治、经济利益的损害，也是对合法进出境活动的公民和中外法人、组织合法进出境行为的妨碍和损害，又是对我国全体公民、法人和其他组织整体利益的损害；反过来，不该罚的罚了，轻微违法行为给重罚了，也侵犯了进出关境活动当事人合法权益，损害了海关形象，也损及国家为人民利益服务的根本目标。事实不清、证据不足、程序不顾情况下的行政处罚，很可能侵犯当事人合法权益或损害国家利益，更大的危害还在于助长执法随意性，危及国家法制原则。认真坚持《海关法》和《行政处罚法》指导思想，就不会出现这种情况。再比如说，仅仅因为企业"不服管"，"态度不好"，而不该罚的找茬罚一下；因为申报单个别项目填写错误按申报不实重罚一下，更有企业因此降了级；进口保税货物要缴保证金，有的一票保证金逾千万，等于把企业搞死，这不是明显违背《海关法》和《行政处罚法》指导思想吗？

有的同志会说，现在举国上下在谈"三个代表"，全国海关贯彻新工作方针，大谈立法指导思想，是不是不合时宜？请大家认真想一想，《海关法》和《行政处罚法》指导思想与"三个代表"理论、与海关工作方针有一丝一毫矛盾吗？认真贯彻《海关法》和《行政处罚法》指导思想就是实践"三个代表"理论，就是贯彻海关工作新方针，这里就不展开说了。

二、认真遵守行政处罚的法定原则

正是基于《海关法》和《行政处罚法》的立法指导思想，《行政处罚法》、《海关法》及配套的《处罚细则》等法律、行政法规规定了海关行政处罚必须遵循的一系列基本原则。主要有：

（一）处罚法定。要求行政处罚机关法定、行政处罚种类法定、应受行政处罚行为法定、处罚程序法定、处罚幅度法定，没有法律规定或不依据法律规定处罚的，处罚无效。

（二）处罚公开。行政管理规定未公开的，不能要求相对人必须遵守，不遵守不能进行处罚。处罚依据未公开的，处罚无效。

（三）对当事人有利的原则。违法证据不足不能处罚，可罚可不罚的不罚，可轻可重的轻罚，一旦作出处罚决定，证明违法的“举证责任”在行政机关。

（四）效率原则。违法行为发生两年后才发现的，不再处罚。体现要求行政机关尽快查处和重点打击新的违法行为。

（五）责任自负。新《海关法》强调进出口人和代理人各负自己的责任，原先的连带责任原则范围大大缩小，不包括受处罚。

（六）公平、公正、适当，全国统一的原则。

毫无疑问，认真贯彻这些原则，才能真正在海关行政处罚工作领域贯彻两法的立法目的和指导思想。

三、对《处罚细则》第十一条的理解和适用问题

《处罚细则》第十一条是海关行政处罚中适用最多，也是争议最多（号称“谁也说不清楚”），弹性最大（因而用起来最“方便”、“随意”）的条款。所谓“适用最多”，是实践中成千上万的违反《海关法》行为经海关查获，直接适用本条处罚。所谓“弹性最大”，一是许多违法行为因为定走私证据不足，特别是主观故意证据不足不能适用《处罚细则》第三条定性走私而适用本条，即所谓“定不了伪报定申报不实”，“定不了出售定转让”，定不了“出售”、“转让”，定“提取”、“交付”、“发运”、“挪作他用”等，再不行还有“记录不真实”、“数量短少”。二是自由裁量权极大。罚款额等值以下或税款两倍以下（另，不免除纳税义务）。似乎一个不紧要的小项目填错了，也可以按申报不实罚个等值以下；未经海关同意，但未脱离海关监管范围的货物挪动也可定擅自提取、发运。概念的不确定性，尺度的过度伸缩性，似乎给了我们审理案件、作出处罚决定的高度随意性。不必讳言，上述法规条文确有值得修改之处，但如果我们认真研究、理解、把握本条的立法原意和目的，就不会得出可以随意适用的结论。从本条罚则看，处罚规定的最高限达到等值罚款或税款两倍，加上不免除纳税义务，程度上不低于对走私行为没收货物（一般不并处罚款）或税款 3 倍罚款。而国家对走私（普通货物）行为之所以规定严厉的处罚尺度，是因为它不仅严重违反海关监管秩序，更重要的是偷逃税款和逃避国家贸易管制，社会危害性极大。从这一观点出

发，我们有理由认为：

第一，对《处罚细则》第十一条规定的违反海关监管规定行为，凡适用较重的处罚尺度的，必须是实体上可能漏税、避证的严重违规行为，而不应是仅仅违反有关海关管理的程序性规定、社会危害性不大的行为。我们审理上述严重违规案件，作出处罚决定，不能随意自由裁量，适用较轻（比如等值30%以下）的处罚。

第二，与上述情况相反，对《处罚细则》第十一条规定的违反海关监管行为，凡适用较轻处罚尺度的，必须是社会危害性不大、不涉证涉税，仅违反海关程序性管理规定的行为。认定此类行为，作出处罚决定，不能随意加重处罚（比如等值30%以上）。

从这种认识出发，我们就比较容易地认定本条规定存在有实体性和程序性违规，在作出处罚决定时适当地而不是随意地选择尺度。比如对涉证涉税的“申报不实”、“转让”、“提取”、“记录不真实”、“移作他用”等处以较重罚款，对仅属于个别项目申报错误但不涉证涉税，办理结转手续未同时交付货物，未脱离监管的“擅自提取”等行为，处以较轻罚款（同时不作企业降级处理）；情节显著轻微的，仅予批评，不予处罚。

四、关于《处罚细则》第三条与第十一条类似违法行为的区分

在海关系统，相当一些同志认为《处罚细则》第三条（四）“擅自出售”海关监管货物、第三条（五）“擅自出售”特定减免税货物①，与《处罚细则》第十一条（二）“擅自转让”海关监管货物、第十一条（四）特定减免税货物的规定难以区分，或者说走私、违规可以随意认定，主要理由是：第一，市场经济条件下一般没有无偿转让，而有偿转让也就是“出售”；第二，“移作”其他单位“用”也会有偿，“作”“他用”（途）也相当于没有减免税待遇而购买、使用了减免税设备。

在海关系统，也有相当一些同志认为《处罚细则》第三条（二）“伪报、瞒报”，与《处罚细则》第十一条（五）“申报不实”难以区分，或者说可以随意定走私、违规。理由是伪报的肯定不实，故意申报不实就是伪报。

① 新《海关法》已将特定减免税货物也解释为“海关监管货物”。

同前面第十一条自身的一些规定一样，笔者认为《处罚细则》这些规定确实存在概念交叉、不容易区分的问题，但立法者的原意肯定不是为执法随意者提供方便。我们只能理解立法者将上述“类似”行为划分为不同性质的违法，其原意肯定是基于现实中两种行为尽管表现形式相近，但本质不同，危害后果不同，就是表现形式上也肯定有所区别。比如，前者侵犯的直接客体是国家对外贸易管制职能、国家税收职能、国家进出关境监管职能，后者侵犯的直接客体是海关管理秩序，也可能间接影响国家对外贸易管制和税收收入。又如，后者往往对违法行为作出“无意而为的过失”或“迫不得已”、“不具有危害性”等解释，前者凡行为具备主观状态条件的，都表现为故意违法，起码是间接故意违法。再如同样涉证涉税，前者表现为逃证逃税，后者表现为漏证漏税。因此，我们只能根据掌握的证据材料，看其符合第三条还是第十一条的描述，如果外在形式十分难区分，则（根据证据材料）看其侵犯客体、看其主观状态、看其危害后果，但决不应简单地归结为“查不清故意就定违规”、“定不了走私只好定违规”（关于有无“主观故意”不能作为走私与违规唯一必要条件，下面将专门论及）。

五、主观故意及逃避海关监管问题

更多的同志认为违法行为特征相近似、相对应的《处罚细则》第三条关于走私、第十一关于条违规行为的本质区别，是违法的“主观要件”构成上的故意与过失。比如，相当多的海关办案人员认为，构成走私必须具备主观故意，特别是必须查明有“逃避海关监管”的故意，许多案件当事人亲口承认故意走私，有关证据材料不那么扎实就定了走私，也有不少案件由于当事人拒不承认故意违法，而又查不到有关当事人故意逃避海关监管的证据，而只好按走私处理。这里是把“主观故意”、“当事人承认故意”、“逃避海关监管”3个不同的概念混为一谈，并且把它们作为认定走私行为成立的必要条件。

笔者试按顺序把相关问题分析一下。

（一）关于主观故意问题

海关行政管理法规定中并没有关于“故意”、“过失”的直接规定。“故意”、“过失”的规定未见于《刑法》总则，涉及具体罪名，《刑法》分则也没有对每一个罪名都规定应具备“故意”或“过失”，而是少部分罪名专门列明（如“故意杀人的”；“过失伤害他人致人重伤的”），另有个别罪名规定以特定目的为要件（如走私淫秽物品罪，规定须“以牟利或者传播为目的”）。刑法学界进一步对故意和过失阐述，并划分为“直接故意与间接故意”、“粗心大意的过失与过于自信的过失”；对刑法学界乃至整个法学界，以及刑事司法实践和行政处罚实践中产生根本性影响的，是我国刑法学界从苏联法学界引来并进一步发挥的“犯罪构成”（“四个要件”）理论，这一理论为刑法学术界、司法界广泛接受，影响着几代人，至今仍处于难以动摇的地位。后来这一理论又被法学基础理论界套用于所有违法行为的特征，进而为行政法学界、行政处罚实践所接受（以前笔者论及应受海关行政处罚行为的构成，也套用这一理论）。其实，行政法规中，相当多的行政违法行为只有行为的客观描述，很难也不必要认定其“主观要件”，甚至在刑法规定中，也有不少犯罪行为只有行为的客观描述，难以认定犯罪人犯罪的“故意”或“过失”。新修改的《刑法》甚至直接规定了过去刑法学界认为我国刑法原则所不容的“客观归罪”条款，比如“财产来源不明罪”。说这么多，一个意思，我们并不一定根据“四个要件”而是应认真直接依据有关规定认定违法。

具体到海关行政处罚案件，比如加工贸易海关行政处罚案件，第一，无论走私行为，还是违规行为的认定，根据有关证据材料，认定案件事实符合《海关法》和《处罚细则》规定的走私、违规行为的特征描述的即可定案，无须专门认定其故意或过失的主观状态；第二，故意与过失也不是走私与违规行为的法定区分标志。走私行为固然可以不去查明行为人的主观（故意）心态，违规行为也完全可能表现出故意违法的心理特征。

（二）关于“亲口承认故意”问题

首先如上所述，走私案件事实符合有关规定行为特征后，不一定要求当事人非亲口承认故意违法不可；其次，《刑事诉讼法》专门规定犯罪证据原则是“没有当事人口供但有其他证据证明的，可以认定犯罪；只有口供而无其他证据的，不能定罪”，行政违法更应遵守这一原则；最后，《海关法》和《处罚细则》规定的走私行为，以及一些违规行为特征本身就表明了主观心态。如“擅自出售”与“擅自转让”的“擅自”，本身即含有“自作主张”之意。

（三）关于“逃避海关监管”问题

这是一个很复杂的问题。一是“逃避海关监管”是所谓“主观要件”

还是“客观要件”很值得研究，而且涉及“逃避海关监管”的立法情况极其复杂。

1. 相当一些办案人员认为“逃避海关监管”是“主观要件”，有关规定的罪基本表述形式是“逃避海关监管，有下列行为之一的……”，充分表明是“行为”的“帽子”，即行为的主观表征。实践中，办案人员常常苦于“找不见逃避监管的主观故意”，特别是“当事人拒不承认”而不敢定案。笔者对此一直持不同看法。笔者认为“逃避海关监管”固然在新旧《海关法》都以“下列行为”的“帽子”形式出现，但它仍然（首先）是行为特征描述，逃避管理是“行为”，只是这种行为本身就具备主观上的“故意”，不需再专门查证“主观上”是如何“故意逃避”的。下面再从有关“逃避海关监管条款”立法历史变化上作进一步分析。

2. 从“逃避海关监管”条款立法规定的变化看其立法原意

（1）1951 年《中华人民共和国暂行海关法》。该法是新中国海关组建后到 1987 年几十年间的基本执法依据，我国法律制度上“逃避监管”法律术语的最初来源地。该法规定，有“不经过设关地进出境或经过设关地而逃避监管”、“伪报”、“邮寄夹带”、“未经许可出售特许减免税货物”、“出售进境自用物品”、“边境及沿海规定地区持有、保管、载有……无合法证件等行为之一者，为走私行为”。上述规定表明，“逃避监管”只是许多走私行为中的一种行为的要件，而且是“行为之一”，不是主观心态问题。

（2）1980 年《中华人民共和国刑法》。该法以引证罪状形式规定“违反海关法规，走私情节严重的，是走私罪”。可以理解为构成走私首先应依据《暂行海关法》。

（3）1987 年《中华人民共和国海关法》。该法第一次出现“逃避海关监管，有下列行为之一的，是走私罪”的提法。虽然从形式上是“下列行为”的前提或“帽子”，但不能据此绝对化地认定属于“主观故意”的前提，因为：第一，“逃避监管”从字义上是“逃”（动词）、“避”（动词）行为而非仅仅是心态；第二，该法全部三项“下列行为”包括了运输、携带、邮寄国家禁止、限制、应税货物、物品（有的另以“目的”、“数额较大”为条件）和“擅自出售保税货物、特定减免税货物”，其中运输、携带、邮寄“禁止物”本身即可认定有“故意”违法心态，“擅自”（自作主张）也包含主观心态，因此可以理解“逃避海关监管”的

“帽子”是一种总的行为性质的概括。另外，应当承认，这样规定本身确不严密，因为携带、运输、邮寄禁止物和擅自出售行为没有“帽子”也完全具备“逃避海关监管”的走私特征，而携带、运输、邮寄限制货物、应税货物没有“帽子”则不是违法行为。事实上，海关总署的《海关法》草案，以及立法期间坚持的都是“下列逃避海关监管行为是走私行为”的提法，但立法机关最终未采纳。

(4)《中华人民共和国海关法行政处罚实施细则》。该行政法规最终按海关总署意见采用了“下列行为之一的，是走私行为”，“不构成走私罪的走私行为”由海关关长决定处理的表述方式。优点是避免了《海关法》“帽子”有的必戴、有的不需戴的尴尬，将《海关法》必须加“帽子”的具体描述出“逃避监管”的行为特征，将不必加“帽子”的则只引用了原法“帽子”下的描述（如两种擅自出售行为）；缺点是与母法表述不一致。另，在违规部分规定了“未经海关许可，擅自转让”等行为，未有其他“帽子”。

(5)《关于惩治走私罪的补充规定》（以下简称《补充规定》），未对“走私”或“走私罪”直接定义，也未直接引证《海关法》，只用“走私……的”和“未经海关许可，擅自出售”两种方式（其中擅自出售保税货物漏了最主要的进料加工货物）规定了四种走私罪。但根据《刑法》的表述可以理解为“走私”按《刑法》规定引证“违反海关法规”，鉴于新《海关法》也未直接规定“走私”的概念（只是直接规定了走私罪），而《处罚细则》规定了走私的概念，可以理解该法所称的“走私”，应引《处罚细则》认定，走私罪的认定则不再引《海关法》而直接引该《补充规定》。

(6) 1996年新的《中华人民共和国刑法》。该法取代1980年《刑法》和上述《补充规定》，但仍未对何为走私作出规定，只用三种不同方式直接规定走私罪名：甲方式，“走私……的”，包括走私各种列名的禁止进出口货物、物品罪；以牟利或者传播为目的走私淫秽物品罪；走私涉税普通货物罪（实际取消《海关法》中非法进出限制进出口货物即使不涉税也可构成犯罪的规定）。乙方式，照搬《补充规定》，仍使用“擅自出售……”的表述（依然漏了出售保税货物行为中最常见的出售进料加工货物行为，造成治罪无据，后只好通过司法解释——严格说不属解释范围——解决）；丙方式，把走私毒品罪列到走私罪之外的章节，仍叫走私毒品罪。优点是对走私罪未再直接规定难以都套好的“帽子”，缺点是未规定何为“走私”，也未规定引证海关法规。

(7) 2001年《中华人民共和国海关法》，取代了1987年《海关法》。取消了走私罪的定义，但增加了走私行为的定义（可以理解自此新《海关法》代替老《处罚细则》作为新《刑法》“走私”概念的引证处）。规定内容简化，但仍然戴个“帽子”，而且“尺寸”加大为“违反本法及有关法律、行政法规，逃避海关监管，偷逃应纳税款、逃避国家有关进出境的禁止性或限制性管理，有下列行为之一……”。优点是将原来的两种有的需要“帽子”、有的不需要“帽子”的行为合为一种极简练的中性语言描述的行为（运输、携带、邮寄“禁”、“限”、“税”货物、物品进出境）。缺点之一是虽将原来两种“擅自出售”合并简化，基本描述却与老《海关法》、老《处罚细则》无异，“未经海关许可，擅自出售”已经具备新的“大帽子”特征，实践中不需要也不可能再找另外的行为特征去“套帽子”；缺点之二是存在两个逻辑矛盾：矛盾一在“帽子”本身“有下列行为之一的，是走私”，与列项（三）本身“构成走私的”之间；矛盾二在“帽子”中“逃避海关监管”，与列项（三）“逃避海关监管”自身重复（也是矛盾）。

(8) 新的《中华人民共和国海关法行政处罚实施条例》，有关规定将更具体，但未来能否避免上述历史的或现行法律规定仍存在的缺陷，大家可以综合上述来龙去脉对照看出。

总上，对历史的、现实的规定分析这么多，是想表明：第一，大家有不同意见，不仅是因各人知识、经验导致的认识差别，更多是由于法律规定有缺陷；第二，“逃避海关监管”在法律规定的起源、原意和演变过程中，一直被作为“行为”要件而非“主观故意”的特征；第三，认定走私，包括擅自出售保税货物行为，不一定需要专门另去寻找“主观上”如何想“逃避”；第四，认定行为违法的唯一途径是有关证据材料完全符合有关法律、行政法规（以及海关规章）对该行为描述规定，而不需要对每一个行为认定符合所谓“四个要件”。

六、应从总体上把握加工贸易管理法规立法原意和目的

大家都知道，加工贸易行为复杂多变，加工贸易管理法规也因此细密繁多，而有关海关对违反加工贸易管理规定可适用的行政处罚条款却

只有寥寥几条，这不可避免地给违法行为认定和实施处罚带来难度。解决问题的办法之一便是首先从总体上把握加工贸易管理（包括违法行为的处罚）规定的立法原意和目的。

（一）国家开展加工贸易的目的是发展经济。加工贸易可以有效地利用我国人力资源，可以引进、消化国外先进技术，可以利用外资，可以为我国创汇，等等。加工贸易进出口额已约占我国外贸进出口额的50%，加工贸易对我国经济发展的意义几乎人人明白。从海关管理角度看，加工贸易是一种特殊的进出口贸易，与一般贸易相比，海关管理上的主要区别是加工贸易进出口料件可以暂时免缴税款，免领许可证件，但加工过程必须置于海关监管之下，加工品必须经海关验核复出、进口（或者进、出口料件先缴纳税款，加工成品复出、进口时退还税款）。海关管理的重点就是防止有关料件或成品未经有关部门批准，特别是未经海关许可，擅自流入国内，破坏国家对进出口的宏观控制，并偷漏国家税款。

（二）为保证进料加工成品的复出口，海关管理上就有了一项特殊业务——核销。为支持、方便进料加工贸易货物在国内进一步深加工，海关对进料加工贸易的管理又有了一项特殊业务——办理结转手续。而从本质上看，核销就是向海关办理复出口手续，结转也就是转出方向海关办理复出口手续，而转入方则是向海关办理料件进口手续。

（三）海关为进一步鼓励、方便进料加工贸易货物在国内深加工业务的开展，在实际管理措施上又进一步灵活，允许办理结转手续和货物的实际交付短时间的不同步。

（四）海关对加工贸易管理的复杂性和一系列方便措施的实施，给海关管理造成很大困难，给不法分子以逃证逃税为目的，以加工贸易名义非法进口，或加工贸易经营人以逃证逃税为目的非法内销加工贸易料件或成品带来方便。同时，经营人因各种原因错误地（而不是以逃证逃税为目的）使进口料件或加工成品流入国内造成漏证漏税情事也大量发生。海关除完善管理法规，加强正面监管以外，还要严格、规范对违法行为的处罚。

（五）海关是进出关境监督管理机关，由于“伪报”是标准的非法进出口，“擅自内销”是特殊的非法进口，一个行为同时具备两种违法形式的，一般应选择按最接近违反进出关境管理特征的“伪报”处罚。

（六）基于以上理解，我们可以比较清楚容易地将复杂多样的加工贸易中的违法行为适用有限的几条处罚规定：

1. 不是以逃证逃税为目的的料件或成品流入国内，适用违规。其中造成或可能造成漏证漏税后果的，适用较重处罚条款或处罚尺度；没有或不可能造成漏证漏税后果的适用较轻处罚条款或处罚尺度。

2. 为逃证逃税而进出口（通常表现为进出口前已策划，甚至已实施内外销）的，按进出口伪报处理。完成销售的，销售也仅视为一个情节而不单独处罚，或整个案件按“擅自销售”处理。

3. 欺骗海关，进行假核销假结转已完成的，无论货物内销完成与否，按伪报出、进口处理。只造假，未骗取核销、也未内销的，按预备走私以及协助走私处理；只造假，情节极为重大，但当事人不是经营人、也不具备直接协助经营人骗取核销骗结转的，按造假公文移送公安部门处理。

4. 没有着手进行假核销假结转行为，只完成内销（未经海关许可）的，根据有关证据材料按“擅自销售”走私或“擅自转让”违规处理。

海关监管货物封存后灭失的法律责任[①]

因原告人××公司不服我署作出的署复字（××××）第×××号复议决定，向人民法院提起行政诉讼，依据人民法院应诉通知，现提出答辩如下：

一、我署复议决定确认××海关在1998年6月29日对原告的手册项下货物的实际封存数量为46.5吨符合事实真相。经复议进一步核实，应本案原告申请，复议被申请人中华人民共和国××海关于1998年6月29日对该公司在海关备案的进料加工贸易（备案加工贸易手册号为C×××××××）项下进口货物打成麻144吨予以暂时封存（见附件一，本书略，下同）；同年8月3日，××海关接本案原告传真称封存货物已被动用（见附件二），为核实情况，××海关通知原告以及原告的委托加工企业××亚麻纺织厂（简称亚麻厂），于8月6日派员与海关人员一起到亚麻厂对所封货物进行复查，经三方一起查验并核对报关账目、调料单，确认在实封货物中仅有46.5吨属于原告，其余货物皆非原告所有（见附件三、四、五）。对此，当时原告并未提出异议。经核实，导致海关当时对原告货物实际数量封存数字出现误差的原因有二：（一）海关应原告请求会同原告及其委托加工企业亚麻厂有关人员前去实地封存时，原告及亚麻厂在场人员均称请求海关加封的货物打成麻数量为144吨；（二）××海关两名关员与原告两位女同志到亚麻厂实地封存货物时，熟悉货物库存情况的保管人员当时不在厂里，天又下雨，由不熟悉货物库存和投料情况的亚麻厂×××厂长引导、粗略指认，未经实际逐一核实、清点、辨别，海关人员见双方已经认可有关货物，即予以确认（见附件三、四）。

二、原告手册项下其余的97.5吨货物确于海关加封前动用并投入生产，动用的97.5吨打成麻共生产成品亚麻纱34吨，现仍存放在亚麻厂

① 本文为作者代抄的一篇诉讼答辩，在海关实践中有较多的类似情况 。

内。根据原告与亚麻厂签订的进料加工协议（见附件六）规定，亚麻厂在接到和确认原告进口的打成麻后，按原告要求加工亚麻纱，交货期为接货后8个月内加工完毕；亚麻厂于1997年7月31日接到原告实际进口的待加工货物144吨（见附件十四、十五、十六）；此后亚麻厂在验收时发现货物有霉变现象，遂多次以电话、电传等方式与原告联系，要求对方处理，但始终未获明确答复（见附件六、七、八）；为减少损失，亚麻厂依据该厂与原告之间的加工协议于当年10月到次年3月间分批投入生产，共投入原料打成麻97.5吨（见附件十、十一、十二、十三）。

三、根据《中华人民共和国海关对进料加工进出口货物管理办法》（见附件十七）的规定：无论海关对进料加工进口料件是否加封，无论有关货物是否在封存期间，经营单位（本案即原告××公司）和加工单位（本案即打成麻加工企业××亚麻厂）都有义务向海关保证，对进口料件以及加工成品妥善保管、不得短少；在解除封存后，经营单位及加工单位应保证将进口料件按期加工出口并向海关办理核销手续，海关依法对整个进料、加工、出口全过程进行监管，但对有关料件及成品并无保管义务；未经海关许可，擅自出售或提取、转让加工料件或成品或数量短少无正当理由的，擅自出售的，由海关按走私对经营单位或加工企业予以行政处罚或移送司法机关追究刑事责任，擅自转让或数量短少无正当理由的，由海关向经营单位（本案即原告××公司）追补税款并对经营单位或加工单位予以行政处罚（见附件十七、十八）。另经查无充分证据证明本案中亚麻厂对进口料件有擅自出售、转让等情事，也未证实该厂在海关封存期间擅自动用被封货物，故原告要求海关依法处罚亚麻厂的请求缺乏依据。

综上，我署认为，原告在起诉状中指称我署复议决定关于海关封存原告货物的实际数量的认定错误，以及××亚麻厂在海关封存货物期间擅自动用货物都不符合事实，要求由我署责成××海关对亚麻厂进行处罚以及"负责追回被动用的打成麻返还给原告"都没有依据，请求人民法院在查明有关事实的基础上，驳回原告的无理请求。

关于××海关封存决定以及我署行政复议决定的几点补充说明

根据庭审情况，我署现就以下几个问题作出补充说明，请审查。

一、关于××海关采取暂时封存措施的依据问题

综合我署已向人民法院提交的《中华人民共和国海关法》(以下简称《海关法》)、国务院《中华人民共和国海关法行政处罚实施细则》(以下简称《处罚细则》)以及海关总署依据该细则法定授权所作的立法原意解释、《中华人民共和国海关对进料加工进出口货物管理办法》(以下简称《管理办法》)、《中华人民共和国海关关于违法内销加工贸易保税货物处罚办法》(以下简称《内销保税货物处罚办法》)的有关规定,“进料加工货物属保税货物,由海关实行监管”(见《管理办法》第四条);保税货物属海关监管货物,未经海关许可,任何单位和个人不得擅自提取、交付、转让(见《海关法》第五十七条、第二十六条);“进口料、件和加工成品,均不得在境内销售”,“如因故必须转为内销的,应经……经贸主管部门批准,并经海关许可”;“进口料、件应自进口之日起1年内加工成品返销出口”、“如有特殊情况需要延长期限的,应向主管海关申请展期”(见《管理办法》第八条、第九条);进料加工经营单位和加工生产企业,在执行海关进料加工管理规定时,“负有共同责任”(见《管理办法》第十八条);“加工贸易进口保税料件应当用于加工出口产品,加工贸易制成品应当在规定期限内复出口”(见《内销保税货物处罚办法》第二条);“进口保税货物的经营单位应对其经营的保税货物自进境起至出境止依法向海关承担法律责任;从事进口保税货物运输、储存、加工、装配、寄售业务的单位应对进口保税货物在其经营和保管期间内依法向海关承担法律责任”(见1997年1月14日海关总署关于《海关法处罚细则》第十一条的解释);擅自销售保税货物,属走私行为(见《海关法》第四十七条、《处罚细则》第三条);擅自提取、交付、转让进口保税货物,或者经营保税货物的运输、储存、加工、装配、寄售业务,有关记录不真实或者数量短少不能提供正当理由的,属违反海关监管规定行为(见《海关法》第五十一条、《处罚细则》第十一条);对上述走私或违反海关监管规定行为,除构成犯罪的由司法机关追究刑事责任外,均由海关进行行政处罚,包括没收货物、罚款等,不没收货物的,还应依法补征关税和其他进口税费(见《海关法》第四十七条、第四十八条、第四十九条、第五十一条,《处罚细则》第二条、第三条、第十一条、第四章、《内销保税货物处罚办法》第三条、第四条、第五条、第六条、第七条);有关保税料件及成品超过海关核销期(包括经批准的延长期),既不能出口也

未申请内销的，海关按暂时进口货物不按期复出口处罚后视情况分别准予补税内销或由海关提取变卖，价款扣除税款以及仓储、变卖费用后一年内经申请予以发还，或者扣除有关费用后将余款上缴国库（见《内销保税货物处罚办法》第八条）。为防止经营单位或加工单位以及其他单位和个人违法内销进口料件、成品或擅自转让、挪做他用以及非法提取、抵押等情事，具体管理加工贸易企业的海关，依据上述法律和海关规章的精神，针对具体情况采取相应的监管措施。海关的暂时封存就是根据上述管理规定采取的一种有针对性的监管措施。

据了解，××海关在加工贸易监管实践中采取暂时封存措施的情况有：(1）经营单位经外经贸主管部门同意在海关申领了手册并进口了料件，而其委托的加工企业却没有实际加工能力，确实无法如期（包括展期）加工成品出口，经营人又尚未向海关申请办理退运手续或补领进口许可证件并办理一般贸易进口手续；(2）经营单位进口料件后，由于特殊原因（如企业破产、兼并、诉讼、重大事故）短期不能正常生产（予以展期也不可能按期加工成品出口）或完全丧失加工出口能力；(3）经营单位申请内销进口料件或成品尚未获批准。

为防止国家税款流失和保证国家许可证管理制度的有效实施，为防止有关料件或成品被擅自动用甚至逃证逃税内销，或防止其他单位、个人强行提取甚至哄抢，海关一般都采取封存或暂时封存措施。我署认为，在上述情况下，海关采取封存或暂时封存措施是必要的。

二、对原告××公司进口打成麻暂时封存的具体原因

原告××公司在××海关办理合同备案手续后，原料于1997年7月运抵××亚麻厂。进口的原材料到场一年以后，由于原告与供货商就产品质量产生诉讼，导致产品无法正常出口，应原告请求，海关准予延期半年。由于原告与外商的争议属进口原料质量争议，原告并不准备在延展期内继续加工成品出口。为配合原告通过诉讼维护其合法权益，海关理应同意经营单位暂不生产的请求。但海关在支持国内企业向外商依法索取损失赔偿的同时，又须防止在诉讼期间原告或××亚麻厂擅自转让和出售保税货物或者其他单位或个人擅自提取海关监管货物情事的发生。因此，××海关采取了“暂时封存”的监管措施。

三、暂时封存具体行政行为是应企业的请求作出的

原告在货物进口近一年内，即1998年6月23日向××海关递交了延

期申请，请求海关采取保全措施。海关由此获悉该批保税货物进口之后发生了质量纠纷，而且产品无法按照合同的规定如期出口。原告鉴于和供货商之间的诉讼需要等待法院审理、判决，在此期间无法正常生产成品返销出口，有关人员当面向××海关请求对该公司手册项下的货物予以“暂时封存”，海关认为要求合理，同意了企业要求。事实上，这一措施的采取，既符合海关监管规定和监管实践中的正常做法，又在维护企业合法权益的同时防止了国家利益遭受损失。

须进一步说明的是，原告所在地在×××省×××市，而××亚麻厂在××省××市，两方距离遥远，亚麻厂是该批货物的委托加工厂家，为了支持原告向外商索赔，防止其所有的原料和成品在诉讼期间被加工企业擅自处理，是××海关应原告的请求对手册项下的保税货物予以“暂时封存”的最重要原因，“暂时封存”首先起到警示加工企业不得将该合同项下的原料继续加工生产的作用。

四、暂时封存和延期行为的关系问题

延期和封存都是应原告的申请作出的。延期是鉴于原告的诉讼致使加工贸易合同无法按时履行，产品无法按时返销出口，××海关按照加工贸易管理法定程序，应原告申请办理手续。通常情况下，海关予以延期，是要求经营单位和加工单位尽快继续加工成品出口；而本案具体情况是原告要求其进口原料暂不继续投入生产，以便同外商打原料质量官司。为保证这些原料在诉讼期间不被××亚麻厂继续生产，同时也防止原告及××亚麻厂或其他单位和个人出售、转让、提取有关原料，海关应其请求发出暂时封存通知。

五、暂时封存具体行政行为的程序

海关此次暂时封存决定经主管科长当面请示处长同意作出，由海关关员下厂执行；封存形式是将封存通知送达申请人以及其委托加工单位；海关封存并不改变××公司作为经营单位对其打成麻的所有权，妥善包管、不得动用的责任仍在原告及××亚麻厂，所以海关只是象征意义制发了封条。由上可见，封存程序是合法的。

六、关于商检出示的照片的问题

商检的照片是在货物进口时候拍摄的，保税货物不是在××海关通关的。海关看见保税货物是在加工期满一年，企业来××海关办理延期手续并请求予以封存的时候，封存时海关关员所见的货物的包装是裸装。

××海关对于进口时候保税货物的形态并不知情。

七、清点待查封保税货物的责任问题

海关暂时封存货物的一般做法是在经营单位和加工企业双方到场的情况下，由经营单位在场人员负责清点待封货物、加工单位予以确认后，海关到场关员填在通知单上，海关人员没有清点待封货物的责任。本案暂时加封也是这样做的。

海关扣押、变卖、行政处罚行为的合法性以及进口货物收货人的所有权问题①

上诉状

上诉人中华人民共和国××海关不服××省××市中级人民法院(1999)××法行初字第×号行政判决书，特向××省高级人民法院提出上诉，要求撤销一审法院判决，依法维持我关原处罚决定，主要事实和理由如下：

1. 一审判决主要事实认定不清。

(1) 一审法院对由于一审原告人（以下简称原告）未能及时缴纳税款以及制造假出口单证涉嫌走私导致货物不能在1996年3月31日以前海关验放进口这一主要事实未作认定。判决书虽然认定了原告于1995年9月和1996年3月报请核销放行350辆“拉达”小汽车的事实，也认定了1996年3月22日海关总署批复同意对原告所欠345万滞纳金利息减免按缓税利息征收的事实，以及1996年3月25日上诉人认为原告变相走私进口车辆，决定将剩余的520辆小汽车扣留立案侦查，后上报海关总署，海关总署于1996年10月22日批复“根据本案具体情况，不宜按走私定性处理”的事实，却对原告1996年3月25日以前根本没有提出缴纳、也确无能力缴纳所剩520辆小汽车税款的事实，以及即使上诉人1996年3月25日不对所剩520辆小汽车扣留，原告也无能力在1996年3月31日之前的6天内缴纳520辆小汽车税款的事实没有进行认定；对原告是否有走私嫌疑，以及上诉人扣留520辆小汽车并立案侦查是否为合法行政行为（稍有办案常识的人都知道，最后上级批复不宜按走私处理决不意味着以涉嫌走私立案错误、扣留涉嫌走私货物错误）没有进行认定。换言

① 本文为作者为某海关代拟的两份诉讼，分两部分，即上诉状和申诉状。

之，一审法院判决对由于原告没有能力缴纳税款和涉嫌走私导致原告不能在 1996 年 3 月 31 日以前在国家政策允许的期限内完税免证进口所剩 520 辆小汽车这些主要、关键事实没有予以认定。

(2) 一审法院对上诉人未损害原告人合法权益这一关键事实认定不清。原告如果合法提取 520 辆小汽车，依法须缴纳进口关税、增值税、滞纳金（或缓税利息）3000 余万元以及仓储费 400 余万元。由于原告未能及时缴纳税款和涉嫌走私的原因不能按期办理进口手续，又由于原告在许可证优惠到期后不能提供进口许可证件的原因被海关按无证到货没收，车辆长期放置导致折旧加损坏，最终只拍卖得款 1000 余万元入国库。可以设想，原告在海关作出处罚决定前提取车辆，折扣出卖车所得，至少还要另掏腰包缴纳 2000 余万元的税款。这一事实足以说明，上诉人的处罚决定，并未损害原告合法权益；相反，原告不及时完税进口的行为，使国家蒙受了巨额税收损失。上诉人处罚决定既然未损害原告合法权益，法院理应驳回其诉讼请求。

(3) 一审法院认定原告依法对 520 辆“拉达”小汽车享有所有权认识错误。一审法院仅仅依据××法院关于 406 辆“拉达”小汽车归原告所有的判决就简单地认定所谓原告依法对 520 辆“拉达”小汽车享有所有权，要么属于对海关行政管理业务的不懂，要么属于有意将民事司法权与行政管理权混为一谈。根据国家三有关海关管理的法律、行政法规，境外货物入境后（以及向海关申报后）、交纳税款以及经海关查验、放行以前，性质上仍属境外货物，即使进口人已取得民法意义上的所有权，仍未取得海关行政管理意义上的提取、处分权亦即所有权。或者说，无论进口人是否取得民法（海商法）意义上的所有权，海关都有权依据海关行政管理法规进行处理（包括放行或没收）。一审法院以 520 辆小汽车已经由海事法院判决归原告所有就认定原告取得完整的所有权，进而认定上诉人的“处罚决定对原告进口的‘拉达’小汽车认定为无证到货进行没收的事实缺乏事实依据，没有证据”显然是错误的。

2. 一审法院对《中华人民共和国海关法行政处罚实施细则》（以下简称《处罚细则》）第十条理解错误。

海关法意义上的合法进口，不是仅指合法订立进口合同，而是指货物经实际报关、纳税并经海关查验放行。《处罚细则》第十条适用范围包括货物进境申报时不需许可证但由于进口人的原因导致纳税和海关验放超过国家许可证优惠期限，应领取许可证件而未领取的情况。一审法院判决仅以原告在国家许可证件优惠政策期间订立易货贸易合同为由，不顾由于原告无能力交纳税款和涉嫌走私未能在优惠期限内办理进口手续，又不能按1996年3月31日以后的规定领取易货贸易或一般贸易许可证件的事实，径行认定原告“不属擅自进口货物”，进而认定上诉人按无证到货处理没有法律依据无疑是错误的。何况，《处罚细则》虽是行政法规，但其法定解释权属于海关总署，此案经海关总署批复按无证到货处理，显然海关总署认为《处罚细则》使用此种情况，而包括法律适用范围在内的行政法规的立法原意解释，人民法院是无权否定的。

3. 一审法院对《中华人民共和国行政处罚法》（以下简称《行政处罚法》）第八条理解和适用错误；将520辆小汽车视为“依法取得的合法财产”属认识错误。

诚然，《行政处罚法》第八条规定的6种行政处罚种类中只有没收违法所得和非法财务，但该条还明文规定了“法律、行政法规规定的其他处罚”；该法又明确规定“行政法规可以设定限制人身自由之外的其他处罚”，因此《处罚细则》作为国家行政法规，其设定的没收“无证到货”货物的处罚符合行政处罚法的规定，有法律依据。另外，如前所述，原告根据国家“八五”期间优惠政策易货进境但未完税和经海关查验、放行的货物，虽经海事法院判决取得民法意义上的所有权，海关仍然有权依据海关管理法规进行处理。因此，一审判决认为上诉人处罚决定没收了原告合法财产，属认识错误；认为海关按《处罚细则》没收无证到货货物违反行政处罚法，更是没有对《行政处罚法》全面理解和适用。

4. 一审法院对海关总署××局××（1996）×××号批复理解错误和引用片面。

事实上该文共有3点批复：（1）根据本案的具体情况，不宜按走私处理；（2）要求原告提供合法的易货贸易手续，凭合法手续放行车辆；（3）逾期不能提供上述合法手续，按一般贸易办理进口手续，限其一个月补来许可证，否则，按无证到货进行处理。一审判决的理解错误是因为海关总署批复不宜按走私处理就理解为仍按1996年以前的易货贸易优惠政策对待，就理解为海关扣留车辆错误、海关立案侦查错误，进而认为海关从立案到海关总署批复间的8个月使“原告不能进行正常的经营活动”。

引用片面是指一审判决没有引用该批复的第二、三点，特别是：(1) 第二点明确规定要原告提供合法的易货贸易手续（1996 年 3 月 31 日国家易货贸易许可证和税收优惠政策到期后，提供合法易货贸易手续当然包括根据 1996 年 3 月 31 日以后的易货贸易规定提供易货贸易许可证件）；(2) 第三点明确规定不能提供上述合法的易货贸易许可手续的，按一般贸易要求一个月内补交许可证，否则，按无证到货没收。

5. 一审法院片面“参照”海关总署署监（1996）727 号文。

该文明确规定到 1996 年 3 月 31 日，“八五”期间易货贸易许可证优惠政策到期，判决视而不见，仅片面“参照”该文第二、三条的规定，认为逾期提取车辆的法律后果仅仅是补交税费，其实该两条是针对能提供合法易货贸易手续（当然包括依据 1996 年 3 月 31 日以后才完税验放进口的小汽车根据 1996 年 3 月 31 日后的易货贸易政策提供进口许可证件）的合法易货贸易行为的。一审判决片面引用、错误“参照”该文，当然会作出错误的认定和判决。

6. 一审法院不应错误地“依据”上诉人×××（1997）59 号文作出判决。

经查，上诉人该文系根据本诉状第四条所述海关总署××局（1996）调审×××号文向原告作出的第三次通知（上诉人第一、二次通知以关调查处名义分别制发于 1996 年 10 月 28 日和 1997 年 2 月 4 日）。该通知要求原告提供有效单证符合 361 号精神，但逾期将提取车辆变卖充抵税款的设想与海关法规以及 361 号批复不符（后来上诉人为照顾原告困难，解决原告无能力缴纳全税问题，向海关总署请示可否对 520 辆小汽车重新估价征税以及按重新估价核定的税额将滞纳金改按缓税利息和由上诉人核发该批车辆的“货物进口证明书”也与海关法规以及 361 号批复不符）。正因为如此，海关总署 1998 年 8 月 20 日批复重申了 361 号批复，明确指出由于原告未能提供 520 辆车的合法易货贸易进口证明，也未按一般贸易领到进口许可证，决定根据《处罚细则》第十条按无证到货予以没收。上诉人没有擅自按自己的设想和请示意见办理，而是认真执行了海关总署这一批复，正因为上诉人根据海关总署的批复作出处罚决定，原告对处罚不服向海关总署申请复议后，海关总署复议决定维持了上诉人处罚决定。法律文书发生不一致，同一机关的文书，后文优于前文；不同级别机关的文书，上级机关的优于下级机关，这是规则，也是常识。

一审法院置上诉人最后的决定于不顾，置海关最高领导机关海关总署的批复和复议决定于不顾，却“根据”上诉人此前并未实施的一个与海关总署批复不尽一致的设想，用于撤销上诉人根据上级机关批复作出的最后决定，既是错误的，也是荒唐的。

综上，上诉人有充分理由和事实认定一审判决认定主要事实和适用法律均属错误，特请求二审法院撤销一审错误判决，维持我关合法行政处罚决定以及海关总署复议决定。

申诉状

申诉人中华人民共和国××海关（以下简称××海关）因认为××省高级人民法院（2000）××行终字第××号行政判决书所作终审判决确有错误，特依照《中华人民共和国行政诉讼法》第六十二条的规定，向最高人民法院提出申诉，请求依法提起审判监督程序，通过再审对我关作出原处罚决定依据的事实和法律依据，以及一、二审人民法院判决对我关原处罚决定法律依据的认定予以重新认定，撤销一、二审判决，依法维持我关所作处罚决定。主要事实及理由如下：

1. 案件的事实和经过。

（1）1992年6月9日，国务院发出国发（1992）33号《关于进一步积极发展与苏联各国经贸关系的通知》（以下简称33号文），提出国家鼓励与苏联各国（亦适用与东欧、朝鲜、越南）开展易货贸易的政策，规定在“八五”期间，“企业在进出平衡、自负盈亏的前提下”，允许征税免（领许可）证易货贸易进口以上述国家为原产地的商品。

（2）被申诉人××工贸有限公司（以下简称××公司）于1994年4月28日与朝鲜××贸易公司签订出口海南产轮胎易货进口俄罗斯产“拉达”车贸易合同；同年8月6日，合同项下870辆“拉达”牌汽车运抵××港；同年12月7日，海关总署传（376）号传真电报函复××海关，“准于按易货有关规定办理海关手续”；12月19日××海关接受××公司的申报。

（3）因××公司未能及时全部组织易出货物出口，同时也无能力缴纳进口关税，根据实际易出轮胎的数量和所缴税款情况，1995年9月和1996年3月，只报经海关征税核销放行了350辆车；1996年3月25日，

××海关因××公司涉嫌变相假易货走私进口车辆，决定对所剩520辆车立案进行调查；同年10月22日，海关总署××局以××（1996）××号文批复××海关认为“根据本案具体情况，不宜按走私定性处理”。

（4）1996年8月12日，海关总署下达署监（1996）727号《关于易货贸易优惠政策停止后有关核销等问题的通知》（以下简称727号文）称“到1996年3月31日”，33号文中易货贸易“许可证和税收优惠政策已经到期”，要求“对进大于出的易货贸易经营单位，应督促尽快向对方出口货物”，“允许核销期延长至1996年底，逾期未达到进出平衡的，应当催补税款（按进口时的税率、汇率计算），经营单位缴清税款后予以核销结案”。

（5）1996年12月和1997年1月，××公司根据与外方的《补充协议》，改出口山东产轮胎6400套；1997年5月27日，××海关以×××（1997）59号《××海关责令××公司限期办理海关手续，尽快提取车辆的通知》称“经核查，我关认为你司的该笔易货贸易进出基本平衡，原易货合同执行完毕。限你司自收到本通知之日起至1997年6月30日前，凭有效单证尽快向我关办结余下的520辆“拉达”小轿车的海关手续，限期提取车辆，逾期，将按海关法的有关规定，将上述车辆提取变卖用以充抵税款及有关费用”。

（6）1998年2月20日，××海关考虑到××公司难以承受巨额税款和滞纳金的情况，以××办（1998）54号《××海关关于××公司易货贸易进口车辆征税问题的请示》向海关总署建议“对剩余的520辆车的完税价格重新估价”，“滞纳金按上述重新核定的税额征收缓税利息”，“由我关核发该批车辆的‘货物进口证明书’。鉴于国家对完税价格的审定有明确规定，海关无权予以变通；滞纳金改按缓税利息无法律依据；××口岸已不是国家指定汽车进口口岸，××海关因而也无权核发关于汽车进口的“货物进口证明书”，海关总署对以上建议均未接受。1998年8月20日以署税（1998）477号文（以下简称477号文）批复××海关，要求对超过“八五”许可证优惠政策期限已逾两年①、既不能提供合法的易货贸易证件又不能提供一般贸易进口许可证件、更不肯缴纳巨额税款（税款加滞纳金的数额已远远超过当时车辆的实际价值）的520辆车，应

① 该优惠政策1995年底到期，允许过渡到1996年3月底。超过1996年3月31日，无论一般贸易还是易货贸易进口小轿车，均须申领进口许可证件。

按《处罚细则》第十条“无证到货”予以没收。

(7) 1998年9月10日，××海关根据上述批复精神作出处罚决定。××公司不服，向海关总署申请复议；海关总署以（98）署复字第10号《复议决定书》维持原处罚决定；××公司不服，起诉到××市中级人民法院。

以上事实，均有充分证据，被申诉人和两级人民法院以及我关并无争议。争议在于对事实性质的认定和海关作出处罚的法律依据。

2. 一、二审法院判决的理由。

××中院认为××公司有对外贸易经营权；进口汽车经海关总署确认符合易货贸易要求，进口车辆属于免证征税易货贸易货物，××海关认定为《处罚细则》第十条“无证到货”“缺乏依据”；《行政处罚法》规定的没收对象仅限于“违法所得”和“非法财物”，海关没收合法财产“没有法律依据”，“适用法律、法规错误”；××公司易货贸易超过“八五”优惠期间，是由于海关立案调查以及××公司卷入民事诉讼的“自身不能克服的客观原因”，“处以没收处罚，显失公正”；“参照海关总署727号文第二条、第三条的规定”和根据我关“59号文精神”，××公司“逾期提取车辆的法律后果，应当是补交税费，而不是没收车辆”。据上理由，一审判决撤销我关原处罚决定。

我关对一审法院的判决理由和最后判决均不服，依法上诉。二审期间，应两级法院审判人员要求，我关提交了海关总署署法（2000）83号《海关总署关于对“八五”期间易货贸易优惠政策停止后有关进口商品许可证管理问题的批复》。

二审法院认定，我关提交的“署法（2000）83号《批复》”不是我关“作出被诉具体行政行为的依据，而是海关总署于事后针对本案被诉行为的批复；且对进口商品许可证管理的有关政策问题作出规定，不属海关总署权限范围”。二审法院认为，公司易货进口俄罗斯产870辆“拉达”小轿车，“经海关总署确认”“符合易货贸易的要求，准予按易货贸易有关规定办理海关手续”；“××公司以收货人身份向××海关申报，交验有关单证”；“××海关接受了申报，并审验完税价格，开出税单。其中的350辆已完税放行”，“故该批进口车辆应当属于”“免许可证的易货贸易进口货物”；××公司不能在海关规定的期限内和“八五”期间办结余下的520辆车海关手续，其“逾期”行为已违反了海关监管的有关规定，但是，××海关对××公司“逾期”行为实际构成“无证到货”这一事实法律性质的认定，“除署法（2000）83号《批复》外，没有其他规范性文件依据”，“故这一认定没有法律依据”。二审法院还认为，“《处罚细则》第十条规定的没收的进口货物，应当属于违反国家进出口管理规定，没有领取许可证而擅自进出口货物”，但××公司在“八五”期间易货贸易进口小轿车，“没有违反国家进出口管理规定”，“更不是‘擅自’进出口货物”，××海关“根据《处罚细则》第十条规定作出‘没收进口货物’的处罚，属于适用法规错误”。二审法院还确认一审法院认定所谓“导致××公司逾期完税提货，确有其自身不能克服的客观原因”，认定××海关“不顾这些客观原因”，对××公司“处于（应为处以）没收全部车辆的处罚，显失公正”的理由“并无不当”。二审法院同一审法院一样错误理解海关总署“727号文”要求“对易货贸易优惠政策停止后，逾期还未达到进出平衡的”，应“催补税款，经营单位交清税款后予以核销结案”的规定，认为逾期未达到平衡的“尚能按‘催补税款’方式处理”，而对××公司“已被确认进出基本平衡的”，“却采取没收处罚的方式处理”，从而错误认定海关“处罚决定确与‘727号文’的精神不符”，认为一审“判决以该文为‘参照’，并无不当”。据上，二审法院判决维持一审判决。

3. 我关申诉的理由。

我关认为，上述一、二审判决对本案主要事实认定尚属基本清楚，申诉人、被申诉人以及人民法院对有关事实争议不大。但在我关作出的原处罚决定是否“没有法律依据”、是否“适用法律错误”、是否“显失公正”方面，一、二审法院存在完全错误的理解，作了完全错误的认定和错误的法律、法规适用及规章参照，也因而导致完全错误的判决。

(1) 一、二审法院不顾“八五”期间易货贸易进口汽车优惠政策实质就是、也仅限于免领进口许可证的优惠，不顾727号文开宗明义就通知指出“许可证优惠政策已经到期”的事实，认为海关总署727号文通知“催补税款”、“核销结案”就是不必要求提供进口许可证，显然都是对727号文的错误、片面理解。另外，二审法院一方面认为海关总署无权解释进口许可证事宜，此处却一再坚持“参照”海关总署所谓“不需要许可证、只需催补税款”的文件并无不当，显然前后矛盾，属实用主义地选择“参照”。

(2) 一审判决除“参照”海关总署 727 号文以外，还“根据被告(即申诉人××海关)‘59 号文’的精神”，认定××公司“逾期提取车辆的法律后果，应当是补交税费，而不是没收车辆”。这里至少存在有 4 点错误。第一，59 号文是××海关发出的；处罚决定书也是××海关作出的。前者制发于 1997 年 5 月 27 日，后者制发于 1998 年 9 月 10 日。同一行政机关先后针对同一行政管理事项对同一管理对象作出不同的管理决定（包括处罚决定），意味着后者取代（包括纠正或修正、变更）前者，管理相对人对后一个行政行为不服起诉后，人民法院有权对该行为的合法性以及适当性进行审查并决定维持或撤销、变更该行为（包括认为前一个行政行为正确，变更为前一行政行为），但不能以先后两个行政行为不一致为由，以第一个行为的曾经存在作为否定后一个行为的“根据”。第二，59 号文对××公司要求限期尽快“提取车辆”、办结海关手续、逾期以车抵税的通知并未得到实际执行，法院不应以一个未实际执行的文件作为否定后来同一行政机关作出的行政行为的“根据”。第三，59 号文是××海关 1997 年 5 月发出的，处罚决定则是根据 1998 年 8 月海关总署的批复作出的，海关总署的批复事实上否定了××关的 59 号文以及此前其他的与批复不一致的文件，海关总署作为海关最高决策机关有此权力，人民法院不应以一个下属海关的、未实施的、实际未经总署批准的处罚决定否定了的通知作为否定处罚决定的“根据”。第四，59 号文规格很低(比行政规章还低)，法院怎能以此为依据判案呢？

(3) 关于对《处罚细则》第十条的理解和适用。依据该条规定，海关对“没有领取许可证件擅自进出口货物的”，“没收货物或者责令退运”。对进口小汽车实行严格控制，是国家一贯政策。作为一项临时、特殊政策，根据国务院 33 号文规定在国家“八五”期间对同苏联等国易货贸易优惠政策期间易货进口小汽车可免领许可证件，但是到 1995 年底优惠期满（允许过渡到 1996 年 3 月 31 日）以后，无论一般贸易还是易货贸易，均须凭许可证件才能进口小汽车。本案××公司虽然在国家优惠政策期间签订易货贸易合同，也在该期间将 870 辆小汽车运抵××港，并向海关申报，海关开出税单，但截止到 1998 年 9 月海关作出处罚决定前，其中 520 辆车仍未向海关办理查验、征税、放行、结关手续。而在此期间进口货物，无论一般贸易还是易货贸易，或者说无论是优惠政策结束后还是结束前运抵我国口岸的易货贸易小汽车，均须持凭进口许可证件。

事实上××公司在货物超过优惠期，未申领许可证的主要原因是领了证也无法进口（交不起巨额税款）。对原不需领证但优惠政策期限已过，必须凭证进口的货物，针对××公司长期对到港货物未及时申领、提交进口许可证，且未办理纳税进口手续的行为，海关总署批复我关按《处罚细则》第十条处理，自然说明海关总署认为××公司的上述行为属于该条所谓“没有领取许可证件擅自进出口货物”的行为。应当指出，《处罚细则》是国务院批准、海关总署发布的，属行政法规。该法规第三十五条规定，“本实施细则由海关总署负责解释”。也就是说，对《处罚细则》，海关总署不仅具有行政执法解释（规章效力）权，还有立法（原意）解释（行政法规效力）权。无论一审法院还是二审法院，都无权超越海关总署对《处罚细则》作片面解释；对何种情况下适用《处罚细则》条文，人民法院应尊重有权解释《处罚细则》的机关的理解而不应自行作任意性理解、认定。

(4) 关于对《行政处罚法》有关规定的理解和适用。一审法院判决认为《行政处罚法》没有设定“没收合法财产”，进而认定××海关没收货物“缺乏法律依据”。事实上，该法还有“法律、行政法规规定的其他行政处罚”规定（不知为何一审法院未看到），而《海关法》及《处罚细则》明确规定了没收货物的处罚方式。我关上诉指出这一问题，二审法院则对此回避，未作认定。

(5) 关于对海关总署83号文的理解和适用。总署（2000）83号公文形式上是“批复”，实际上是对此前1998年我关原行政处罚行为当时是否具有合法性的“认定”，也是对当年总署批示我关作出该处罚决定是否有法律依据的一种回答，这种认定和回答针对的是以前行为，并不是对现时如何处理问题的批复。海关作为国家进出关境监督管理机关，协同国家有关部门共同担负维护国家进出口许可证管理制度，上述（2000）83号文是海关总署会签对外贸易经济合作部后作出的，对许可证管理规定及其执行的解释是海关总署和对外贸易经济合作部联合作出的解释，应是最具权威的解释。二审法院以海关总署83号文“不能作为审查被诉具体行政行为是否合法的依据”显然是不妥的。

(6) 我关认定“无证到货”有没有法律依据问题。二审法院判决认为我关认定××公司逾期不办进口手续行为构成“无证到货”，除“署法（2000）83号《批复》外，没有其他规范性文件依据”，并进而得出结论——我关关于“无证到货”的“认定没有法律依据”。实际上，国务院33号文既然是易货贸易进口小汽车在“八五”期间免领进口许可证的主要依据，也就应当是“八五”期满后易货贸易进口小汽车需领进口许可证的主要依据。另一方面，国家关于无论何种贸易方式，进口小汽车均须申领进口许可证的大量的法律、行政法规、行政规章如《对外贸易法》、《许可证管理条例》、《许可证管理条例实施细则》等当然也是在国务院33号文“八五”期间优惠政策期之外认定进口汽车是否构成“无证到货”行为的法律依据。此外，如前所述，海关总署会商外经贸部后的(2000) 83号文，具有执法解释性质，应作为人民法院审查依据。至于海关总署727号文，属于对具体执行许可证管理的各级海关的通知，其中明确指出易货贸易进口小汽车优惠政策于1996年3月31日到期，也应视为依据。

(7) 我关处罚决定是否“显失公正”。一、二审法院均认为我关处罚决定“显失公正”，理由是××公司逾期“无证”进口小汽车“有自身不能克服的客观原因”。事实上，××公司“逾期”的主要原因有三：第一，交不起税款，因而不去申领许可证，也不到海关办理进口手续；第二，因提供假单证等原因被海关以涉嫌走私立案调查；第三，卷入民事纠纷。不难看出，这些原因不应成为海关不适用“无证到货”条款的法定理由，当然，也不能作为海关不按“无证到货”条款作行政处罚的理由。海关没收货物是依法行政。另外须指出，假使海关不要求提供进口许可证，不没收货物，××公司反而面临更大的困难：无力缴纳几千万的税款和仓储费，当时货物价值已远远不够交税（公开拍卖结果只有1000多万元)。由上可见，海关处罚决定不存在“显失公正”问题。

综上所述，我关所作处罚决定，事实认定清楚，适用法律、法规正确，也未违反法定程序。一、二审法院判决对有关法律、行政法规、行政规章理解、适用错误，判决撤销我关行政处罚理由不足。特请求最高人民法院依法提起审判监督程序，纠正上述错误判决。

海关国际与区域合作

HAIGUAN GUOJI YU QUYU HEZUO

海关国际（地区间）合作的法律基础[1]

——兼谈海峡两岸暨香港、澳门经济贸易发展与海关合作问题

一、物流之闸

久旱少雨，逢甘霖普降，万物欣欣；及天水倾泻，地水横流，又不堪其害。于是人们开沟渠、修堤坝、设闸门，导、疏、堵、泄，引其所缺，排其所余，就有了水利枢纽工程。

劳作水平提高，产品增值增量。以多余自产品谋更全面生活之不足，就有了交换。交换进一步刺激生产，价值规律带来了商品经济的更快发展，也伴生了竞争与退守。流动是商品经济存在的基础，但价值规律的自然作用不能解决无序竞争、互相残杀或封闭保守、壁垒重重，于是有了物流之闸——国家货关税卡的干预调控。不同国家和地区，各自设立海关，通过征税高低和对不同品种货物鼓励、限制、禁止进出境的措施，达到支持短缺货物进境和盈余货物出境，限制己方有能力生产的货物进境和己方短缺的货物出境，禁止对己方严重有害物的进境的目的。

商品生产跨国化、全球经济一体化掀起更高的贸易自由化、便利化的浪潮，也使不同国家、地区的特殊经济利益面临更强烈的保护要求，于是有了频繁的国际贸易谈判、各国和地区海关管理作用的加强以及密切的国际海关合作。一系列规范、调整、统一和便利国际贸易的国际公约、双边协定，构成了海关管理特别是海关国际合作的法律基础。

尽管各国、地区海关的名称、机构设置、领导关系有所不同，但基本职能一样，都忠实地执行国家海关立法和进出口管理政策，实际监督管理货物、物品和运输工具进出关境，征收关税和进出口环节其他税费，打击走私和其他违反国家进出口管理的行为。因此，在世界范围内实施

① 原载中国香港《中国法律》2006年4月号。

统一的海关管理特别是海关国际合作的作业原则和作业制度就远比其他国家部门间更需要也更容易实现。共同的法律基础导致当今各国海关工作制度、工作模式乃至具体的作业程序，甚至工作使用的业务单证和业务术语，都惊人的相同或相似。

也基于上述原因，各国、地区都实行以“关境”而不是以行政区划作为对外贸易管理的范围。各国间贸易的自由化和便利化以及对本国生产的必要的保护，则主要通过不同关境的管理机关——海关执行该国（地区）与他国（地区）谈判达成的关税减让和非关税贸易限制措施的减少的协议，以及各国海关之间共同采取简化海关手续和作业制度的方针，适用统一的作业模式、统一的作业技术标准和技术手段来得以实现，并保证通关的便利化和快速化。

关境，又称单独关税地区，通常指在一个国家（地区）的海关法的效力所达到的范围。由于政治、历史、宗教、民族、文化的原因，特别是国际贸易的复杂性和商品经济的发展，造成世界上发生一个国家不同地区适用不同法律特别是海关法，或者几个国家和地区适用共同的法律特别是共同的海关法的情况。这就使得关境与国境有所区别：一个国家设有不同的关境时，国境大于关境；几个国家和地区（包括一个国家下由于政治上、民族上、文化传统上的原因形成的特别地区，也包括经济上很重要、地缘上距离很远、区域十分袖珍的境外加工区等）设有共同的关境时，国境小于关境。目前，我国海关法实施的范围，也就是我们的关境，是除香港、澳门、台湾地区之外的全部地区；香港、澳门、台湾地区都是中国领土，目前都是单独关税地区，实行各自的海关相关规定，也可以在被中央政府允许的情况下各自以单独关境地区（决不能以主权国家）的名义，参加有关的国际组织，缔结有关的条约。在我国政府与香港、澳门、台湾地区都以单独关境地区作为成员的组织里，我国内地海关与香港、澳门、台湾地区海关就发生类似国际（地区间）海关合作的合作关系，各方合作的法律基础就是共同参加的同海关业务有关的国际（地区间）公约。

二、世界海关组织有关公约

世界海关组织（WCO）前身为海关合作理事会（Customs Co-operation Council，简称 CCC），1952 年根据《关于设立海关合作理事会的公约》成立，是各成员方之间合作的正式官方组织，与关税及贸易总协定(General Agreement on Tariffs and Trade，简称 GATT）改为世界贸易组织（World Trade Organization，简称 WTO）相呼应，1994 年开始使用现名称。到 2002 年底，共有成员 161 个。我国于 1983 年正式加入该组织，香港地区、澳门地区也是其成员，台湾地区不是 WCO 成员。

世界海关组织积极致力于海关国际合作，在研究海关管理宗旨、管理模式、管理技术的未来动向、战略规划和各项业务制度等方面，特别是在规范、统一和简化海关手续以及便利贸易方面一直进行努力，制定了一系列公约和建议书，其中特别值得一提的是《关于简化和协调海关制度的公约》和《商品名称及编码协调制度公约》。

《关于简化和协调海关制度的公约》(International Convention on the Simplification and Harmonization of Customs Procedures) 1973 年在日本京都签订，一般简称《京都公约》。我国于 1988 年加入该公约。1994 年，世界海关组织决定对公约进行修改，1999 年通过修改文本。公约原包括主约和 31 项附约，修改后增加了总附约，并将原 31 个附约合并为 10 个专项附约。由于总附约和各专项附约内容涵盖了海关管理的基本原则和几乎所有主要业务制度，主约和总附约的全部条款缔约方不能有所保留，它们以及缔约方接受的各专项附约都对缔约方有强制性约束力，成为海关执法和国际合作的法律基础。"《京都公约》的总附约和各专项附约明确了海关的管理范围，全面、系统并且有重点地对海关事务的各项制度作了协调性安排，其中总附约对海关机构、通关程序、关税、担保、信息技术的应用、海关与第三人的关系、海关提供的信息、决定和行政裁定、海关事务申诉等制度作出了原则性规定。同时各附约还对提供报关单之前的海关手续、货物的暂时储存、通关、相同状态复进口、进口税的免除、直接出口、海关仓库、自由区、转关、转装、沿海货物运输、进境加工、出境加工、退税、国内使用货物的加工、暂准进境、海关事务违法行为、旅客、邮件运输、商业性运输工具、储存等制度作出了具体规定，确立了海关管理的基本制度。"①

《京都公约》作为国际上唯一全面规定海关各项业务制度、业务程序和业务标准的法律文件，对规范和统一包括中国、中国香港、中国澳门

---

① 何晓睿．世界贸易组织与亚太经济合作组织和《京都公约》在国内立法方面的衔接．见：《〈京都公约〉研究》，总第 17 期。

在内的各成员海关业务运作方式，推动海关国际（以及国家与单独关境地区之间，以下略）合作，促进和便利国际贸易提供了坚实的法律基础，产生了重大而深远的影响。

《商品名称及编码协调制度公约》（Harmonized Commodity Description and Coding System，简称《HS 公约》）也是世界海关组织制定的重要公约之一，1983 年生效。协调制度（HS）实际上是一部多用途的商品名称和编码目录。截至 2001 年 10 月，已有 179 个国家或经济联盟以此为基础制定进出口税则和编制进出口统计数据，其中有 104 个国家是该公约缔约方。在现代商品经济空前发展，贸易国际化、全球化的形势下，任何国家或地区对经济贸易的支持、协调和管理都离不开最基础的对商品属性、产地、品质进行识别和分类，并据以进行不同政策的管理（鼓励或限制、禁止生产、境内销售或进出口）和决定是否征税以及使用何种税种、何种税率征税。在商品品种纷杂繁多的情况下，对商品进行统一的、科学合理的命名、分类和编制代码就成为必需。为此，各国、各有关经济组织都投入过大量的人力、物力进行研究，并将成果在本国、本地区、本系统或本经济同盟内统一使用，共同的贸易语言极大地便利了贸易谈判、贸易统计和贸易管理。全球经济一体化要求世界各国、各地区在国际贸易中实行统一的贸易语言，在贸易管理和贸易统计中实行统一的标准来识别商品属性和产地。由于 HS 结构科学、合理，具有通用性、多用途性，"世界贸易组织（WTO）及其成员国都采用协调制度作为贸易谈判的共同贸易语言，大多数发达国家的 WTO 关税减让表已经根据协调制度来制定。据统计，目前 98％以上的国际贸易使用了协调制度目录①。"仅此就足以反映世界海关组织对国际贸易发展的杰出贡献。

三、世界贸易组织法

世界贸易组织（WTO）前身是《关税及贸易总协定》（GATT），该协定乌拉圭回合参加方于 1994 年 4 月 15 日通过《建立世界贸易组织的马拉喀什协议》，1995 年 1 月 1 日，世界贸易组织正式运作。WTO 是各国政府间关于建立共同的经济贸易秩序的世界性组织，WTO 法对成员方具有强制性约束力，需要各成员国国内有健全的法律制度和稳定的法律秩

① 海关总署政策法规司《协调制度实用手册》2002 年版修订说明。

序。各成员海关是各该国进出口贸易的最主要的、直接的监督管理机关，其职能作用、工作原则、业务制度以及业务程序都必须完全、严格符合和适应 WTO 法律框架的要求。

以追求贸易自由化、贸易公正化、贸易便利化为目标，经过几十年努力，建立了一整套旨在打破货物贸易以及服务贸易的关税壁垒和非关税壁垒，开放国内市场的规定，诸如要求成员方大幅度降低关税水平，实行最惠国待遇原则、国民待遇原则、征收关税适用实际成交价格原则，征税、反倾销或者对进出口商品实行必要的管制适用统一的原产地规则，要求各成员方对外贸易管理法规和司法制度必须公开、公正、透明，必须有保证贸易者有效的申诉权利的法律机制等。为保证这些规则准确地、完全地、有效地、不打折扣地实行，WTO 就上述规则规定了十分苛刻和十分复杂的强制实施的程序，并连同实体规则一起，作为“一揽子”规定要求成员方无保留地全盘接受和严格执行。特别对新成员，对其国内立法保障和 WTO 规则的执行情况每年进行专门的、严厉的审议。2002 年 11 月，中国加入 WTO 一年，接受每年一次的国内立法和执行情况（是否完全符合 WTO 要求）的审议，与我国海关立法和执法有关的审议包括进出口商品估价规则立法和执行情况、进出口货物原产地规则（进口货物原产地规定、出口货物原产地规定，非优惠原产地规则和优惠原产地规则）立法和执行情况、知识产权进出境海关保护立法和执行情况。在 WTO 海关估价委员会审议中国海关执行 WTO《海关估价协议》方面的立法和执行情况时，美国在未按正常做法事先提出问题单从而使被审议方有所准备的情况下，对我提出涉及估价立法和执行方面的问题多达 16 个。①

WTO 的以上规则，绝大多数与海关管理有直接关系。特别在实体方面，进出口商品的归类和原产地认定，进出口关税的征免退补，许可证制度、配额制度等贸易管制措施的实施，出于环境保护、生物资源保护、农业生产和自然生态保护、食品卫生保护等目的对货物进出口的限制措施的执行，知识产权进出境保护措施的实施，反倾销决定的执行等，都需要通过海关管理来实现。从程序方面，进出口商品原产地的认定，商品的归类，完税价格的审定，贸易管制制度的实施，反倾销决定的执行，

① 本文此处及其他处引用了海关内部可对外使用的资料，不再一一注明，谨向有关同志一并致谢。

知识产权海关保护的备案、申请与担保，侵权嫌疑货物的查扣和处理，对海关管理、征税、处罚等行政行为不服的复议（申诉）机制等，海关在程序运作上都要符合 WTO 有关规则的要求。海关作为一个国家的货物进出关境的监督管理机关，依法行政是基本原则。这就需要将 WTO 有关原则进行国内立法转换，确保海关坚持既坚决维护国家利益，又方便合法进出、维护进出关境活动当事人合法权益的原则，同时所有执法活动符合 WTO 要求。

商品是流动的，贸易是相互的。一个国家的出口货物，就是另一个国家的进口货物。按照国家对不同商品鼓励、限制、禁止进出的要求，坚决防止有害本国或他国政治、经济、文化发展和社会稳定的货物进出，对限制进出口货物严格凭有效批准证件或根据自动登记总额度验放货物进出，对国家鼓励或允许自由进出的货物大开方便之闸，这些需要各国海关的密切协作和配合。毫无疑问，WTO 法律框架是海关国际合作的法律基础的层面之一。

贸易便利化、加快国际贸易的物流速度，是 WTO 新一轮谈判的主要议题之一。2002～2003 年 WTO 第 5 届部长会议前，由货物理事会对 GATT 第 5 条（过境自由）、第 8 条（进出口收费和手续）和第 11 条（贸易法规的公布实施）进行研究、磋商。从货物理事会召开的几次会议看，有关成员方关注的贸易便利化的重点是以海关为主的跨境手续制度。简化货物跨关境监管手续对推动贸易发展极为重要。WTO 就进出口通关手续、过境转运以及贸易管理法规的公布与实施规定了基本原则。作为海关业务和政策事务政府间组织，世界海关组织几十年来一直致力于协调、简化海关手续，制定、维护统一的相关技术标准和操作规范，这与 WTO 宗旨是基本一致的。

中国内地和中国香港地区、中国澳门地区、中国台湾地区各自都是单独关境地区，也都是 WTO 平等成员（只有中国台湾地区不是世界海关组织成员）。发展经济贸易是各方共同愿望，各方海关密切合作是各方经济贸易发展的必然要求。目前，内地与香港、澳门实行一国两制，政治、经济关系都十分密切，彼此海关之间就简化通关手续和反价格瞒骗、共同打击走私方面的合作卓有成效，对彼此贸易发展起到不可估量的促进作用。

四、亚太经济合作组织政府承诺

亚太经济合作组织（APEC）是亚洲及太平洋国家政府间的经济合作组织，成员包括美国、加拿大、澳大利亚、新西兰、韩国、东盟六国，后增加中国、中国香港、中国台北、巴布亚新几内亚、墨西哥、智力、秘鲁、俄罗斯、越南，主要宗旨是推动贸易投资自由化，促进亚太地区经济、贸易、投资、技术等领域的合作。1992 年 9 月，APEC 第 4 次部长级会议决定把执行和促进世界海关组织（WCO）活动作为推动亚太地区贸易和投资自由化进程的重要方式。为此，APEC 高官会议属下的区域贸易自由化非正式小组（后改为贸易与投资委员会，简称 CTI）同意成立海关工作组（Customs Procedures Working Group），1994 年 11 月更名为海关手续分委会（Sub-Committee on Customs Procedures，简称 SC-CP），主要使命是简化和协调海关手续、便利贸易并就相关问题向贸易与投资委员会报告。

同 WTO、WCO 强制性协议不同，APEC 奉行“自愿自主”原则，强调灵活性、开放性、渐进性。但由于 APEC 的贸易便利化、投资自由化的宗旨符合各成员方利益，越是自主参加亚太经济合作，合作就越是只会对成员方有利。认真履行 APEC 成员方高官作出的承诺和积极参与、努力落实海关手续分委会“共同行动计划”，无疑是大家共同的愿望。因此，成员方高官承诺和各委员会特别是海关手续分委会提出并不断增加的“共同行动计划”，也应当属于各成员方特别是成员方海关执法的基础之一。特别值得指出的是，亚太地区是全球经济最活跃的地区，也是相互间贸易与投资最主要的地区。1991 年以来，中国与 APEC 成员方贸易额占中国对外贸易总额的比重始终维持在 70%以上。香港、台湾地区更是众所周知的与亚太地区经济发展息息相关的外向经济型模式，积极参与 APEC 活动，对海峡两岸暨香港都至关重要。

中国和中国香港成为 APEC 成员后，一直积极出席高官会议和国家领导人非正式会议，一直活跃参与 APEC 有关委员会的工作。2001 年 4 月，APEC 海关手续分委会 2001 年第一次会议在北京召开，中国海关高级领导主持了会议。根据中国政府提出的“新世纪・新挑战，参与・合作，促进共同繁荣”的 APEC 主题，会议着重讨论了“贸易便利化—简化海关手续”、“无纸贸易—海关信息化”和“海关廉政”等多项议题，取得了重要成果。

五、区域贸易一体化协议

区域贸易一体化协议指国家及单独关境地区间通过磋商达成的相互间给予关税或非关税优惠的多边或双边协定。常见的形式包括关税同盟，自由贸易区，专门限定在特定区域或特定环节实行关税或非关税优惠的多边或双边协议，为最终建立关税同盟或自由贸易区而达成的临时性、先行性协议等。其中，关税同盟是由成员方组成统一的关境，使用统一的海关法，按统一的关税税率对来自非成员方的货物征收关税，成员间货物流通不征关税，比较典型的有欧盟等；自由贸易区成员保留各自的单独关境，使用自己的海关法，成员间货物相互免征关税，但各成员对来自非成员方的货物自主按自己制定的税率征收关税，比较典型的有北美自由贸易区等；专门性协议在这里仅指在成员方之间就部分商品或一定期限内相互给予或定向给予贸易优惠的多边或双边协议，如《曼谷协定》等；临时性协议在本文则专指达成最终建立关税同盟或自由贸易区协议、框架协议甚至意向后，关税同盟或自由贸易区建立之前，部分成员方先行就若干种类的商品的贸易，在特别规定的期限内达成的互惠或定向优惠的多边或双边协议，如《中华人民共和国与东南亚国家联盟全面经济合作框架协议》（以下简称框架协议）等。从一般理论上说，WTO 成员参加区域贸易一体化协定，就意味着获得自其他成员方或者给予其他成员方比非协议成员的 WTO 成员方更多的关税或者非关税优惠，这就背离了 WTO 非歧视原则。但实际上，由于 WTO 认识到区域贸易一体化是在实行更高程度的广泛的普惠制尚不成熟的情况下的一种次优选择，事实上区域贸易一体化的区域有不断扩大的趋势，它往往是普惠制的先导，符合推动全球经济一体化的 WTO 宗旨；又由于历史的原因，WTO 对殖民时代以及 GATT 生效前形成的区域贸易一体化协定的继续存在在 GATT 法律文件中给予了容忍；再加上推动 WTO 进程的几个主要发达国家本身就参加了多个区域贸易一体化协定，所以 WTO 在 GATT 第 24 条和第 5 条以及所谓“授权条款”中认可不同情况下的自由贸易区、关税同盟以及其他区域一体化协议，只是要求区域贸易一体化安排必须向 WTO 详细通报其优惠内容，并接受审议。据 WTO 海关专家介绍，向 WTO 通报的区域贸易一体化安排多达 200 多个，现在实际运作的就有150个左右，其中不乏一个国家参加多个一体化协议的情况。①

近年来认识到区域贸易一体化的超出普惠制原则而又不违反WTO原则的关税或非关税优惠，对于发挥成员方资源、技术、产品以及地缘优势，互惠互补，促进区域内各成员方经济发展的作用明显，我国政府开始积极寻求加入或倡立区域一体化协定，诸如：

（一）《曼谷协定》，属于本文所称专门限定性优惠协议。全称《亚太经社理事会发展中成员国贸易谈判第一协定》，属发展中国家达成的贸易优惠安排。我国于1994正式申请加入曼谷协定，2001年5月正式成为成员国。其他成员国为印度、韩国、孟加拉国、斯里兰卡、老挝。从1997年起，我国分别与孟加拉国、印度、斯里兰卡和韩国进行数轮谈判，就634项HS税号达成关税减让协议。至1999年底，曼谷协定除在成员国间交换663个HS税号下的关税减让外，还一直对最不发达国家提供74个HS税号的特惠减让，并议定在原产地规则方面，成员国适用50%的（原产地发生“实质性改变”）增值标准，而对最不发达国家则使用40%的增值标准。

（二）《中国与东盟全面经济合作框架协议》，属于最终建立自由贸易区之前的临时性协议。中国之外的成员国有菲律宾、柬埔寨、老挝、马来西亚、缅甸、泰国、文莱、越南、印度尼西亚。2002年11月4日，中国与东盟签署《中国与东盟全面经济合作框架协议》（简称《框架协议》），议定2010年以前建立“中国—东盟自由贸易区”。《框架协议》于2004年1月1日起实施。为保证框架协议关税优惠的实行，还签订了《中国与东盟自由贸易区原产地规则》，作为该协议项下政府间文件，对各协议国同样具有约束力。对中国海关来说，只要认定从东盟进口的产品符合该规则有关原产地的要求，就适用中国—东盟协定（优惠）税率。

（三）《中泰蔬菜水果协议》，也属临时性、先期性安排。2003年6月18日中国与泰国正式签署《中华人民共和国政府与泰王国政府关于在〈中国—东盟全面经济合作框架协议〉“早期收获”方案下加速取消关税的协议》（简称《中泰蔬菜水果协议》），同年10月1日实施。为保证协议项下零关税的顺利实施，中华人民共和国海关总署、中华人民共和国质

① 本节多处参考尹利群《中国加入WTO与区域经济一体化》一文。不再一一注明，谨一并致谢。

量监督检验检疫总局2003年9月27日联合发布适用于《中泰蔬菜水果协议》项下的货物临时原产地规则。

（四）内地与香港、内地与澳门《关于建立更紧密经贸关系的安排》(Closer Economic Partnership Arrangement，简称CEPA)。在香港回归祖国六周年之际，内地与香港签署了CEPA，其总目标是：逐步减少或取消双方之间货物贸易的关税壁垒和非关税壁垒；逐步减少或取消服务贸易的歧视性措施，促进贸易便利化，逐步实现贸易自由化。协议规定香港将继续对所有原产于内地的进口货物实行零关税；内地自2004年1月1日起，对原产于香港的进口金额较大的273个税目的产品实行零关税，同时内地将不迟于2006年1月1日对以上273个税目以外的原产于香港的进口货物实行零关税。随后，中国政府与澳门特别行政区政府又签署了CEPA。

为保证CEPA的顺利实施，中国政府还准备与香港、澳门特别行政区政府分别签署《关于货物贸易的原产地规则》和《关于原产地证书的签发和检查程序》，该规则和程序与CEPA一起，构成内地和两特别行政区海关就实施CEPA进行执法和合作的法律基础。

不难看出，目前，CEPA虽然只是就一国三地间货物贸易的关税优惠安排，但从长远看，中央政府与两特别行政区政府将会达成更多的货物贸易以及服务贸易的关税和非关税安排。这种安排可以是局部的，也可以是全面的；可能走向建立自由贸易区，还可能比自由贸易区关系更密切；可以是互惠的，也可以是单向的（由于香港是自由港，对来自世界各地的几乎绝大多数种类的商品都实行零关税，CEPA本质上属于单向优惠）。而且，这种“全面”、“比自由贸易区更密切”、“单向优惠”不会违背WTO最惠国待遇、国民待遇等基本原则，因为，三地都是WTO成员，而且首先都属于一个国家。说到这里，我们自然又联系到祖国的宝岛台湾，繁荣昌盛是所有华夏儿女共同的愿望，内地同香港、澳门之间可以做到的，为什么海峡两岸就不能做到呢？四地为什么不可以共同作出“更密切安排”，除共同发挥海峡两岸暨香港、澳门各自的自然资源、人力资源、科学技术资源和外汇资源的优势外，发挥地缘优势和历史、文化优势，共同构建更直接、更简化的海关合作基础，四地间实行远比WTO、WCO、APEC甚至自由贸易区框架下更多的优惠和更密切的海关合作呢？

六、海关国际（地区间）合作（以下只简称海关国际合作）的法律基础

归纳、概括以上的简要介绍和分析，我们看到：

（一）海关国际合作是当今世界经济一体化的必然需要，一系列国际公约、条约为海关国际合作提供了足够坚实的法律基础。

（二）在海关国际合作法律文件中，成员方众多、机制健全、决策和裁判权威的 WTO，为各成员方间进行贸易（货物贸易、服务贸易以及知识产权保护）提出了严格的要求，提供了严格的实体法要求，包括为保证贸易的自由化和便利化，减让关税，取消或减少非关税壁垒，实行最惠国待遇、国民待遇和公平、公正的贸易原则，以及贸易管理法规的透明化，商家对政府管理行政行为不服的申诉机制的完善等。这些要求，绝大部分要通过各国海关执行，可以说，有相当部分是海关执法的实体法。（对我国有约束力的国际法文件须进行国内立法转换，其他地方不再一一说明。）

（三）WCO 为成员方海关，甚至在某种意义上说是为世界各国海关的执法和合作提出了简化和便利海关手续的要求，并制定了简化手续、协调制度的一系列的具体规范，他们构成海关执法和国际合作程序法。

（四）有关区域贸易一体化协议和为最终实现贸易一体化达成的临时性、先期性协议（以及“更密切关系安排”的主要部分——“更密切安排”中还可能包括 WTO 框架之外的更密切关系安排），是在 WTO 框架下的协议成员方之间的关税和非关税优惠安排，为保证“安排”的实施，还作出了具体的程序性规定。这些“安排”和规定，绝大多数构成成员方海关执法和国际合作的实体法和程序法。

（五）APEC 属于较松散、自由、开放的地区组织，强调灵活性、自主性，APEC 文件一般只反映成员方国家政府首脑和政府高官的承诺，很少强制性规定，但国家领导人“一言九鼎”，说过的就要兑现。而且，这种承诺属于自主自愿，是兑现了只会对本国有好处的承诺。事实上，APEC 宗旨同 WTO、WCO 一致，都是致力于贸易自由化、便利化，APEC 甚至更迫切推动 WTO、WCO 有关原则和协议的实施，“海关手续分委会”的成立和“共同行动计划”的提出就是明显例证。因此，不仅 APEC 直接达成的关税和非关税安排以及便利货物运输的协议各成员方海关必须执行，就是国家领导人的承诺，最终也会成为各有关海关执法

和合作的法律基础。

贸易自由化、便利化符合各国共同利益，相互提供关税和非关税优惠，简化和协调海关手续，加快物流速度，是促进经济贸易发展的共同需要。各国海关在为贸易自由化、便利化服务方面发挥着不可替代的作用。

入世后的海关估价、原产地认定和知识产权边境保护问题[①]

大家都知道，世界贸易组织的主要宗旨是促进世界贸易和投资的自由化、便利化，其前身是关税及贸易总协定，而世界各国的海关都担负着对进出关境的货物、运输工具进行监督管理和征收关税的职能，入世与海关的关系之大是显而易见的。中国和作为单独关税区的台湾地区都已先后入世，加上作为单独关税区此前已成为世界贸易组织成员的香港、澳门特别行政区，形成一国四席的局面。各方虽分属单独的关境，但一直存在密不可分的经济、文化联系，在世界贸易组织统一的规则下期望求得经济的共同繁荣和发展，加强彼此管理法规方面的交流和海关业务合作是必要条件。

海关是一个国家或一个单独关税地区的专门的对进出关境货物、运输工具进行监督管理的机关，就海关管理而言，国际进出口货物同一国不同的关境间进出货物适用同样的规则。在都作为世界贸易组织成员的情况下，都需要确保本关境实施的海关管理法规与世界贸易组织规则相一致。总协定体现的贸易公平化（最惠国待遇与国民待遇）、自由化（消除或弱化贸易的关税壁垒和非关税壁垒）、便利化（提高贸易效率，至关紧要的是通关便利、快捷），经济管理法制化（遵守共同规则、发生纠纷可以寻求裁决）、经济管理法规透明化（所有规则对外公布、行政决定可预知）和提供畅通、有效的行政救济渠道的一般性要求都与海关管理有关。特别值得注意的是，关贸总协定一揽子协议中，有两个专门关于海关业务的协议，这就是《关于实施1994年关税与贸易总协定第七条的协议》（一般简称《海关估价协议》）和《原产地规则协议》。另外，《与贸易有关的知识产权协议》中，有一节（共有十条）专门关于知识产权边境保护的规定。中国海关派员参加了十几年的“复关”和“入世”谈判

① 原载《世界贸易组织法律研究文集》，当代中国出版社2002年7月第1版。《中国经贸法律的报关成员》，中国人民公安大学出版社，2004年1月第1版。

的全过程，十几年来中国海关也因此先行一步，在入世以前已经在通关便利化、法规透明化、逐步降低进口关税等方面向世界贸易组织规则靠拢。特别是2000年修订后的《海关法》已经确认适用与世界贸易组织有关海关估价的协议确立的估价原则，并为制订完全符合世界贸易组织规则的《海关法》配套行政法规（由国务院制订或修订的《进出口关税条例》、《进出口货物原产地条例》、《知识产权海关保护条例》、《海关法行政处罚实施细则》、《海关担保条例》、《保税区条例》、《海关稽查条例》、《海关监管条例》等）预留了窗口。中国入世，除了进一步减少非关税贸易壁垒和降低关税，以及立即对所有世界贸易组织成员适用同样的优惠税率外，还使本来正加紧修订或起草《进出口关税条例》、《进出口货物原产地条例》、《知识产权海关保护条例》等行政法规以及制订、修订进一步配套的海关总署行政规章的工作显得更加紧迫。这里简要介绍和探讨中国入世后与海关估价、进出口货物原产地认定、知识产权边境保护有关的海关立法和执法问题。

一、认真遵守世界贸易组织《海关估价协议》，修订《进出口关税条例》和《海关审定进出口货物完税价格办法》，实施新的海关估价规则问题。

海关估价指海关对进出口货物征收关税时，不接受以进出口商申报的成交价格为完税价格或完税价格不能确定的，由海关按一定规则估定其完税价格的行为。它是海关日常性业务之一，也是最经常、最直接影响国家关税征收多少和是否合理、进出口商经济利益是否得到保护的海关行政行为。按何种规则、何种方式估价，也因此是进出口商和各国政府以及国际贸易组织、海关组织都十分关注的问题。

（一）世界贸易组织法有关海关估价的规定，强调应以进出口商实际成交价格加上或扣除正常成交价格应包括的或应排除的因素后作为完税价格，显然，这一规则强调的是确保在公平竞争条件下由进出口商按实际成交价格缴纳税款。

1.1994年《关税及贸易总协定》第七条（海关估价）规定，“对进口商品的海关估价应根据进行关税估价的进口商品或类同商品的实际价格，不应根据国产品的价格或任意或虚构的价格”；“‘实际价格’应为在进口国立法规定的时间和地点，在正常贸易过程中和充分竞争条件下，此类或同类商品销售或标价出售的价格”，“如果……不能确定实际价格，则海关估价应依据可确定的最接近该价格的等值"。

2.《海关估价协议》规定,"进口货物的完税价格应为成交价格,即为该货物出口销售至进口国时……进行调整后的实付或应付的价格";"进口货物的完税价格不能……确定,则完税价格应为被估价货物同时或大约同时出口销售至相同进口国的相同货物的成交价格";按此方式仍不能确定的"则完税价格应为与被估价货物同时或大约同时出口销售至相同进口国的类似货物的成交价格";按以上方式还不能确定的,则"进口货物的完税价格应根据与被估价货物进口的同时或大约同时售于与销售此类货物无特殊关系买方的最大总量的进口货物或相同或类似进口货物的单位价格确定";再次之,则按规定的要求"根据计算价格确定";依据该协议与总协定"第七条相一致的原则和总则的合理方法,并依据在进口国中的可获得的数据确定完税价格"。"应书面请求,进口商有权获得进口国海关关于其货物的完税价格如何确定的书面说明";该协议的"任何规定不得解释为限制或怀疑海关确信为估价目的所提交的任何陈述、单证或申报的真实性或准确性的权利"。

3. 基于发展中国家政府打击价格瞒骗的强烈呼声,根据《海关估价协议》设立的海关估价委员会提请部长会议通过《关于海关有理由怀疑申报价格真实性和准确性的情况的决定》。该决定规定,"在申报提交后,如海关有理由怀疑为证明该申报所提供的细节或文件的真实性或准确性,则海关可请进口商提供进一步说明,包括提供文件或其他证据,以证明申报价格是依照……规定调整后的进口货物实付或应付的全部金额。如在收到进一步信息后,或在未获答复的情况下,海关仍有合理理由怀疑申报价格的真实性或准确性,则海关……"(可以估价协议规定的顺序估定),"在作出最后决定之前,海关应将其怀疑所提供的细节或文件真实性或准确性的理由告知进口商,如收到请求,则可以书面形式告知,并应给予进口商作出答复的合理机会。当作出最后决定时,海关应将其决定及其理由以书面形式告知进口商"。

(二)中国法律有关海关估价的规定几十年间发生多次变化。

1. 1951 年,《中华人民共和国暂行海关法》规定,"从价完纳进口税的货物,应以到岸价格作为完税价格","从价完纳出口税的货物,应以离岸价格作为完税价格的计算依据"。由于此后的 30 年中,从事进出口的主要是国有进出口公司,经营利润属于国家,进口税实行"集中纳税”，无非账面上“从一个口袋到另一个口袋”，不存在瞒报价格逃税问题，一般也不存在重新估价问题。

2.1985年，国务院发布的《中华人民共和国进出口关税条例》（以下简称《进出口关税条例》）规定，“进口货物应当以海关审查确定的货物在采购地的正常批发价格，加上运抵中华人民共和国输入地点起卸前的包装费、运费、保险费、手续费等一切费用的到岸价格作为完税价格”，“进口货物在采购地的正常批发价格如果海关未能确定，应当以申报进口时国内输入地点的同类货物的正常批发价格，减去进口关税和进口环节产品税或者增值税以及进口后的正常运输、储存及营业费用作为完税价格”，“如果国内输入地点的同类货物的正常批发价格仍未能确定，或者有其他特殊情形时，货物的完税价格由海关估定”；“出口货物应当以海关审查确定的货物售与国外的离岸价格，扣除出口税后，作为完税价格”。这些规定反映了针对改革开放后进出口企业在实行经营承包、“利改税”情况下的价格瞒骗行为，强调“正常价格”，以及强调海关审查确定完税价格的权力。

3.1987年1月22日全国人大常委会颁布的《中华人民共和国海关法》规定，进口货物以海关审定的正常到岸价格作为完税价格，出口货物以海关审定的正常离岸价格扣除出口税为完税价格，到岸价格和离岸价格不能确定时，完税价格由海关估定。显而易见，上述规定与《进出口关税条例》的规定区别不大，主要是将《进出口关税条例》规定上升到法律层次。

4.1987年9月12日国务院修订发布的《进出口关税条例》规定，“进口货物以海关审定的正常成交价格为基础的到岸价格为完税价格”，“进口货物的成交价格经海关审查未能确定的，应当以从该货物的同一出口国或者地区购进的相同或者类似货物的成交价格为基础的到岸价格作为完税价格”，“按照前款规定，完税价格仍未能确定的，应当以相同或者类似进口货物在国内市场的批发价格，减去进口关税、进口环节其他税收以及进口后的正常运输、储存、营业费用及利润作为完税价格”，“如有特殊情况，货物的完税价格可由海关按照合理的方法估定”；“出口货物应当以海关审定的货物售与境外的离岸价格，扣除出口税后，作为完税价格”。上述规定已经看到同国际规则靠拢的影子，首次提出以“正常成交价格”为基础，有特殊情况，不仅仅规定“由海关估定”，而是规定“由海关按照合理的方法估定”。

5.1992年3月18日国务院第二次修订发布的《进出口关税条例》又作了重要修改，规定“进口货物以海关审定的成交价格①为基础的到岸价格作为成交价格”，“进口货物的成交价格经海关审查未能确定的，应当依次以下列价格为基础估定完税价格：(1) 从该项进口货物的同一出口国或者地区购进的相同或者类似货物的成交价格；(2) 该项进口货物的相同或者类似货物在国际市场上的成交价格；(3) 该项进口货物的相同或者类似货物在国内市场上的批发价格，减去进口关税、进口环节其他税收以及进口后的运输、储存、营业费用及利润后的价格；(4) 海关用其他合理方法估定的价格”。还规定，“出口货物应当以海关审定的货物售与境外的离岸价格，扣除出口关税后，作为完税价格。离岸价格不能确定时，完税价格由海关估定”，“进出口货物的收发货人或者他们的代理人，应当如实向海关申报进出口货物的成交价格。申报的成交价格明显低于或者高于相同或者类似货物的成交价格的，由海关依照本条例的规定确定完税价格”。这些规定，已经接近估价协议的规定，但仍然强调海关“审定”或“用其他合理方法估定”。

6.2000年7月8日全国人大常委会修订通过的《海关法》规定：“进出口货物的完税价格，由海关以该货物的成交价格为基础审查确定。成交价格不能确定时，完税价格由海关依法估定。”该规定强调，海关“审定”完税价格必须以成交价格为基础，成交价格不能确定的，海关必须“依法”估定。

具体如何“以成交价格为基础”审查确定完税价格，成交价格不能确定时“依法”估定的“法”应如何明确作出规定，这正是海关代国务院草拟与海关法配套的行政法规（如《进出口关税条例》）和海关总署行政规章（主要是海关审价办法）的任务。此外，还需要制订明确、具体、规范、统一的工作原则和操作规程。另外，海关如何审理审价争议复议案件，如何认定海关的估价征税行为错误还是正确，也须作出统一的规定。

（三）起草《进出口关税条例》、《海关审价办法》，以及海关审理纳税争议行政复议案件涉及的法律问题和具体操作问题。

① 原为“正常成交价格”。除大的调整外，以下还有一些地方虽然只增删个别字词，性质上却是大的改动。

这里先介绍一个真实案例。复议申请人Z公司于2001年4月17日向海关申报进口纸浆1000吨，申报单价为USD 450/吨。被申请人Q海关认为，申请人申报的价格明显低于同期其他单位进口的大量成交的相同货物的价格，遂依据《中华人民共和国海关关于进口货物实行海关估价的决定》(以下简称《海关估价决定》)，以及海关总署关于此类货物的同期三级参考价格，确定上述进口货物的完税价格为USD 520/吨，并据此向该公司征收了差额保证金，同时通知申请人在海关规定的时间内向海关提交付汇单据等有关审价材料。申请人书面向海关说明该进口合同为6月付汇的远期付款方式。鉴于申请人“直到4月30日仍然没有提交能够证明该批货物实际成交价格的有关材料”，被申请人遂依据《海关法》、《进出口关税条例》，以及《中华人民共和国海关审定进出口货物完税价格办法》(以下简称《审价办法》) 的规定，按照从该项进口货物同一出口国购进的相同货物的成交价格，决定按USD 510/吨作为完税价格补征税款。申请人不服，在法定期限内向海关总署申请复议，并提交了合同、发票、结付汇单证等证据材料。应复议机关要求，申请人提交了对申报的成交价格低于同期、同一出口国、相同货物成交价格的书面“情况说明”，称申请人是国家外经贸部直属专业进出口公司，进口同类货物已有40多年历史，过去一直独家代理全国各大部委进口此类货物，常年、集中、大量购货，是较国内其他单位拿到具有竞争性的价格的主要原因。申请人并称海关广州价格中心常年邀请该公司提供有关此类货物的对外成交价格，其进口货价也常为国内同行进口货物参考。经审理，海关总署认为“在申请人的申报价格与海关掌握的价格差距较大，且未能在规定时限内提交完整、有效审价单据的情况下”，被申请人“将差额保证金按海关审定的完税价格转为税款符合《进出口关税条例》的有关规定”，“但鉴于复议期间，申请人所提供的合同、发票、进口付汇核销单等单证对上述货物实际成交价格的记载与报关单所填制的申报价格相互一致，且申请人已按成交价格办理了该批货物的对外付汇手续，可以认定上述申报价格符合成交价格条件”。复议机关遂决定撤销被申请人原征税决定，“以申请人所申报的实际成交价格为基础计征税款，并退还多征税款”。

复议决定作出后，被申请人在认真执行复议机关决定的同时，保留并在适当场合提出了不同意见。笔者进行复议调研期间，其他海关就估价争议复议案件审理也提出不少相关的意见。这些意见主要集中在以下几个问题上：

1. 复议机关在审理复议案件期间是否应接受申请人提交的新证据？换言之，复议期间提交的新证据可否作为审理原征税决定的依据？

被申请人以及其他一些海关人员认为，行政复议如同行政诉讼，审查的是行政机关原具体行政行为的合法性和适当性，因而复议机关不应接受新证据，特别是不应以新证据作为撤销原具体行政行为的依据。乍一听，这一观点十分有理，事实上却“似是而非”。毫无疑问，行政复议是审查行政机关作出原具体行政行为时是否事实清楚、证据充分、适用法律正确、符合法定程序，以及是否合理、适当，即所谓的合法性和适当性。就证据而言，确实是审查原具体行政行为作出依据的证据材料。问题是这种审查，是要全面核实行政机关作出原具体行政行为时搜集的证据是不是必要证据，是否具有证明力；证据之间能否相互联系、相互印证，形成完整的链条；证据之和是否已具有“充分”证明力。所谓“行政机关负举证责任”，是指被申请人必须提供作出原具体行政行为时的依据，复议机关不能以新证据（无论是复议机关自己搜集的，还是被申请人或申请人提交的）证明原具体行政行为的“合法、适当”。但是，证据的证明力是经审查后才能确定的，复议机关不应拒绝申请人或被申请人提交新证据。特别是证明原具体行政行为违法或不当的证据，无论是由哪一方提交的，复议机关都应当接受，必要时复议机关还可以自行了解情况、搜集证据。上述案例中，申请人举证证明自己申报行为的正确（亦即海关审价行为的不正确），无论是海关审价征税时已提交的，还是复议时提交的新证据，都应当被接受并作为海关复议机关审理案件的依据。

至于本案复议机关接受的申请人新提交的证据材料中，“结付汇凭证”是否“必要证据”，则有两种不同看法。一种意见认为，外汇部门本就是依据进口经营单位申请的（及其提交的进口报关单、合同、发票、信用证等载明的）数额准予购汇并由其据以对外结汇的，因此用“结付汇凭证”再反过来“循环证明”申报价格真实性无任何效力；另一种观点则认为，我国对外贸易实行严格的外汇管制，再没有其他反证（诸如购货人通过其他渠道另付部分款项或买卖双方就本成交价有其他约定，双方存在特殊经济关系且这种关系足以影响成交价格等）的情况下，结付汇单证起码与合同、发票等具有等同的证明（申报价格是否为实际成交价格）效力。而且，它对合同、发票等还有相互印证的作用。只是因为它无法排除纳税义务人是否与境外卖方就成交价格另有安排，上述证据只是“必要证据”之一而非“充分必要”证据。海关固然不能仅仅因纳税义务人未能“在海关规定的期限内提交付汇单证”，就认定其申报价格不是实际成交价格，并径自决定审价征税，也不能仅凭纳税义务人复议期间补充提交了结付汇单证而认定申报价格的真实性、合理性。在复议申请人（纳税义务人）提交了合同、发票、结付汇凭证，而被申请人未能提交价格资料等证据构成对申报价的合理怀疑，又未能提交进一步的证据材料对其复议理由予以否定的情况下，海关复议机关只能“认可”(并不是“证实”，海关还可能进行事后稽查，一旦发现另有价格安排，海关将严厉惩处）其申报价格是实际成交价格，并以海关估价不符合法定程序和估价依据不足将原估价、征税决定予以撤销。

2. 复议期间是否应接受复议前申请人能提供而未提供的证据?

据被申请人反映，有时复议申请人在复议时提交的证据材料，在进口申报或海关审价时已经持有，但拒不向海关提交，海关估价征税后又进行复议并提交了有关证据（本案例被申请人的逻辑认定也是如此——因“未在规定期限提交”而决定估价征税，说明被申请人是认为纳税义务人能提交而未提交)。他们认为，既然现行《进出口关税条例》等法规明确规定进口申报价格或海关审核其申报价格时纳税义务人有义务向海关提交证明其申报价格真实性、合理性的有关单证材料，未能提交的，海关估价征税；并且根据《进出口关税条例》的有关规定，事后补交的，已征税款不予调整，复议机关就不应接受申请人在申报进口或海关审核完税价格时已经持有的证据材料，而应直接作出决定维持海关原征税决定。笔者认为，对上述所谓“拒绝提交”或“未能提交”问题，涉及海关估价征税超出按申报价格征税的税款额，到底是属于依法应由国家征缴的税款还是侵犯进口人合法权益、违法多征的款项的问题，应当认真分析，区分不同情况，分别对待。对可能引起海关对申报价格“有理由怀疑”的“必要”证据，法定应当由纳税义务人提交而且事实上义务人也有能力提交、义务人未能提交又未作出合理解释的，海关决定估价征税，事后纳税义务人有异议，申请复议时才将有关证据提交的，复议机关不予“采信”(不将其作为认定原估价征税决定是否撤销的依据，而不是“不接受”)，原征税决定审定的完税价格即使超出实际成交价（义务人申报价格实际就是成交价)，海关多征了税款，复议决定也会维持而“不予调整”。但这里需要特别注意的有几点：(1) 是否“必要”证据。只有纳税义务人持有但未向海关提交的证据对证明其申报价格真实性、合理性是必需的，才为必要证据。海关不能以未提交某些或某个非必要证据而径行决定估价征税，复议机关也不能据此维持原征税决定。(2) 是否是法定应提交的证据。查关税条例具体规定应提交的是发票、包装清单、合同、账册、单证和文件，并未十分明确规定应提交付汇单证。(3) 是否有能力提交。虽是必要单证又是规定应提交的单证，但超出提交人能力的不能强求。(4) 未提交是否允许合理解释。有能力提交法定必要单证而未提交，有时出于特别原因应当允许延期提交。对“规定期限”届满未提交的，海关应允许义务人就此作出解释。无合理理由的才认为“应提交而拒绝提交”。本文案例中虽然最终决定撤销原征税决定、改按申报价征税，但却认为“在申请人的申报价格与海关掌握的价格差距较大，且未能在规定时限内提交完整、有效审价单据的情况下”，被申请人“将差额保证金按海关审定的完税价格转为税款符合《进出口关税条例》的有关规定”则值得探讨。一是所谓“规定期限”，从4月17日申报进口，到被申请人认定“直到4月30日仍然没有提交能够证明该批货物实际成交价格的有关材料”推断，被申请人实际规定期限不会超过10天，且不说10天是否合理，首先是尚无明确法律依据；二是海关要求提交的材料主要是指付汇单证，但申请人已向被申请人说明远期（6月才支付）付汇，要求申请人4月以前提交6月以后才可能持有的单证显属无理；第三，主要凭此单证认定申报价格是否成交价格本就不妥。因此，不能说被申请人原估价征税决定“符合现行《进出口关税条例》的有关规定”。需要特别指出的是，即使这样执行现行《进出口关税条例》这些规定，仍不尽合理：纳税义务人未如实提交证据材料，可以进行处罚，但在复议时提交了证据并证明、或者复议机关调查搜集的证据证明纳税义务人申报价格确实是实际成交价格而且买卖双方没有特殊经济关系、也未就价格进行其他安排，仍应承认其申报价格。

3. “改按成交价格”（为完税价格）的复议决定是“撤销”还是“变更”原具体行政行为?

有人认为，复议决定（如本文案例）规定“撤销原征税决定”，改

“按申报价格重新计征税款”等于具体规定了新的征税额度，这种决定可视为“变更”（而不是“撤销”）原具体行政行为（其后果是复议机关可能成为行政诉讼的被告）。对此笔者不能同意。“撤销原具体行政行为”的复议机关即使明确规定被申请人重新作出征税决定的具体数额，也属于一种“撤销并责令重新作出”，因为征税决定须由被申请人重新作出，税款收缴机关也只能是被申请人。与此类似而本质不同的是复议决定变更原处罚决定的罚款数额，虽然同样规定了新的具体额度，但这样的复议决定应直接执行而不需被申请人再重新作罚款决定。

4. 对已确认违反一个法定程序或存在一个实体问题已足可以决定撤销原征税决定的审价争议复议案件还有无必要对其他程序或者事实认定是否清楚、证据是否充分、适用法律是否适当一并审查确认?

有的复议人员认为，如果复议发现被申请人原估价征税决定的第一步就存在违反法定程序的情况（如未告知受纳税义务人海关估价决定的理由和依据），“反正最终结果总要撤销”，可以不必再费劲审查其他程序是否合法（如估价采取的方式是否依法定顺序选择）、事实是否清楚、证据是否充分（如海关估价所依据的价格资料是否准确、充分、有效，适用税率和计算税款是否存在错误等），可以“简化程序”，尽快作出复议决定。这一观点显然是不可行的。一是行政复议的原则是“全案审查”，对原具体行政行为涉及的每一法定程序是否合法，全案主要事实是否认定清楚、证据充分确凿，适用法律是否准确以及原行政行为是否适当都要进行审查并作出结论，才能对行政机关今后的执法起到更多的监督、指导作用；二是只以开始认定的某个程序或实体问题为由，对其他程序问题或实体问题不再审查而撤销原行政行为，被申请人重新作出行政行为时，完全可能只纠正了被认定的违法行为而重复未被认定的错误，导致申请人仍然不服而再次复议，这显然不符合便民、及时的复议原则，也影响行政效率。

5. 坚持“合理怀疑”、“估价依据充分”的原则是否会纵容纳税义务人偷逃税行为?

不少海关复议人员担心，纳税义务人申报价格偏低，只是由于海关掌握的价格资料不新、不全、不具体，而导致被复议人怀疑申报价格不是实际成交价格，其信心本就不足，面对纳税人的进一步解释和说明更缺乏有力的证据或理由予以否定，从而决定改按申报价为基础征税，或者海关仍坚持估价征税而在复议时被行政机关决定改按申报价为基础征税，多征税款予以退还，这是否会诱使一些纳税义务人故意低报价格，偷逃税收。对此，笔者认为，这种担心有道理而不必要。从法制原则讲，海关只能依法征税，其中就包括严格按《世界贸易组织法》，特别是《海关估价协议》的有关规定的成交价格原则决定认可还是改按估价征税，在依据不足、怀疑理由不充分的情况下，既不能武断认定申报价格不是实际成交价格，武断认定纳税义务人与境外卖方另有影响成交价格的特别安排，或武断认定纳税义务人与境外卖方存在足以影响成交价格的特殊经济关系，并据以决定估价征税，也不能在估价时不严格依据估价协议确立的估价顺序以及每一顺序估价特定的证据要求，这如同社会舆论和司法人员都在内心对犯罪嫌疑人犯罪毫不怀疑，但在证据不足的情况下决不能武断定罪一样。“法制”所以确立这样的“原则”，其意义在于证据不足的情况下处罚违法人的客观价值远远小于因此而难以防止的执法人员可能制造的冤假错案。从另一方面说，海关对个案的纳税义务人申报价格有怀疑，税后还可以进行价格稽查；怀疑一些人或相当一批人低报价格，应当从加强价格资料搜集，保证在征税前与纳税义务人进行“价格磋商”的说服力，保证对申报价格的“有理由怀疑”和对纳税义务人的进一步解释的有理由否定，保证海关估价的准确、依据充分方面下工夫，而不应草率决定估价和武断估定价格。

（四）保证各级海关征收进出口关税和进口环节代征税或海关行政复议机构审理纳税争议复议案件时，能严格依据世界贸易组织《海关估价协议》及相关法律文件所规定的原则和程序，确保国家关税收入的同时，维护进出口商的合法权益，对违反上述规定作出的审价征税决定予以撤销，多征税款一律予以退还，有一系列具体原则和程序需要进一步明确。

1. 各海关征税部门对纳税义务人申报价格不能武断认为“不真实”，必须坚持“合理怀疑”原则，怀疑要有证据材料支持；海关行政复议机构在复议期间应接受申请人、被申请人提供的一切与案情有关的证据材料（既包括在复议期间获得的新证据，也包括在审价环节被申请人已掌握或申请人持有但未提交的证据）并进行审查，在双方证据材料差距较大时，复议机关应进行必要的调查或举行价格听证会。

2. 纳税义务人被告知对其申报价格有怀疑以及怀疑理由后，应就此进行解释、说明，并提供有关证据材料；海关仍决定审价征税、纳税义务人不服提出复议后，申请人、被申请人所提供的证据材料，以及复议期间复议机构调查、了解的情况均不足以证明申请人的申报价格符合成交价格条件，被申请人的审价征税行为符合法定程序的，应决定维持。

3. 复议机关认定被申请人审价所依据的证据材料不足以对申请人申报成交价格的真实性与合理性构成合理怀疑，或申请人、被申请人复议期间所提供的证据材料以及复议机关调查收集的证据材料足以消除上述怀疑的，或者海关审价未严格依据《世界贸易组织法》，《海关估价协议》及相关法律文件规定的估价方式及适用顺序，或依据的价格资料效力不足的，应决定撤销原审价征税决定，由被申请人重新作出是否审价征税的决定。

与此同时，海关将加强价格资料搜集工作，保证在与纳税义务人进行价格磋商和进行估价征税时处于主动地位、在纳税争议行政复议中不致被撤销太多；海关还将强化按申报价格征税放行后的稽查工作，一旦发现伪报价格、偷逃关税的证据，从严惩处。

二、认真遵守世界贸易组织《原产地规则协议》，制订、施行过渡时期的原产地条例。

进出口货物原产地的认定，是按国别实施差别税率，针对特定国家采取贸易管制措施、制订反倾销措施，对针对我国企业的外国反倾销决定采取交叉保护或进行控告的基础。入世前，我国对进口和出口原产地规则适用两种不同标准。进口货物适用 1986 年发布的《中华人民共和国海关关于进口货物原产地的暂行规定》，该规定借鉴了海关合作理事会（简称 CCC，现改称“世界海关组织”，简称 WCO）《京都公约》，以及其他一些国家关于进口货物原产地的规定，确定了“完全获得”、“实质性改变”的认定标准（改变《中华人民共和国进出口税则》中四位数税号一级的税则归类，或者加工增值占新产品总值超过 30%）；出口货物（仅限部分货物）则适用 1992 年国务院《中华人民共和国出口货物原产地规则》，该规则主要借鉴香港地区有关做法，确定以加工工序为主、辅以增值百分比（超过 25%）的认定标准。我国制订出口原产地规则本来着眼于解决欧美等国家和地区与我的出口贸易摩擦，但我出口货物在进口国报关要适用进口国原产地规则，我国的规则并无约束力。入世后我国有义务全面实施世界贸易组织《原产地规则协议》，新起草的《中华人民共和国进出口货物原产地条例》同原有的规则相比，有以下几点大的修改：

1. 原来进口规则是海关规章，出口规则是行政法规，现在合并为一个行政法规。

2. 增加了适用范围。原来的规则主要用于差别税率运用、国别统计扩大到最惠国待遇、反倾销和反补贴、原产地标记、国别数量限制、关税配额、政府采购和贸易统计等所有非优惠性措施。

3. 确认并具体规定了“完全获得”和“实质性改变”的认定原产地标准。

4. 实施可复议、对复议决定不服可起诉的“预确定”制度和属于对外公布的行政裁定的“预确定”制度。

5. 明确了违反原产地规则的处罚制度。

新的原产地条例所以称为“过渡时期”的条例，与允许发展中国家入世后降低关税、市场准入等问题上有一个“过渡期”毫无关系。根据世界贸易组织《原产地规则协议》的规定，世界贸易组织和世界海关组织正在制订的《协调非优惠原产地规则》（简称《协调规则》）将是《原产地规则协议》的组成部分，世界贸易组织成员国须全面采用，不得保留或擅自更改，在国际协调工作完成前（即所谓“过渡时期”），各成员国可实施各自的原产地规则，但须遵守《原产地规则协议》规定的原则。但上述《协调规则》须以世界海关组织《商品名称及编码协调制度》（简称 HS 或《协调制度》）为基础，对 HS 的 5000 多个商品编号逐一规定其原产地认定标准（基本认定标准是改变商品归类）。按照《原产地规则协议》，国际协调非优惠原产地规则的工作本应于 1998 年 7 月完成，但由于原产地规则技术性很强，国际协调工作量很大（《协调规则》暂定文本近 2000 页），又因其对各国经济利益的潜在影响导致一些成员对某些商品的原产地认定标准颇有争议，经世界贸易组织部长级会议批准已两次延期，至今仍未完成。目前，原产地规则委员会正抓紧审议争议，但争议解决后，又须全部转换到 2002 年的世界海关组织《协调制度》，加上《协调规则》生效的法律程序也需一定时间，而《原产地规则协议》的基本规则（如法规透明、执法公平统一、原产地预确定及其可复议等）需在入世后立即采用，因而决定在《协调规则》出台前，先依据《原产地规则协议》的基本原则，制订过渡时期我国的原产地条例，以取代原《海关进口货物原产地暂行规定》和国务院《出口货物原产地规定》。待《协调规则》最后文本出台后，将其直接转变为《中华人民共和国非优惠原产地规则》，作为原产地条例的一部分。

三、认真遵守世界贸易组织《与贸易有关的知识产权协议》，制订、实施新的《知识产权海关保护条例》。

如前所述，原1995年国务院《知识产权海关保护条例》是在我国进行复关努力和中美知识产权保护谈判背景下出台的，仅从法规条文上说，现行条例与世界贸易组织《知识产权协议》并无原则冲突。但实际执行的结果，进出口商、海关均不甚满意。原《海关法》没有知识产权海关保护的内容，2000年修订实施的新《海关法》作了原则性规定。考虑到《海关法》已规定要制订配套的知识产权海关保护行政法规，并考虑到入世后知识产权边境保护的力度必须加强，海关正在代国务院起草知识产权海关保护条例修正稿。问题主要集中在：

1. 追究法律责任问题。一些外商对海关查获侵权案件，未移送追究刑事责任甚为不满。实际原因一是我国《刑法》以及原《著作权法》、《商标法》、《专利法》对侵犯知识产权构成犯罪缺乏明确具体的量化标准；二是海关发现侵权案件构成何种情况即可向何机关移送没有具体规定。目前，我国已先后修改《著作权法》、《商标法》、《专利法》；最高人民法院对制作销售“伪劣”产品构成犯罪的起刑标准已经公布；关于制作销售“假冒”产品构成犯罪的标准以及进出口环节是否独立构成“制作”或“销售”正在研究解决；行政机关查获犯罪嫌疑案件向公安机关移送程序已经国务院颁布。

2. 申请保护程序不够简明。依现规定，权利人申请保护有两道程序：先在海关总署备案和具体要求保护时向有关海关申请。新条例计划改为直接向海关总署提出保护申请，一旦有侵权货物线索，向海关举报。

3. 担保问题。原条例规定，权利人要求扣货，要提交等值保证金；进出口人认为未侵权，提交嫌疑货物价值两倍担保后，也可以要求放行货物。实践中存在权利人可能因嫌疑货物量大而无能力提交或无法及时提交担保的情况；而嫌疑货物确实侵权，也不应提交两倍货价的担保［原立法规定是考虑海关行政处罚，最严的，对走私行为也就是没收货物（或追缴等值价款）加处等值罚款］就放行，因为还涉及侵权货物应销毁的问题。考虑到权利人保证金的收取主要基于储存、销毁侵权货物需要而不是用于海关行政赔偿［无论我国《国家赔偿法》，还是世界贸易组织《与贸易有关的知识产权协议》都承认“依法”扣留违法嫌疑货物最终即使认定嫌疑解除均不承担赔偿责任，而违法扣留货物只能依据《赔偿法》规定由国家承担（并向违法行政人员追偿）]；考虑到构成侵权的处理远不是提交两倍价款以及进出口人大多不会有能力提交两倍价款的情况，相当一些人的意见是在新条例中删除担保规定。

4. 进出口人的知情权。海关扣留侵权嫌疑货物，进出口人要求了解知识产权情况的，海关应当提供。经海关同意，还可以查看货物或提取货样。这是参照《与贸易有关的知识产权协议》增加的内容。

5. 明确海关的免责范围。强调海关接受知识产权保护申请后，因申请人、收货人或者发货人未提供确切情况或者未如实提供有关情况或文件而未能发现侵权货物、未能及时采取保护措施或者采取保护措施不当的，海关不承担责任，由有关当事人自行承担责任。这些修改内容也是《与贸易有关的知识产权协议》有关规定的精神。

6. 侵权货物在被海关扣留期间发生的仓储、保管和处置等有关费用问题。目前有两个方案（由收货人或发货人承担，或者条文不作规定，实际由海关支付）。

7. 权利人和进出口人对海关不履行职责或滥用权力可以申请行政复议或提起行政诉讼。

注：新的《中华人民共和国知识产权海关保护条例》已于2004年3月1日公布实施，文中大部分问题得到解决。

行政法与海关

XINGZHENGFA YU HAIGUAN

部门行政法与行政部门立法的若干问题

大家知道，狭义上的法或法律，指国家最高权力机关即全国人民代表大会及其常务委员会制定的宪法和法律；广义上的法或法律，则还包括国家最高行政机关即国务院制定的行政法规，地方国家权力机关制定的地方性法规，国务院各部委局署和地方人民政府制定的行政规章；如从最广义上讲，法或法律也应包括有权解释法律、行政法规、行政规章的中央国家权力机关、地方国家权力机关、国家行政机关和司法检察机关，对法律、法规、规章，所作的立法、行政、司法解释。此外，还应包括上述国家权力、行政、司法、检察机关制定的其他具有普遍约束力的规范性文件。

由于本文讨论内容的关系，我们谈“部门行政法”、“行政部门立法”的“法”，只是广义上的。

一、部门行政法

从广义上说部门行政法，应指规定和调整行政部门机关内部上下级之间，平行机关之间，同行政管理相对人之间，以及同其他国家机关、团体、企业事业单位之间权利义务关系的法律规范的总称。部门行政法有多个，它们分别是一个个由法律、行政法规、行政规章和其他有关的规范性文件构成的庞大体系。在各个体系中，居核心地位的是一个或几个由全国人大或其常委会制定的法律（以及宪法或其他法律中的有关规定），居第二层次的是国务院根据这些法律制定的一个或几个乃至十几个配套的行政法规，居第三层次的是各行政部门根据上述法律、行政法规制定的行政规章，这些规章数量相当大，可达几个、几十个、几百个，有的甚至多达一两千个。

凡是熟悉部门行政法的人都不难发现它们具有如下几个特点：第一，分支多、层次多；第二，数量极大；第三，诸法合体，即既有实体法，又有程序法（在实体法中，既有行政管理法、行政处罚法，还有行政部门机关自身的组织法；在程序法中，既有外部管理程序，又有内部管理程序，既有处罚程序，又有救济程序）；第四，变化快，尤其是规章，几乎年年在变，年年有新规章出台；第五，条文细密，规定具体，实用性强；第六，头重脚轻，这主要是指法律、法规数量很小，而配套的规章数量却极大。

例一　海关法体系

根据多年的研究，笔者认为：海关法应属一个独立的部门法；海关法作为一个部门行政法，大约可分为下述16个分支。

1. 海关组织法（包括关于海关地位、海关权限，海关设立、海关内部机构设置和人员编制管理，海关管理体制和领导关系、海关干部管理、海关人事管理，海关职工工资及福利管理、海关专业技术职称、海关院校及在职干部教育培训、海关工作人员工作纪律和职业道德、海关廉政制度、海关工作人员奖惩制度等法律规范）；

2. 海关监管法（包括进出口货物监管法、进出口运输工具监管法、进出境旅客行李物品监管法、进出境邮递物品监管法等）；

3. 海关关税法（包括进出口税则、关税征管法、关税减免法、代征税管理法、其他税费管理法、纳税争议法等）；

4. 海关稽查法（包括稽查的对象、稽查方式、稽查程序、稽查规则等法律规范）；

5. 海关优惠法（包括通关优惠法、转关优惠法、征税优惠法、保税优惠法）；

6. 海关知识产权保护法（包括知识产权进出境海关保护的范围和方式、进出境保护的备案与申请、侵权货物的调查与处理等法律规范）；

7. 海关调查法（包括海关调查情报法、调查程序法、武器使用法、海上缉私程序法、联合办案法、举报奖励法等）；

8. 海关处罚法（包括应受海关处罚行为的概念、构成和种类，海关处罚的种类、尺度和适用原则，海关处罚的减轻与免除等法律规范）；

9. 海关处罚程序法（包括应受海关处罚案件的审理程序、基本原则和基本制度，海关与公安、检察、司法机关的关系和联系配合办法，海关处罚决定的生效与执行，海关罚没物资的保管与处理，以及错案的纠正等法律规范）；

10. 海关行政救济法（包括海关行政复议法、海关行政应诉法、海关行政申诉法等）；

11. 海关统计法（包括进出口海关统计法和海关业务统计法）；

12. 海关财务管理法（包括海关行政费用管理、海关关务费用管理、查私办案费管理、税费管理、保证金管理等方面的规范）；

13. 海关装备管理法（包括海关报关自动化设备管理，通信设备管理，货物、物品查验设备管理，海关统计设备管理，缉私用车辆、船艇、武器管理等规范）；

14. 海关科技管理法（包括自动化报关技术、通信技术、查验技术、防伪技术、案件侦破技术管理规范和技术规范）；

15. 海关法制监督法（包括海关立法监督法、海关执法监督法、海关监察监督法、海关审计监督法、海关执法保证法）；

16. 海关国际合作法（包括我国参加的直接涉及海关工作的国际公约、国际条约，我国政府及我国海关同外国政府或外国海关签订的双边协定和海关互助协定，我国自行制定的单方面规定，调整我国海关同其他国家海关互助合作关系的法律、法规、规章）。

例二　我国现行海关法的表现形式和内容组成

1. 海关基本法。全国人大常委会制定的《中华人民共和国海关法》。

2. 其他法律（包括有关的国际条约、国际公约）有关海关工作的部分。例如《对外贸易法》、《出入境管理法》、《外商投资企业法》、《文物保护法》、《环保法》、《邮政法》、《交通法》、《税收征管法》、海关合作理事会公约（仅指我国参加的几个公约）、《关税及贸易总协定》（我国作出承诺的部分），等等，约十几个。此外，还包括人大常委会立法解释及其他规范性文件。

3. 行政法规（包括我国政府同他国政府签订的有关海关工作的双边协定）。例如《中华人民共和国进出口关税条例》、《中华人民共和国海关法行政处罚实施条例》、《中华人民共和国知识产权海关保护条例》、《中华人民共和国海关稽查条例》，以及中国政府同他国政府（包括我海关报经国务院批准同他国海关）签订的海关互助协定，等等，约几十个。此外，还包括国务院立法、执法行政解释，以及其他规范性文件。

4. 海关规章（包括我国海关与他国海关签订的合作协议、谅解备忘录）。例如海关总署制定发布的海关货物监管规章（包括对进境货物、出境货物、转运货物、通运货物、转关货物、减免税货物、保税货物、空运货物、海运货物、路运货物监管的规章，又有对一般进出口货物、限制进出口货物的不同监管规章)，运输工具监管规章（包括对进出境船舶、航空器、汽车、火车，以及电缆、输油输气输水管道等运输工具监管的规章)，行李物品监管规章（包括对一般旅客、外交人员、因公出国人员、出国探亲人员、港澳台同胞、华侨、来华外国专家行李物品的监管规章，又分对普通用品、限制进出的重点物品、禁止进出境物品监管的规章)，海关关税征收及减免退补规章，海关统计规章，海关查处走私及违反海关监管规定案件规章，海关财务、装备、科技管理规章，稽查规章，知识产权保护规章，对外合作规章，人事、教育、监察、审计规章，行政复议、行政应诉规章，执法监督检查规章，等等，约有千余个。此外，还包括海关总署的行政立法、执法解释，以及其他规范性文件。

二、行政部门立法

从广义上说行政部门立法，则应指行政部门直接制定或参与制定法律、行政法规、行政规章及其他具有普遍约束力的规范性文件的所有行为。请注意这里是讲“行政部门”而不是讲“行政机关”。行政机关，包括中央国家行政机关及地方国家行政机关立法的概念无疑更广。行政部门，当然应包括中央国家行政机关的各个部门机关，也应包括地方各级国家行政机关的部门机关。但根据我国宪法的有关规定，地方国家行政机关的部门机关是没有立法权的，如果我们从最广义上讲立法，地方国家行政机关的部门机关充其量也只是参与立法，而且这种参与也仅限于对有关法律、法规、规章或草案提出立法修改意见，这些部门本身并没有权力直接制定法律、法规、规章或其他任何具有法律效力的规范性文件。因此，本文讲行政部门立法，是专指中央国家行政机关的部门机关即国务院各部、委、局、署的立法问题。

（一）从实践中看，中央行政部门的立法活动主要有：第一，根据宪法授予的权力，制定或修订、发布行政规章；第二，根据人大或国务院的委托，起草法律、行政法规草案；第三，进行行政解释，其中包括根据行政法规授权，对行政法规进行立法原意解释；根据规章制定权，对规章进行立法原意解释；根据行政管理权，对法律、行政法规、行政规章进行行政执法解释；第四，根据人大、国务院、国务院各部委，以及地方人大、地方政府的要求，对法律、行政法规、地方性法规、行政规章草案提出修改意见。不难看出，由于职能分工和权力限制的关系，行政部门立法的主要工作是直接开展或参与有关规定和调整本部门工作的部门行政法的立法工作，其中，最主要的有：起草作为本部门履行职能主要依据的有关法律、行政法规；制定或修订本部门行政规章；就本部门工作作出立法、执法行政解释。分析上述立法活动的权力来源，可以认为，行政部门的立法权主要来源于两个方面，即法律规定或有关机关及部门的委托。其中法律规定又有两种情况：宪法规定的规章立法权(包括制定、修订和解释)；宪法、法律、行政法规规定的行政管理权(关于行政部门进行行政解释的权力)，法律、行政法规中专门授予的解释权。当然，根据我国的政治体制，只有人大常委会才有立法权，所以，行政部门的所有立法，其权力实质上都是一种委托，只不过分为法律(授权)委托或其他委托。

（二）在实践中，行政部门立法工作是一项很繁重的工作。无论哪个行政部门的立法工作，都存在不少亟待解决的问题。归结起来，主要有以下几个方面。

1. 越权立法，主要指超越立法权和超越管理权立法。其中，前者指本来只能通过法律或行政法规规定的事务，行政部门通过自行制定规章加以规定；后者指行政部门对不属行政部门的事务或本来属于其他行政部门的事务，自行通过本部门规章加以规定。

2. 超前立法，主要指脱离现实，对现实无法管理的事务或者对只能首先制定法律、行政法规加以规定的事务，先行制定行政规章。

3. 立法矛盾，主要指制定的规章与现行法律、行政法规相矛盾，与其他行政部门制定的现行规章相矛盾，与本部门先前制定的仍然有效的规章相矛盾。

4. 缺少高素质的立法人才，立法技术低下，立法质量很差，制定的规章或其他规范性文件多有词语不规范，概念不清，条文逻辑性差，或者立法结构安排不合理，章节条款设置混乱。

5. 立法程序不严格，甚至没有一定程序，对草案没有专业人员审查，对已生效的规章没有严密的监督。

三、关于部门行政法和行政部门立法的意义

从行政部门立法的概念、方式、内容，以及立法存在的问题分析，

不难看到，加强对部门行政法和行政部门立法的研究有很重要的意义。特别是：第一，通过有针对性地研究，找出当前行政部门立法存在问题的症结，提出相应的改正措施，可以尽快提高今后的立法水平；第二，通过有针对性地研究，对现行部门行政法存在的问题进行综合、整理、分析，分别在法律、行政法规、行政规章的层次上，或者在人大、国务院、国务院各部门（及其立法机构）各个级别上，进行废（除）、改（修订）、立（新法，包括制定新法律、法规，并进行法律解释和法律编纂），可以尽快提高现行部门行政法的质量；第三，今后立法水平的提高和现行部门行政法质量的提高，对于保证行政机关和行政管理相对人真正有法可依、有法必依、执法必严、违法必究有直接意义，亦对我们国家的社会主义法制建设和行政机关提高行政效率有直接意义；第四，对繁荣学术研究，特别是对行政法学、行政管理学的研究有直接意义。

四、关于部门行政法和行政部门立法的研究重点

（一）对部门行政法的研究，包括对所有部门行政法的整体研究和对各个部门行政法的分别研究，笔者认为至少应当包括以下重点。

1. 对部门行政法法律体系（包括纵向层次和横向部门间）的研究；

2. 对现行部门行政法整体状况的研究；

3. 对各个部门行政法现状的研究；

4. 对部门行政法实政的保障（包括执法、守法的保证，对执法的监督和检查）。

（二）对行政部门立法的研究，笔者则认为至少应当包括下述重点。

1. 立法权力的研究。包括对权力来源及性质、权力限制、权力补充、权力保障等的研究。

2. 立法程序的研究。包括对行政立法程序法的研究和程序法的草案起草的研究；法律和行政法规草案论证、起草、讨论、征求意见、协商、协调、修改、初审、报送的具体程序；对征求意见的法律、行政法规、行政规章草案的研究，意见草拟、协商、协调、修改、审核、签发等具体程序；行政部门自己制定规章，从论证、起草、征求意见，到协商、协调、修改，最后到审核、签发、实施的全部程序；作出行政立法、执法解释的全部程序的研究。

3. 立法机构的研究。包括对立法机构的法律地位，部门立法机构同

部门立法机关及部门首长的关系，行政部门立法机构同全国人大、国务院的立法机构的关系，立法机构的工作规则，立法人员的素质要求的研究。

4. 对行政部门立法的监督的研究。包括行政部门的上级机关即国务院及其立法机构（即法制局）的监督，最高国家立法机关即全国人大及其常委会、法律委员会、法制工作委员会的监督，行政机关自身的监督。以上监督又包括事前监督和事后监督（事前监督诸如预审、报批，事后监督诸如备案、检查、定期清理等）。此外，还有司法机关的监督、社会监督（人民群众监督、舆论监督等）、法学专家的监督等，都属研究之列。

对部门行政法和行政部门立法的研究，应引起各方面的重视。笔者认为，人大法工委、国务院法制局、法学研究机构，都应当组织力量从总体上对部门行政法和行政部门立法的情况进行研究，以对行政部门立法进行指导和提高自身的立法水平；各部委法制机构都应当有专人对调整本部门行政管理关系的部门行政法和密切相关的部门行政法，以及本部门的立法情况进行研究，以提高自己的立法水平。毋庸置疑，这也会直接推动我国的法学研究，特别是行政法研究工作。

《行政处罚法》的实施与海关执法面临的新问题[①]

《中华人民共和国行政处罚法》（以下简称《行政处罚法》）由中华人民共和国第八届全国人民代表大会第四次会议通过，并将在今年10月1日起施行。

《行政处罚法》是全国人大制定的基本法律，其规格高于包括《海关法》在内的绝大多数直接涉及海关工作的法律、所有的行政法规和海关规章。经初步分析，《行政处罚法》与海关执行的现行法律、行政法规、海关规章有许多地方不尽一致，另有不少原来没有规定、现在必须遵守的新规定。不到半年，就是该法的生效期，研究并提出贯彻实施《行政处罚法》的具体措施，首先是研究、提出海关现行执法活动与《行政处罚法》不相适应的问题的解决办法及应变措施，这已成为海关立法、执法部门刻不容缓的任务。

现提出因该法的实施，海关工作面临的若干问题，与大家共同探讨。

1. 该法第三条规定，没有法定依据或者不遵守法定程序的，行政处罚无效。长期以来，海关系统调查处理走私、违规（以及近年来处理侵犯知识产权海关保护进口污染环境的固体废物）的案件，相当普遍地存在“重实体、轻程序”的情况。许多案件，往往只看重案情是否清楚，处罚尺度如何掌握，适用法律、法规是否准确，而对调查、审理案件，作出并执行处罚决定的一系列程序性规定，缺乏应有的重视。比如，取得证据是否按规定程序，调查、询问、查问、检查是否在有两名或两名以上海关人员同时在场的情况下进行，查问、询问笔录是否经当事人核对并确认无误，法律文书是否按法定方式、在法定期限内送达，采取强制措施的报批、实施、通知、撤销手续是否完备，执法人员与案件有直接利害关系的是否回避，对当事人的申辩意见和提供的证据材料是否认

① 原载《海关政策法规研究》1996年第16期。

真复核并装入案卷，罚没财物的处理是否严格按规定程序，等等，都存在这样那样的问题（《行政处罚法》生效后，还会存在作出处罚决定之前是否将理由、事实、处罚依据告知当事人，是否充分听取当事人陈述和申辩，案值较大的案件当事人要求听证的，作出处罚决定前是否举行听证会，以及举行听证会是否按法定程序等问题）。随着《行政处罚法》的实施，上述问题将直接影响海关行政处罚的合法性、有效性，海关调查、法律、监管、稽查、统计等所有有案件处理业务的部门，都应当从现在起就注意严格按法定程序办案。

2. 该法第四条规定，对违法行为给予行政处罚的规定必须公布，未经公布的，不得作为行政处罚的依据。总的说来，根据海关总署统一要求，海关系统都是以对外公布的法律（主要是《海关法》、《固体废物污染环境防治法》）、行政法规（主要是《海关法行政处罚实施细则》、《知识产权海关保护条例》）作为行政处罚的依据，但实践中也偶有依据未对外公布的规范性文件（既有国务院及其办公厅的，也有地方人民政府的、海关总署的，甚至地方海关的）作出行政处罚的情况。虽然海关执法较严格，各关根据总署要求，处罚通知书只得引用《海关法》、《海关法行政处罚实施细则》、《固体废物污染环境防治法》、《知识产权海关保护条例》（无合法证明进口汽车得引国务院办公厅“55号文”），但实际上存在根据前述未对外公布的规范性文件定案，处罚依据并不恰当地套用“规则”等法规条文的情况。《行政处罚法》生效，特别是1997年12月31日以后，凡不是对外公布的法律、行政法规，将一律不得作为处罚依据。海关从现在起应当从严要求。

3. 根据该法第十二条规定，海关总署作为国务院授权具有行政处罚权的直属机构，可以通过制定规章在法律及行政法规规定的给予行政处罚的行为、种类和幅度的范围内作出具体规定，尚未制定法律、行政法规的，可以通过总署规章设定警告或一定数量的罚款的行政处罚。这不仅通过人大基本法律第一次明确了国务院直属机构制定规章的权力，也通过新的法律提高了原有法律确定的规章的效力。对于这个变化，我们应高度重视，应充分利用、行使这一权力。第一，为保证海关行政处罚的公正、适当和全国统一性，坚持《行政处罚法》关于行政处罚必须与违法性质、情节及社会危害程度相适应的原则，总署应尽快研究制定一系列规章，通过划分处罚尺度、进行法律和行政法规授权的立法原意解释（如对《海关法行政处罚实施细则》）对法律和行政法规的执法解释等途径，对法律、行政法规规定海关可以行使处罚权的，在原规定的行为、种类和幅度范围内作出具体规定；第二，对违反海关管理规定、有必要给予处罚的行为，但尚未有法律、行政法规规定如何处罚的，通过海关总署规章设定行政处罚。

4. 该法第十四条规定，除法律、行政法规、规章外其他规范性文件不得设定行政处罚。今后（1997 年 12 月 31 日以后）海关将不得以任何理由以任何其他规范性文件作处罚依据，并且从现在起不得以新制定的其他规范性文件作处罚依据。

5. 该法第二十条规定了“违法行为发生地”的管辖原则，但这是指县以上人民政府有关行政机关。对海关这样的国务院直属机关未作专门规定。此外，该条又规定“法律、行政法规另有规定者除外”。由此可以认为，海关行政处罚案件的管辖原则，如果其他法律、行政法规另有规定，仍可适用原规定，如果没有，则应参照本法规定执行或者另行通过法律、行政法规加以规定。经查，《海关法》、《海关法行政处罚实施细则》等所有有关海关行政处罚的法律、行政法规，均未对此有明确规定。在实践中，海关则一直适用以发现地海关管辖为主、发生地海关管辖为辅的原则，由于海关系统的领导关系和业务特点，今后也只能实行这一原则。这就要求我们一方面将案件管辖原则列入《海关法》、《海关法行政处罚实施细则》修订或新的海关法规立法计划，争取通过法律、行政法规明确解决；另一方面，在新的立法或修订原有立法未成为现实之前，作为权宜之计，可利用海关总署对《海关法行政处罚实施细则》的立法解释权，对案件管辖原则进行解释。

6. 根据该法第二十二条、第六十一条的规定，违法行为构成犯罪的，行政机关必须将案件移送司法机关，追究刑事责任；对擅自以行政处罚代替刑罚的，必须纠正，否则追究行政责任；包庇纵容违法行为的，追究刑事责任。海关查获的案件，案值大的较多，达到犯罪起刑点的也就多，过去个别海关对一些案值达到犯罪标准，但因为违法人有立功表现、违法人没有牟个人私利等，没有将案件移交公安机关，擅自决定由海关进行行政处罚。今后这种错误做法必须杜绝，并应严肃查处。

7. 该法第二十四条规定，对当事人的同一个违法行为，不得给予两次以上罚款的行政处罚。这与海关行政处罚实践略有不同。过去，口岸海关对转关运输货物当事人违法行为按“申报不实”进行罚款处罚后，目的地海关查明当事人进境时的报关行为是伪报，仍可进行没收加罚款的处罚。今后，则只可进行没收货物的处罚。过去，海关对某些地方政府及其部门“罚款放行”进境的货物，可按走私没收货物并处罚款。笔者认为今后继续这样做也不违反《行政处罚法》。因为“罚款放行”的机关罚款依据的如果不是海关法规，则海关以后的处罚可以认为不是针对“同一个违法行为”（同一个行为违反的不是一个法）；如果“罚款放行”的机关罚款的依据也是海关法，则由于定性错误、适用法律不准（走私行为按违反监管规定行为定性），处罚本身不能成立，更由于除海关以外其他机关根本无权依据《海关法》进行处罚，海关对原处罚理应不予认可。

8. 该法第二十五条、第二十七条规定，对不满 14 岁的人以及不能辨认或不能控制自己行为的精神病人的违法行为不予行政处罚。这也与海关现行做法有区别。根据海关总署关于海关行政处罚责任年龄的规定，海关对不满 14 岁的人或精神病人一般不予处罚，但如果携带国家禁止进出境物品进出关境，海关当然是要没收有关物品的（但不再加处罚款）。而没收，当然是一种行政处罚。《行政处罚法》生效后，海关为履行维护国家安全、保护人民身心健康的把关职责，当然会继续制止和打击任何携带毒品、武器、淫秽物品进出境的行为。为同执行《行政处罚法》相协调，建议今后对不满 14 岁的人，以及不能辨认或不能控制自己行为的精神病人携带国家禁止进出境物品进出的，改“没收”为“收缴”；改处罚通知书为监护人通知书（通知监护人收缴被监护人所携带物品事宜，责令监护人对被监护人加以管教或看管和治疗）。

9. 该法第二十七条明确规定：当事人主动消除或者减轻违法行为危害后果的，受他人胁迫有违法行为的，配合行政机关查处违法行为有立功表现的，应当依法从轻或者减轻行政处罚。其中前两项为海关法规所没有，今后海关对违法人进行处罚，必须适用上述原则。

10. 该法第三十一条规定：行政机关在作出行政处罚决定之前，应当告知当事人作出行政处罚决定的事实、理由及依据，并告知当事人依法享有的权利。这是对所有行政机关作出行政处罚决定规定了一个新的程序。今后，海关必须对准备进行处罚的当事人先行正式当面或书面完成“告知”程序（包括通知当事人到场，当面告知海关对当事人违法事实的认定、认定的证据、违法性质的认定及依据、处罚决定及依据，以及当事人有异议时进行陈述和申辩的权利等）和“告知”后的复核程序之后才能作出处罚决定。当事人拒绝或放弃申辩的，须将拒绝或放弃申辩的证据入卷。

11. 根据该法第三十二条的规定，当事人有权进行陈述和申辩。行政机关必须对当事人提出的事实、理由和证据进行认真复核，所提事实、理由和证据成立的，必须予以采纳。行政机关不得因当事人的申辩而加重处罚。今后，海关办理案件，必须将当事人陈述、申辩情况、海关复核情况都作为证据材料入卷。

12. 该法第三十三条规定，违法事实确凿并有法定依据，对公民处以50元以下、对法人或者其他组织处以1000元以下罚款或者警告的行政处罚的，可以当场作出行政处罚决定。这意味着海关今后对以自然人为当事人的处罚超过50元的，对以企业事业单位、国家机关和其他社会组织为当事人的处罚超过1000元的，都不能当场作出处罚决定。事实上海关行政处罚案件几乎没有低于上述50元、1000元罚款的。换言之，海关今后将几乎不存在“即决案件”。这无疑将对海关监管和查处案件，特别是旅客进出境监管工作和旅检案件的及时结案，带来很大影响。

13. 根据该法第三十四条的规定，执法人员当场作出处罚决定的，应当向当事人出示执法身份证件，填写制式并有统一编号的处罚决定书。事后执法人员必须向所属行政机关备案。该法还对当场处罚决定书的格式、内容作了具体规定。今后，海关如果依据原有法规作出前述50元、1000元罚款（虽然这种情况极少），或者海关总署通过制定行政规章设立这种50元、1000元的罚款处罚，应当先行设计并印制统一、专门的处罚决定书，并对当场处罚程序重新作出规定。

14. 该法第三十六条、第三十七条规定，除可按简易程序当场作出处罚决定的以外，行政机关发现公民、法人或其他组织有应当给予行政处罚行为的，必须全面、客观、公正地调查，搜集有关证据，必要时可依法进行检查。行政机关在调查或者进行检查时，执法人员不得少于两人，并应出示证件，询问或检查应当制作笔录；行政机关搜集证据时，可以抽样取证；在证据可能灭失或以后难以取得的情况下，可以先行登记保存，并应在7日内作出处理决定。海关办案实践中，调查部门对办案程序有一些类似规定，但不全面。其他有案件处理权的部门，如监管（对部分违反海关监管规定案件、违反知识产权海关保护条例案件、违反固体废物污染环境防治法案件)、稽查（对部分违反海关监管规定案件)、统计（对部分违反海关监管规定案件)、法律（对行政复议案件、部分对知识产权案件）则还没有作出过这方面的规定。今后有必要根据该法规定制定统一的海关调查、处理走私违规、知识产权、擅自进口废物等案件的规程。

15. 该法第三十七条规定，执法人员与当事人有直接利害关系的，应当回避。过去，海关系统只对调查、审理人员有类似的内部规定，今后应公开规定所有办案人员，包括调查、监管、稽查、统计、法律部门的人员均实行办案回避制度。

16. 该法第三十八条规定，调查终结的案件，行政机关负责人应当对调查结果进行审查，对应给予处罚的，必须区分情节轻重，违法行为轻微、依法可不予处罚的，应作出不予处罚决定，情节复杂或重大违法行为需给予较重处罚的，行政机关的负责人应当集体讨论决定。海关执法实践基本遵循上述规定。但由于以前没有法律、行政法规明文规定，一些海关单位和部门并不都是这样做的。正因为法无明文，不这样做（比如违法情节有轻有重但处罚尺度上没有区分，又如因为违法情节轻微没有明确界定而对情节轻微的也进行处罚，再如复杂、重大案件领导个人审批）也不违法，就不能指责其错。今后则必须依法办事处罚不区分情节轻重，或者情节轻微的违法行为也进行处罚，经复议或者诉讼就会被撤销，复杂、重大案件不经集体讨论个人决断则可能出错，而一旦出错还会追究个人责任。

17. 该法第三十九条对行政处罚决定书的制作作了具体规定，其中大部分同海关现行做法一致。但有两点对于海关是新内容：(1) 决定书不仅要载明违法事实，还要载明认定违法事实的证据；(2) 决定书应载明行政处罚的履行方式。因此，海关行政处罚通知书需要重新设计、印制。

18. 该法第四十条规定，行政处罚决定书应当在宣告后当场交付当事人，当事人不在场的，行政机关应当在 7 日内依照民事诉讼法的有关规定，将处罚决定书送达当事人。海关过去发送处罚通知书没有这样的严格规定，今后须通过规章制定具体的实施办法。

19. 该法第四十一条规定，行政机关作出处罚决定之前，没有依法进行“告知”程序，或者拒绝听取当事人的陈述、申辩，行政处罚不能成立，当事人放弃陈述或者申辩的除外。据此，海关既应当制定规程确立“告知”程序和认真听取当事人陈述、申辩，也应当通过规章对外公告当事人主张陈述、申辩权利的期限并明确逾期视为放弃权利，以防止案件久拖不决影响行政效率。

20. 该法第五章第三节专门规定了听证程序，这对行政机关调查、处理违法案件将产生重大影响。根据该法规定，行政机关作出责令停产停业、吊销许可证或者执照及较大数额罚款等行政处罚决定之前，应当告知当事人有要求举行听证的权利；当事人要求听证的，行政机关应当组织听证。当事人不承担行政机关组织听证的费用。

该法还对听证程序进行了具体规定，主要是：要求听证应在法定期限内提出，听证的7日前通知听证时间、地点，听证公开，听证由非本案人员主持，认为主持人与本案有利害关系，有权申请回避，可以委托代理人参加听证，当场对有关事实、证据、处罚建议进行质证和申辩，听证制作笔录，笔录应交当事人确认签名盖章。

实行听证程序，对海关执法影响尤大：(1) 同其他部门相比，海关调查处理违法案件的任务更重、人员更多、业务量更大，实行听证程序，无疑还要投入更大的人力物力；(2) 同其他部门相比，海关行政处罚案件几乎都可视为大案，其他部门往往视千元、万元案件为大案，在海关，这样的案子几乎是最小的，甚至不够立案，海关所称大案，罚款往往几十万、几百万、几千万；(3) 海关行政处罚当事人既有国内的，又有国外的，既有距离海关较近的，更有天南海北的，经济条件、交通情况、种族、民族、语言千差万别，举行听证可能会遇到许多想不到的困难。对此，我们应当充分重视。除了尽早制定海关举行听证的具体程序外，对机构、人员（增补、调整、培训等）、听证场所及物质条件等都早作准备。还应请示并联系人大、国务院及有关部门，争取对海关处罚案件的“较大数额罚款”标准与其他部门有所区别，适当减少一些听证，保证各关行政管理业务的全面、正常进行。

21. 该法第四十六条、第四十七条、第四十八条、第四十九条、第五十条对行政处罚罚款的收缴作了严格规定，主要是：(1) 处罚机关与收缴罚款的机关分离；(2) 除罚款额人民币20元以上的，不当场收缴事后难以执行的，以及当事人向指定银行缴款确有困难并提出当场缴纳外，处罚机关及其工作人员均不得自行收缴罚款；(3) 当事人应当在收到处罚通知书之日起15日内自行向指定银行缴纳罚款；（4）因上述法定例外原因当场收缴罚款的，必须出具省、市、自治区财政部门统一制发的发票；（5）当场收缴的罚款，两日内必须缴付指定的银行。这些规定无疑与海关现行做法都有冲突：第一，海关处罚都是自行收缴或者要求当事人将款汇到海关账户；第二，海关有相当多的处罚，特别是旅检案件都采取当场收缴罚款的方式。该法生效后，由于海关处罚案件没有20元以下的，旅检案件不当场收款处罚又难以执行，也给当事人带来很大不便，一些大案当事人很可能不去银行交款而是非法转移财产等原因，如何在既不违反《行政处罚法》的上述规定前提下保证海关行政处罚的有效执行，需要尽快研究制定海关收缴罚款办法，对于一些无法执行的规定(比如海关系统不能使用省市财政部门罚款收据等)，则需要提出变通办法报人大或国务院批准。

22. 该法第五十一条规定，当事人逾期不缴纳罚款的，作出行政处罚决定的行政机关可以每日按罚款数额的3%加处罚款。该法第五十二条规定，当事人确有经济困难，需要延期或者分期缴纳罚款的，经当事人申请和行政机关批准，可以暂缓或者分期缴纳。海关原来没有这些规定，需要据此完善海关处罚决定的执行制度，另外还应将第五十一条上述规定加写在处罚通知书的最后告知当事人复议权和诉权的部分。

23. 该法第五十三条对罚没财物的处理作了严格规定，特别是规定必须公开拍卖或按照国家有关规定处理，罚款、没收违法所得及没收财物拍卖款项，必须全部上缴国库，不得截留，财政部门也不得返还。这就要求海关一要严格罚没财、物处理制度，防止任何违反《行政处罚法》情事发生，二要进一步注意节俭经费，再不能依赖地方政府返还部分罚没款项补充查私办案经费。

24. 该法第五十四条规定，行政机关应当建立健全对行政处罚的监督制度。多年来，海关系统实行调查人员与审理案件的人员分离，作出处罚决定的部门与受理复议申请的部门分离，设立案件审理委员会，本海关处理案件三级审批，大案要案总署审批等制度，已被实践证明是行之有效的行政处罚监督制度。但在情报管理、立案销案、检查查验、采取强制措施的审查、处罚的执行与减免、调查审理人员的回避等方面的监督还不够严密。《行政处罚法》的生效将要求海关行政处罚适用更严格、细密的程序，也因之要求海关建立健全更全面、严密的监督制度。该法还要求加强对行政处罚的监督检查。作为为数极少的实行全国集中统一领导的海关系统，无疑也应据此精神加强对全国海关行政处罚的监督检查。

25. 该法第五十四条还规定，公民、法人或其他组织对行政机关作出的行政处罚，有权申诉或者检举，行政机关应当认真审查，发现行政处罚有错误的，应当主动改正。这一规定同国家原有的法律、行政法规规定，以及海关行政处罚实践相比，含有两点新内容：(1) 对已发生法律效力的处罚决定，第一次通过法律明确规定当事人仍有权申诉，而且规定行政机关对申诉必须进行认真审查，过去，行政机关对此只是按“人民来信来访”内部规定办理，但没有必须审查、有错误必须主动改正的规定；(2) 第一次通过法律明确规定当事人之外的其他公民、法人或社会组织，认为行政机关的处罚有错误，也有权检举。对检举，行政机关同样应当认真审查和主动改正错误。对此，海关应当从程序上作出具体规定并将有关部分补充规定到案件审理和行政复议规章中去。

26. 该法通过第七章（第五十五条、第五十六条、第五十七条、第五十八条、第五十九条、第六十条、第六十一条、第六十二条）从9个方面分别规定了对实施行政处罚的行政机关的“直接负责的主管人员和其他直接责任人员（以下简称为责任人）”（除构成犯罪追究刑事责任的以外）可以或必须追究行政责任：(1) 行政处罚没有法定依据，擅自改变处罚种类、幅度的，违反法定程序的，违反该法关于委托处罚的规定的，除责令改正外，可以对上述人员给予行政处分；(2) 不使用统一的罚款、没收财物收据的，当事人有权拒绝处罚，并须对责任人给予行政处罚；(3) 违反该法关于特列几种情况才能自行收缴罚款的规定、关于返还罚款的规定的，责令改正并追究行政责任；(4) 截留、私分、变相私分罚款、没收财物的，钱、物追缴，责任人追究责任；(5) 执法人员利用职务上的便利，索取或者收受他人财物、收缴罚款占据为己有的，追究责任；(6) 行政机关使用或者毁损扣押的财物，对当事人造成损失的，依法赔偿并追究责任；(7) 违法采取检查措施或执行措施，给公民造成人身或财产损害，给法人或其他组织造成损失的，依法赔偿并追究责任；(8) 应当移送司法机关追究刑事责任的不移送、“以罚代刑”的，责令纠正，拒不纠正的，追究责任；(9) 执法人员玩忽职守，对应当予以制止和处罚的违法行为不制止、不处罚，致使公民、法人或其他组织的合法权益、公共利益和社会秩序遭受损害的，追究责任。可以看出，本法对行政机关行使处罚权从各个方面提出了十分严格的要求，对违法行为不处罚不行，处罚不准确不行，处罚违反法定程序不行，借机牟取私利不行，损害当事人合法权益也不行，都要承担责任。当前，海关调查、监管、稽查、统计、法律部门都有处理案件的权力，有关领导和全体办案人员都应当对《行政处罚法》以上 8 条法律责任规定牢记在心，时时提防自己不要违犯，违反规定的，应主动承担责任并吸取教训。

27. 该法第六十四条规定，该法公布前制定的法规、规章关于行政处罚的规定与该法不符合的，应当依据该法修订，并已于 1997 年 12 月 31 日前修订完毕。据此，海关立法部门必须尽快开始对涉及海关工作的行政法规和海关规章进行清理，提出修订方案。

28. 依据该法第二十九条规定，除法律与有关规定外，违法行为在两年内未被发现的，不再给予行政处罚。《海关法》没有对违法行为追究的时效规定，《海关法行政处罚实施细则》则规定走私行为或违反海关监管规定行为，3 年后发现的不予处罚。因为《海关法行政处罚实施细则》属行政法规，故不属例外范围，即分年不再适用，对两年后发现的走私违规行为，不能再予处罚。

海关行政强制行为[①]

一、海关行政强制行为的概念、特征和作用

笔者所谓海关行政强制行为，是指由海关为保证其行政管理职能的履行，依据国家海关法［这里主要指全国人大常委会刚修改过的新的《中华人民共和国海关法》，以及与之配套的（正陆续修改的）国务院《中华人民共和国海关法行政处罚实施细则》、《中华人民共和国进出口关税条例》、《中华人民共和国海关稽查条例》、《中华人民共和国知识产权海关保护条例》等行政法规］和有关法律、行政法规，针对海关行政管理相对人（进出关境活动当事人和其他对海关负有法律义务的法人、自然人）作出的带有直接强制作用的所有具体行政行为（既包括程序性行为，也包括实体性行为）。

根据笔者这一概念，可以看出海关行政强制行为具有以下特征：

第一，是具体行政行为。仅指针对具体的与进出关境活动直接有关的当事人的某个特定进出境行为作出的行政行为。海关发布的具有普遍约束力的强制行为（如海关总署根据联合国及其安全理事会关于对某国家实施制裁的决议下达的禁止从该国进口或向该国出口贸易货物进出我关境的通知）不在此范围。

第二，是针对海关行政管理相对人（亦即进出关境活动当事人）的行为。除海关行政管理对象外，海关无权对其他公民、法人和其他社会组织采取强制行为。

第三，是对当事人有强制力的行政行为，该行为的作出，并不考虑当事人的意愿而凭行政机关单方面意志作出，或仅仅单方面决定给予当事人以有限选择权。

第四，是由海关凭借自身职权直接实施的强制行为。以下行为均不属

---

① 本文为作者在中国行政法研究会2000年会上提交的论文。

海关行政强制行为：海关执行职务遇到抗拒，依法请求公安机关、人民警察武装部队协助实施的强制；当事人不申请行政复议，也不提起行政诉讼，又不履行海关行政决定，或者海关复议决定生效后申请人不履行复议决定，海关依法申请人民法院实施的强制；海关走私犯罪侦查机关对走私罪嫌疑人实施的强制。

第五，是海关为保证其对外职能任务的履行采取的行为。不是与海关履行监督管理货物、物品、运输工具进出关境（以下简称进出境），征收关税及其他税费，调查或处理走私及其他违反海关法和有关法律、行政法规、海关规章的行为，编制海关统计等对外职能任务直接有关的海关行为，即使具有一定的强制性（比如海关内部纪律检查或监察部门强制要求海关工作人员在指定时间、指定地点谈话，海关人事组织部门对海关工作人员作出的停职检查决定，海关机关保卫部门对严重违反机关安全、保卫规定的人员采取的临时强制措施等），也都不是海关行政强制行为。

第六，是依《海关法》和有关法律、行政法规作出的行为。《海关法》和有关法律、行政法规对海关行政强制行为的种类和适用范围有明确规定，只有依据这些规定采取强制行为才是海关行政强制行为。采取的强制行为没有法律、行政法规依据，即使是为了履行海关职务，也是严重违法行为，而不是本文所称的海关行政强制行为。

第七，海关行政强制行为，既包括程序性行为（如检查、扣留等），也包括实体性行为（如将扣留或担保货物、物品抵缴，变价抵缴税款、罚款或走私货物的等值价款，通知银行扣缴税款等）。

二、海关行政强制行为的种类及实施

海关行政强制行为的种类很多而且可有多种划分方法，比如：按强制行为实施的业务环节或业务领域，可分为通关环节的强制，征税环节的强制，后续管理环节的强制；调查、审理违反海关法行为案件和作出处罚决定环节的强制；按采取的行政手段的强制程度，可分为直接强制与间接强制；按强制的性质，可分为涉及人身权的强制，涉及财产权的强制，以及其他强制；按强制的法律后果，可分为程序性的强制和实体性的强制；按强制的内容，可分为人身强制、财物强制、行为强制等。本文按最后一种划分方式对海关行政强制行为逐一简要介绍。

（一）人身强制

包括“查问”、“检查”、“扣留”、“查阅”、连续追击与强制带回等。

1. 查问。根据《海关法》规定，海关可以查问违反海关法或者其他有关法律、行政法规的嫌疑人。这种查问具有强制性，嫌疑人必须接受查问，如实回答海关提出的问题并在海关制作的查问笔录上签字，对自己的回答负法律责任。

2. 检查。依据《海关法》及有关行政法规规定，在海关监管区和海关附近沿海沿边规定地区，海关可以检查走私嫌疑人的身体。拒绝依法检查的，执行关员可以强制检查。

3. 扣留。依据《海关法》规定，海关对走私犯罪嫌疑人，经直属海关关长或者其授权的隶属海关关长批准，可以扣留；扣留时间不超过24小时，在特殊情况下可以延长至48小时。

4. 连续追击与强制带回。依据《海关法》规定，进出境运输工具或者个人违抗海关监管逃逸的，海关可以连续追至海关监管区和海关附近沿海沿边规定地区以外，将其带回。

（二）财物以及与财务相关的账册资料强制

包括“查验”、“检查”、“扣留”、“查询”、“加封”、“封存”、“关税保全”、“提取”、“提取变卖”、“先行变卖”等多种。

1. 查验。对所有进出关境货物、物品进行查验，是海关基本职权之一。这种查验具有强制性，进出境货物收发人、所有人、代理人必须允许而且协助。

2. 查阅、复制。根据《海关法》规定，海关对与进出境运输工具、货物、物品有关的合同、发票、账册、单据、记录、文件、业务函电、录音录像制品和其他资料，有权查阅、复制。

3. 检查。海关依法在许多情况下可以行使检查权。包括以下内容：检查进出境运输工具；在海关监管区和海关附近沿海沿边规定地区，检查有走私嫌疑的运输工具和有藏匿走私货物、物品嫌疑的场所；在海关监管区和海关附近沿海沿边规定地区以外，海关在调查案件时，经直属海关关长或者其授权的隶属海关关长批准，可以检查有走私嫌疑的运输工具和除公民住处以外的有藏匿走私货物、物品嫌疑的场所。

4. 扣留。根据《海关法》及有关行政法规，海关对违反《海关法》及有关法律法规的进出境货物、物品、运输工具，可以扣留；对与上述货物、物品、运输工具，有牵连的合同、发票、账册、单据、记录、文件、业务函电、录音录像制品和其他资料，可以扣留；在海关监管区和海关附近沿海沿边规定地区以外，对有证据证明有走私嫌疑的运输工具、货物、物品，可以扣留。

5. 施加封志和封存。根据《海关法》及有关行政法规，海关对有违反《海关法》及其他法律或行政法规嫌疑的进出境货物、物品、运输工具，对所有未办结海关手续并处于海关监管状态的进出境货物、物品、运输工具，均有权施加封志，任何单位或个人不得损毁封志或擅自提取、转移、动用在封货物、物品、运输工具。根据《海关稽查条例》，海关到企业稽查时，对有违反《海关法》和其他法律或行政法规嫌疑的货物、物品及账册资料，可以封存。

6. 强制扣缴、抵缴税款。根据《海关法》的规定，进出口货物的纳税义务人及其代理人超过两个月未缴纳税款的，海关可以采取下列强制措施:

(1) 书面通知其开户银行或者其他金融机构从其存款中扣缴;

(2) 将应税货物依法变卖，以变卖所得抵缴;

(3) 扣留依法变卖其价值相当于应纳税款的货物或者其他财产，以变卖所得抵缴。

7. 关税保全。根据《海关法》的规定，进出口货物的纳税义务人在海关依法责令其提供纳税担保时不能提供的，经直属海关关长或者其授权的隶属海关关长批准，海关可以采取下列税收保全措施:

(1) 书面通知纳税义务人开户银行或者其他金融机构暂停支付纳税义务人相当于应纳税款的存款;

(2) 扣留纳税义务人价值相当于应纳税款的货物或者其他财产。

8. 提取、提取变卖、先行变卖提前处理。根据《海关法》的规定，海关查验货物认为必要时，可以径行提取货样; 进口货物超过 3 个月未向海关申报，海关可以提取依法变卖处理; 进口货物收货人或其所有人声明放弃货物，海关有权提取依法变卖处理; 海关依法扣留的货物、物品不宜长期保留的，经直属海关关长或者其授权的隶属海关关长批准，可以先行依法变卖; 超期未报关货物，以及溢卸、误卸货物不宜长期保存的，海关可以根据情况提前处理。

9. 抵缴、变价抵缴罚款或应没收货物的等值价款。根据《海关法》的规定，当事人逾期不履行海关处罚决定又不申请复议或者向人民法院提起诉讼的，海关可以将其保证金抵缴，或者将其被扣留的货物、物品、运输工具依法变价抵缴。

(三) 行为强制

包括：强制履行义务；对进出关境活动当事人有关货物、物品、运输工具进出境，以及经营、运输、生产、加工、销售进出口货物和物品行为的直接干预、监督、限制，等等。

1. 运输工具检查配合。根据《海关法》的规定，海关检查进出境运输工具时，运输工具负责人应当到场，并根据海关的要求开启舱室、房间、车门；有走私嫌疑的，应当开拆可能藏匿走私货物、物品的部位，搬移货物、物料。

2. 货物查验配合。根据《海关法》的规定，海关查验货物时，收发货人应当到场，并负责搬移货物，开拆和重封货物的包装。

3. 随运输工具监管、驻企业监管配合。根据《海关法》及有关行政法规、海关规章的规定，海关可以派员随运输工具或驻企业监管，被监管方应提供必要的工作条件和其他协助。

4. 退运（依法强制将进境货物、物品退回境外；依法不准预备出境货物、物品出境），退单（不接受报关或将报关单退回责令重新填写），运输工具驶离、停留、移动及装卸货物、上下旅客限制（未经海关许可，不得实施上述行为），复运出境（限期要求暂时进境货物、物品复运出境），复运进境（限期要求暂时出境货物、物品复运进境），对进料加工和来料加工企业经营、生产、进出口原料或成品的状况的（原料进口）核验、（经营或生产中期）核查、（加工成品出口）核销、稽查等。

三、几种特殊的海关行政强制行为——海关行政担保

(一) 处罚担保

1. 根据《海关法》及有关行政法规，海关依法扣留有走私嫌疑的货物、物品、运输工具，无法或不便扣留的，或者有违法嫌疑但依法不应予以没收货物、物品、运输工具，当事人申请先于放行或解除扣留的，海关可要求当事人或者运输工具负责人提供等值担保。由于不提供担保不放行货物、物品、运输工具，而且提供的担保将可能被海关径行用于罚款或充抵本将没收的担保放行的货物、物品、运输工具，实质上这种担保具有强制性。何况，根据有关行政法规规定，“未提供等值担保的，海关可以扣留当事人等值的其他财产”。

2. 根据《海关法》和有关行政法规的规定，受海关处罚的当事人在离境前未缴清罚款、依法被没收的违法所得和依法被追缴得货物、物品、走私运输工具的等值价款的，应当提供相当于上述款项的担保。未提供担保的，当事人是个人的，海关可以通知有关机关限制其离境；当事人是单位的，海关可以通知有关机关限制其法定代表人或者其负责人离境。

(二) 税收担保

1. 根据《海关法》的规定，进出口货物的纳税义务人在规定的纳税期限内有明显的转移、藏匿其应税货物，以及其他财产迹象的，海关可以责令纳税义务人提供担保（不能提供的，采取税收保全措施）。

2. 海关批准的暂时进口或暂时出口货物，特准进口的保税货物，收发货人须缴纳相当于税款的保证金或者提供担保后，才可准予暂时免纳关税。

(三) 通关及其他海关事务担保

根据《海关法》的有关规定，在确定货物的商品归类、估价和提供有效报关单证或者办结其他海关手续前，收发货人要求放行货物的，须提供与其依法应履行的法律义务相适应的担保，海关事务担保管理办法，由国务院规定。

(四) 知识产权海关保护中的反担保

根据国务院《知识产权海关保护条例》的规定，已向海关备案的知识产权权利人申请海关扣留进出口侵权货物的，须提供担保（此担保由申请人自愿提供，无强制性，但不提供海关也不扣货）。但是，进出口货物的收发货人要求放行经知识产权权利人提供担保后海关扣留的货物的，须提供货物等值的反担保（具有强制性，否则海关不放行其货物）。

四、海关行政强制行为的限制、监督、救济

由以上海关行政强制行为的种类和实施可知，海关行政强制行为种类繁多。一方面对保证海关依法履行职务特别是促进对外经济贸易开展和科技文化交流，保证国家对进出境货物、物品的宏观控制，保证国家税收，打击走私及其他严重危害国计民生的违法活动，维护进出境环节有利公平竞争的正常秩序，起着极重要甚至是决定性的作用；另一方面，这些行政强制行为又直接影响进出关境活动当事人人身权、财产权，后果严重。为保证公民、法人和其他组织合法权益不受可能发生的海关违

法采取的“行政强制行为”的侵害，《海关法》及有关法律、行政法规对海关实施行政强制行为的范围（包括时间、地点、种类、数量等）和程序作了极为严格的限制。对已经实施的行政强制行为，当事人认为侵犯自己合法权益的，可以依法申请行政复议。对复议决定不服的，还可以提起行政诉讼。当事人也可以不申请复议直接提起行政诉讼。经复议或诉讼确认海关实施的行政强制行为违法或不当的，予以撤销；依法应当赔偿损失的，海关应主动赔偿或经受害人申请，由海关确认后予以赔偿，受害人对海关的决定不服，还可以向人民法院提起行政赔偿诉讼。另外，海关法和有关法律、行政法规、海关规章，对海关人员违法或不当行政行为，详细、具体规定如何严厉追究法律责任（包括经济追偿、行政处分、刑事处分）。

海关行政救济

HAIGUAN XINGZHENG JIUJI

新形势下的海关行政复议应诉工作[①]

今年以来，为适应国家加快依法治国进程和我国入世后海关执法，特别是海关行政复议工作面对的新形势，提高复议人员法律素质和海关业务素质，以及进一步了解相关知识，海关总署政法司决定举办一系列复议人员专题培训。第一次苏州培训是海关审价和贸易管制专题；第二次厦门培训是商品归类和知识产权海关保护专题；第三次，也就是这次黄山培训，是加工贸易和行政处罚专题。每次的授课人基本上都是主管处室的主要领导，同时是该项业务的专家级人物，所讲内容既有较高的理论性，又紧密联系了海关业务一线的实际问题。相信这一基础工程对海关复议工作水平的提高将在较长时期内发挥作用。因为这次来的基本都是各关法制机构负责同志，我乘此机会对海关复议、应诉工作作一个比较全面的发言。

一、10年来海关行政复议、应诉工作不断发展，海关法制建设不断加强

讲10年，是因为第一次全国海关法制工作会议距今正好10年，海关法制机构正式行使办理复议应诉案件职能（1993年1月）也差不多10年。10年以前海关也有复议应诉工作，但法制机构负责指导配合协助，不是基本职能。回顾起来，从1987年《海关法》出台，1990年《行政诉讼法》生效，1991年《行政复议条例》生效，直至1992年海关第一次法制会议召开和1993年1月组成专门的海关行政复议机构之前，可以算作海关行政复议诉讼的初创时期。这一阶段发生复议案件千余起、诉讼案件几十起。1987年《海关法》及其配套法规确立了比较完整的海关法规体系，海关行使政权基本有法可依。同时，也确立了真正意义上的海关

① 这是作者在第三次行政复议培训班上的讲话，原载《海关执法研究》2002年第2期。

行政复议制度和海关行政诉讼制度，将海关执法置于复议审查和司法审查的监督之下。从1992年海关法制工作会议召开，到1995年《国家赔偿法》、《行政处罚法生效》，1999年《行政复议法》出台这10年，是海关复议应诉工作稳步发展的时期。10年间全国海关受理复议案件约2000起，发生诉讼案件近百起。从1999年10月1日《行政复议法》生效，到2001年1月1日新《海关法》生效，以及2001年10月1日我国加入世界贸易组织以来，是海关复议应诉工作任务明显加重的时期，两年多时间里，共发生海关行政复议案件3600余起，诉讼案件百余起，其成为许多海关经常性业务。案件数量剧增，受案范围扩大，种类增多，案情复杂，复议应诉压力增加且难度加大是明显特征。

二、近年来海关总署政法司加大复议应诉工作的改革力度

面对压力，海关总署政法司主要从以下几个方面做工作。

（一）转变指导思想。在复议工作中，不再过分担心变更率，强调维护国家利益、维护行政效率的同时，理直气壮地坚决维护公民、法人和其他组织合法权益，处理“两可”案件，理直气壮地贯彻有利相对人的原则。

在应诉工作中，坚决摒弃片面追求胜诉的指导思想，坚持实事求是。海关违法或不当的行政行为，该输就输或提前自我纠正；对不该输的一审输了，坚决支持海关上诉，上诉不赢还要继续向有关部门反映。

（二）加强制度建设。包括制定实施复议法办法，推行复议公开、复议合议制、听证制度，修订廉政准则等，分署及各关也相继制定复议规程、应诉规程，对保证海关依法复议、应诉起到重要作用。

（三）开发复议应诉计算机管理系统，提高工作效率、加强办案的催办和监督。

（四）转变职能，解脱事务性工作压力，强化指导、监督作用。包括将广东省区大部分应由总署受理的复议案件改由分署办理，重视复议建议书的作用，连续编发《复议应诉案例选》，开展“以案说法”活动，及时向全国海关通报复议应诉工作中的问题和出现的新情况，等等。

（五）加强培训，提高复议人员水平。我们进行过贯彻复议法的大培训，现在又再财力人力紧张的情况下连续举办三期复议培训班。

三、海关行政复议应诉工作存在的问题仍不容忽视

（一）各关复议工作存在以下主要问题

1. 有些案件不能坚持原则。主要是顶不住同级部门或下级单位要求维持的压力，害怕被扣上不支持征税工作、不支持打击走私工作的帽子，因而不能实事求是纠正违法或不当行政行为。事实上我们完全能做到既坚持有关部门税收的“应收尽收”，又维护纳税义务人合法权益；既坚决支持对走私行为的严厉打击、对违规行为的严肃处理，又坚持行政处罚的合法性、适当性，并贯彻教育违法人改正违法的原则。

2. 有些业务量大的复议部门人员紧缺的问题长期未获解决。

3. 有些海关复议机构附属于办公室，地位低，“婆婆”多，影响复议效能。

4. 复议案件发生情况极不平衡。不少海关，包括业务量很大的海关，很少甚至没有复议、诉讼案件发生，这极不正常，绝不表明这些海关执法水平极高，行政相对人对海关所有具体行政行为都十分满意。

5. 少数海关法制部门工作开展不起来。

（二）各关应诉工作中存在以下主要问题

1. 仍存在片面追求胜诉的情况。

2. 法制机构只忙于“救火”，未能推动海关领导及有关部门重视暴露出来的执法问题。

3. 本不该赢的案件通过复议机构种种“努力”打赢了官司，执法部门反而错误地认为随意执法没什么了不起，反正有专门机构负责打赢官司。

4. 与法院沟通不够。一些法院对海关业务、海关法规不了解，对海关执法有偏见，使一些本该支持的案件判海关败诉。

四、新形势对海关复议应诉工作人员的新要求

（一）有关海关监管、通关、征税、行政处罚、知识产权保护、稽查和企业风险管理的法规，越来越多，越来越复杂，越来越细化，越来越透明，要求海关复议应诉人员持续不断学习法律新知识，提高法律素质。

（二）科学技术的飞速发展，进出口货物的千变万化，海关通关程序的电子化，监管、征税、调查违法行为的方式方法的更新，要求海关复

议应诉人员持续不断更新科技知识和海关业务知识。

（三）国家依法治国方略的推进，行政相对人法律意识的增强，律师界对海关法规的逐步熟悉，海关复议应诉面对越来越难打交道的“对手”，这就要求复议人员必须学习、锻炼、提高，具备应付自如的能力。

（四）海关征税任务艰巨化，调查部门、业务部门对复议部门复议案件“高抬手”的要求，入世后政务公开、法规透明的要求，司法界加强对海关行政行为司法审查力度的倾向，都使复议应诉工作面临更大的压力，这将要求复议人员进一步增强法制观念和职业道德观念，更好地掌握原则性与灵活性的关系，以及做好为海关法制建设不计个人荣辱的心理准备。

五、新形势下海关行政复议应诉的几个热点《《

（一）行政处罚、行政强制案件面临更复杂的法律依据和更广泛的协调联系部门。

海关系统行政处罚案件调查处理职能的一大部分调整到走私犯罪侦查部门，海关行政复议也将扩大到这些部门以海关名义作出的行政强制、行政处罚行为，以及行政不作为，“违法要求履行义务”、“侵犯经营自主权”等行为，复议机构还可能受理因侦查部门作出的行政行为引起的行政赔偿案件。复议部门除了掌握海关行政复议法律依据，还要熟悉与刑事实体法、程序法的区别与联系。

（二）归类复议案件过去在海关总署政法司内征求归类处意见，随着归类划归关税，今后要会签关税司。另外还会出现预归类复议案件和申请复议归类具体行政行为的同时申请一并复议审查归类行政裁定抽象行政行为的案件。

（三）知识产权案件越来越多，相应复议案件会增多。过去只依《知识产权海关保护条例》行政处罚，今后要移送地方公安机关追究刑事责任。罪与非罪、行政处罚与行政强制、行政程序与刑事程序的区别和联系等有关法律问题，都可能遇到。

（四）税收形势的严峻必然带来新《海关法》税收强制措施的广泛采用和复议案件的出现。

（五）入世后，海关依新《海关法》、新估价办法审理估价争议案件的严格要求与保证税收“应收尽收”的巨大压力形成对流，复议部门正好处在对流的旋涡。

（六）海关行政相对人法制观念的提高导致诉讼案不断增多，而对海关前几年诉讼案胜诉率较高不以为然，希望多判几个海关败诉甚至赔偿的案件的司法人员也大有人在，近几年海关败诉、海关赔偿将是热点。由于海关赔偿案一经发生，赔偿额往往很大，国家财政部门则会进一步要求追究海关人员行政责任和经济追偿责任。

六、加强复议应诉工作和海关法制建设面临最有利时机

以上我讲的都是压力、困难，现在我又要说，我们复议应诉人员大可不必紧张、担忧，而面对挑战应振奋精神、积极应对。这不是说只有对我们提过高要求，而是因为我们当前面临重重压力的同时恰恰又面临加强改进复议应诉工作、加强海关法制建设的最有利时机。一是二十几年国家法制建设特别是依法治国方略的提出，以及十几年海关法制工作的积累，特别是依法行政海关工作新方针的贯彻，海关系统领导和全体关员法制观念从来没有现在这样高；二是强调依法治国和我国加入世界贸易组织形势下法制大环境的变化，复议、诉讼案件的增多，特别是海关败诉、赔偿案件的增多对海关加强法制建设的促进作用从来没有现在这样强；三是海关总署领导近期一再作出有关加强法制建设的指示，时隔十年，总署决定再次召开全国海关法制工作会议，会上将对有突出贡献的海关法制机构和人员进行表彰、奖励，会后将作出加强海关法制工作的决定。面对前所未有的机遇，我们没理由不振作、不努力。

七、关于下一阶段复议应诉工作和海关法制工作的几点个人意见

（一）进一步发挥行政复议、行政应诉工作的执法监督作用。包括开展“以案说法”，尽可能出具复议意见书，研究司法建议，以及自己总结诉讼中发现的海关执法问题，等等。

（二）充分利用 F2002 复议诉讼管理系统功能。

（三）进一步抓好复议政务公开。我们已通过署发文作出明确要求，现在再提这个问题主要是希望大家多方面认识复议公开的意义：依法治国的体现，入世的要求，有利于社会监督，有利于自我约束，等等。我这里只强调一点，当事人提出复议申请多一些绝不是坏事，大家回去不妨借宣传复议公开制度欢迎海关行政相对人大胆申请复议，特别是一些没有或很少复议案件的海关，一些法制工作开展不起来或“没什么事可

做”的海关。这绝不是自己给海关找麻烦，甚至像过去某一个海关讲的“吃里爬外”。在这里我特别向大家推荐深圳海关做法。许多年前，深圳海关法规处就主动向社会宣传《海关法》、《行政诉讼法》、《行政复议条例》，“鼓动”相对人向海关复议，关领导绝没有因此而不满，法规处也绝没有因此而“日子难过”。去年，龚正司长去深圳当关长，搞一个关内外（包括对企业）发行的刊物，编辑部通过法规处向我约稿，我写了如何复议，以及复议机构和人员不认真维护申请人合法权益如何追究法律责任的文章，还专门写一个“海关欢迎企业通过行政复议维护自己合法权益”的题目，结果就赶登在第一期，这才是大关的气度！

（四）应诉工作一定要从片面追求胜诉方面解脱出来。法制部门是从宣传监督依法行政角度减少诉讼，发生诉讼认真研究案情，不该输的有决不能输的态度，输了还要继续想办法挽回国家损失。但对确实有问题，特别是明显事实不清或法律依据错误的，以及明显违反法定程序的，与其在法庭上勉强辩护被对方公然嘲笑，损害海关形象，还不如主动撤销原具体行政行为，把重点放在“以案说法”，汲取教训，扎实改进工作，提高执法水平上。

（五）尝试建立行政执法责任制。执法不严甚至违法行政不承担任何责任，必然导致执法随意性的泛滥。我们可以先从建立行政复议执法责任制开始，从建立复议法中规定的复议人员违法复议、被申请人不执行复议决定追究行政责任的制度和制发复议建议书（意见书）建议追究复议中发现的违法行政人员法律责任开始，最终建立整个海关系统行政执法行为的全员责任追究制度。

（六）为召开法制工作会议，制定加强海关法制建设决定尽力。署领导对海关法制建设越来越重视，今年计划召开全国海关法制工作会议，提出新时期海关系统法制工作的方针、任务、工作重点，对10年来从事海关法制工作有突出贡献的单位和个人进行表彰和奖励，总署还将专门作出《加强海关法制工作的决定》，这是很鼓舞人心的。我们各关法制部门要积极行动起来，把本关的法制工作做好，同时为开好法制工作会议和制定《决定》献言献策。

（七）下工夫钻研业务。做好分内工作，我这里特别建议，要把认真钻研海关业务和法律业务作为一个正式的工作要求。只有熟悉海关监管、征税、调查、侦查、统计业务，熟悉法律、行政法规和海关行政规章的有关规定（不要求都背下来，但必须知道全部规定大致内容，并在解决问题时找出、查到全部有关具体条文），才能做到以下几个方面。

1. 办案利索。事实认定和法律适用简明、准确、清楚。经常出现以下问题：审查案件，常发现处罚决定书过于简单，没写清楚违法事实，甚至出现很短的一个决定存在事实描述和适用法律的多处失误；答辩书（以及谈话笔录）啰唆，不得要领；案卷材料混乱，没有重点，没有顺序，等等。

2. 不事事请示，包括正式的非正式的请示和客气地称为“请示”的实际上的咨询电话。许多正式的请示，包括纸面发文或传真电报，实际上要么是缺少独立负责精神，自己职权范围能决定的事“企图”拉上级机关或部门“垫背”分担责任，要么是业务不熟该懂的没懂。许多咨询电话问的问题实际上并不复杂。我本人几乎天天接这类名为“请示”实为咨询的电话。大家经常打电话给我，作为同事、同行、兄弟，我当然高兴，这说明大家同我没有距离感。但事实上，有的问题不必“请示”，是自己本就能或本应能解决的。

3. 敢负责。对问题有把握，就可以大胆负责，不至于看别人态度，待领导支持，要属下研究，不敢直截了当表态。

4. 为领导分忧。就是一些非领导不能拍板的事，由于你有把握，也可以大胆提出建议、意见。

5. 对一些执法难题能提出解决办法，对一些理论问题能发表独到见解。

（八）树立一个系统、一支队伍观念，增强垂直领导意识。全国海关法制部门机构简单，人员很少，但我们担负着繁重任务，是海关职能活动不可缺少的方面军。法制工作的高难度和全国高度统一性，各关复议、应诉案件的相似性，都要求法制部门上下必须及时沟通，决不允许封锁执法问题，还要求横向经常交流，密切配合，应向调查、侦查、统计、关税等部门学习，养成法制队伍团结协作的习惯。

（九）开创本关法制工作新局面。法制工作开展，站在总署角度，不能只讲“有为才有位”，政法司千方百计为大家创造条件，但靠自己杰出的工作表现赢得领导重视、兄弟部门敬重也确是经验之谈。设法规处的，在办公室下设法规室的，有不少海关的法制工作开展得很火热。

八、与各关法制机构负责人共勉的几点想法

（一）要有海关法制工作的开拓者的使命感，见证人的荣誉感，实践

者的责任心。在座的几乎集中了各关第一批从事法制工作的元老级人物，绝大多数出自大学法律专业。各位都是海关精英人物，既熟悉海关业务，又经常以法律为武器处理案件，别看在海关只是个处级、科级甚至科员级的小人物，但离开海关都能挣大钱。为什么大家能“费力不讨好”坚守岗位，能甘于清贫，默默奉献？我想，大家能认真学习、积极实践“三个代表”理论的根本原因之外，海关法制建设靠在座诸位亲手推动，诸位一步步见证海关法制建设从起步到大发展，这份使命感、荣誉感、责任心是很重要的原因。反过来说，既然大家能割舍外面精彩的世界，难道不更应珍重这份使命感、荣誉感、责任心，为海关法制建设再作更大贡献吗？

（二）作为法律工作者，千万不能丢弃原则。公务员不是书生论道，不讳言灵活性。灵活性包括自己处理问题的灵活和领导的灵活。行政机关实行行政首长负责制，大问题领导可以灵活，法律工作者作为属下不能随便灵活，属下也不能以依法行政为由妨碍行政首长负责制。但法律工作者是领导的参谋助手，不能及时提出依法行政建议是严重失职，领导听不听是另外问题。有的法律工作者为迎合领导意思，居然出些公然违反法律规定的“馊点子”，我十分不赞成这样做。不出这点子，领导至多看不到你的“才华”，不会引为“心腹”，但还不至于从根本上断送你前程。法律工作者在本职岗位也有灵活，那是在没有明确处理办法而又必须处理该问题时依法灵活处理，法律规定不明确时尽量靠近相关规定处理，而决不能违法或在无法律依据情况下自作主张处理问题。

（三）作为法律工作者，必须是讲依据、讲程序、守纪律、讲秩序的模范。法律工作者以身作则，才谈得上推动整个单位，形成事事讲法律依据，事事按规定程序办的习惯。法律工作者必须严格遵守劳动纪律。有人认为只要任务完成好，劳动纪律不必认真。如果是在手工作坊当老板当师傅当雇员，我也赞成，但这显然为行政机关要求所不容。至于工作纪律、廉政纪律、工作程序，实际上就是法，法律工作者不带头遵守就成了笑话。讲秩序包括很广，我想讲的主要是工作秩序和与工作有关的秩序。总体看，基本秩序都有法来规定和维持，但微观看许多秩序是约定俗成的，比如在公务时间说话分级别、有分寸、讲礼仪，这是公务现状，我们不应也无能力打破。就是在休息、公务吃饭时，说话也要注意影响。

(四) 作为法律工作者，必须有好的作风。

1. 实事求是。我们办理案件、提工作建议、总结工作时，很难说都做到了不徇情、不护短、不媚俗、不唯上、不唯书、不文过饰非。

2. 团结合作，大局为重，彼此真诚相见，理解、尊重，不计较或谅解个人的小过错。

3. 精确、缜密、负责，办事有把握，让上级放心。

4. 民主作风。前面我讲了要维护现存秩序，但在我们自己能行得通、又不影响其他部门的范围内，还是民主多一些更好。这里讲民主作风，包括领导作风和办案作风。领导作风，往大说，法制与民主共生；往小说，伙伴关系远远比君臣关系、主仆关系甚至猫鼠关系或者黑社会性质“老大”与“小兄弟”关系更有积极性、创造性。至于办案，“长官意志”导致错案多，合议制或领导鼓励比自己资历浅的属下大胆发表不同意见，会使案件差错少，这是不争的结论。请诸位有能力把自己的部门搞民主一些，不要走个人说了算的老路。

(五) 作为法律工作者，必须有好的品质。

1. 能爱岗敬业、敬法护法。俗念不要太多，私心不要太重，否则你在这个岗位呆不下去。不能因个人情绪怠慢工作，不能因个人杂念亵渎法律，不能因个人私欲牺牲原则。

2. 讲政治，不要当政客。有人说高级别的大官是政治家，我不敢苟同。我认为政治家可以是官，也可能是民，关键是他有政治抱负并终生为之奋斗，不计个人得失荣辱毁誉，甚至敢牺牲感情和生命，还要有谋略、懂策略，有大的活动能力和社会影响力。如果只为谋官、保官，热衷用权、争权，醉心名利地位，讲心计斗权谋，无论职位高低，能耐大小，充其量只是政客而已！我们要讲政治，包括：

(1) 努力实践“三个代表”，努力实践各个法律的立法指导思想，坚持维护国家利益与维护行政相对人合法权益的一致性，以及努力为海关作贡献与维护海关形象的一致性。

(2) 光明磊落、公正、认真，靠杰出的服务赢得领导信任和平行部门敬重。

(3) 依法办理复议案件，使行政行为作出部门和复议申请人都能口服心服。依法应诉，坚持维护国家利益与知错认错、维护原告人合法权益的一致性，尊重法官的同时也尊重原告，摆事实讲道理，不以势压人。

新形势下的海关行政诉讼[①]

自1987年《中华人民共和国海关法》初步确立海关行政诉讼制度，1989年《中华人民共和国行政诉讼法》(以下简称《行政诉讼法》)、1990年《中华人民共和国行政复议条例》、1995年《中华人民共和国国家赔偿法》、1999年《中华人民共和国行政复议法》全面确立行政诉讼和行政赔偿制度以来，海关系统已发生行政诉讼、行政赔偿案件700多起，加上此间发生的与海关履行职务有关的经济、民事案件，总数恐怕近千起了。

18年来，由于海关总署领导对行政诉讼、行政赔偿案件的高度重视，许多案件直接关注、过问甚至亲自出面，做联系、协调工作，由于各发案海关领导的高度重视，对总署政法司、各关法制机构承担的行政应诉工作的关心和支持，以及总署和各海关应诉人员的杰出工作，也由于海关历来有依法行使职务的传统，[②] 由于海关履行职责基本上有海关法、配套行政法规和大量规章作执法依据，由于总体看来在各行政部门机关中海关执法水平相对较高（这是新中国海关成立之初就有较完备的法律制度使然），因此，海关行政争议（包括行政复议、行政诉讼）案件不算多，[③] 特别是败诉案件、实际赔偿案件很少。这足以让我们海关法律人自豪，更应当向各级海关领导和广大执法关员及应诉人员表示敬意，向所

① 原载《海关执法研究》2005年第5期。

② 新中国海关成立之初，国家就制定《中华人民共和国暂行海关法》，该法不仅全面规定了海关职能、任务，海关地位、权力、组织领导关系，海关设置原则，详细规定了海关所有业务制度，以及对违法行为的惩处，还专门规定了对海关征税、处罚不服的具体申诉制度（这一制度与今天的行政复议制度几乎完全相同，只不过海关总署对申诉的审查决定为最终决定，因为那时还没有行政诉讼制度）。一个行政部门以国家专门制定的法律为行政活动的基本依据，这在改革开放前是仅有的。

③ 海关每年接受、审查进出口申报逾两千万起，征税行为几百万起，审价行为几十万起，查验行为几十万起，处罚行为几万起，行政强制行为几万起，而每年发生行政争议仅几百起（包括行政复议几百起、行政诉讼几十起）。

有支持、协助过我们依法行政的地方党政领导，向准确行使对行政机关的司法监督权、坚持依法公正审判案件、维护行政相对人合法权益的同时坚决维护和保障行政机关依法行政的人民法院表示敬意！

话又说回来，尽管从总体数量上看，海关行政诉讼案占整个国家行政诉讼案件总数、海关败诉案占诉讼案件总数、海关实际赔偿额占申请赔偿总额的比率都不是很高，但由于从趋势上看海关行政诉讼案件不断增多，行政赔偿索赔额不断加大，特别是重大复杂案件增多，巨额赔偿案增多，终审判决海关败诉和承担巨额赔偿的案件近年来几次发生，海关系统乃至全社会反响巨大，需要各级海关领导、全体海关关员进一步给予重视，而且已经到了刻不容缓的地步。

面对行政诉讼制度全面实行，行政机关具体行政行为面临司法机关全面监督，海关行政诉讼案件越来越多的新形势，各级海关在无法避免的诉讼中，尽可能做到不该输的不输、不应赔的不赔，又要注意防止片面追求诉讼案件少和诉讼案件胜诉率高而不严格执法的倾向。同时，切实采取措施，提高执法水平，尽可能减少不必要的诉讼，避免牵涉不必要的人力物力。这些，对提高行政效率，维护海关形象，维护海关作为进出关境监督管理机关的威信，维护国家行政权的有效实现，同时又注意严格保护进出关境活动当事人的合法权益，无疑都具有十分重要的意义。

一、重视应诉工作，提高应诉水平

提高海关行政诉讼案（及其他种类的诉讼案）的胜诉率，特别是不该输的案件绝不能输，不该赔的案件绝不造成非赔不可的结果，无疑是每一个可能成为被告的海关的领导干部和有关关员都十分重视的问题。胜诉率高，一可以使海关更好地树立依法行政的形象，提高海关威信，减少执法阻力；二可以使那些有心无理纠缠的人，或者抱着侥幸心理指望与海关打官司捞好处的人望而却步，因而减少一些不必要的诉讼；三可以使本单位严格依法行政、高质量的工作得到司法确认，从而进一步增强本单位领导及广大职工的工作信心；四可以确保海关依法作出的行政行为的有效性，避免、减少不应有的国家赔偿，维护国家利益（这是最重要的一点）。

提高胜诉率，需要多方面采取措施。最主要的有：领导高度重视，做好应诉准备，讲究应诉策略与答辩技巧，做好外围工作，提高执法水平与办案水平，提高执法人员的法律素质，等等。

（一）案发海关领导特别是一把手的高度重视，对案件胜诉有关键性作用

许多基础不是很好、海关执法有不少瑕疵的案件，甚至被一审乃至终审判决海关败诉的案件，由于领导重视，进而保证了应诉力量强、准备充分，由于领导出面，多方位做工作，海关执法难度（难免小差错）、执法传统（明显违法较少）、执法重要性（直接影响国家利益）得到法院和地方党政领导理解，案件最后胜诉。但也有一些案件，海关执法并没有大的问题，却招致了败诉，甚至引发了赔偿，固然有司法审判人员的司法理念和司法水平的原因，但海关领导习惯于关起门当老爷，不重视、不关心应诉工作，不善于、不屑于甚至怯于出面与法院和地方党政沟通，也是重要原因。

（二）认真、周密做好应诉准备，是海关行政诉讼案件能够胜诉的基础

1. 人员准备。确定应诉人员与应诉班子，是应诉准备中首要的一环。关长虽然作为被告人的海关一方的法定代表人，人民法院和立法机关立法本意都鼓励行政首长亲自出庭，但实践中，极少有关长亲自出庭应诉的情况，通常是由关长委托两名代理人代为应诉。根据《行政诉讼法》规定，当事人及法定代理人均可委托一至两名代理人代为诉讼。代理作为被告一方的海关参加诉讼的人员，需要具备下述条件：

（1）必须十分熟悉海关业务。海关工作，业务性、技术性较强，代理人仅仅通过阅卷或调查，大概地熟悉本案案情是不够的，必须通晓海关业务，既包括有一定的实践经验，又包括具备一定的海关专业知识，还必须熟知有关的海关管理规章、制度。同时，因为许多案子具有涉外性，还需掌握有关海关管理的国际惯例、外国海关的类似管理情况、外国法律制度有关海关管理的规定，以及有关的国际文化、政治、经济交流所应有的知识。

（2）必须有较高法律素质。出庭应诉，仅有海关业务知识，而没有一定的法律知识是不能胜任的。法庭审理行政案件的基本指导原则，是以法律为依据，既包括对行政行为是否合法，依据国家有关法律、行政法规并参照行政规章有关规定判断并作出判决或裁定，也包括法院审理行政案件的全过程都必须依法定程序。双方当事人在诉讼中的权利义务也都是法律明文规定的。因此，应诉人员只有具备较高的法律素质，才可能在诉讼准备和诉讼进行过程中，坚持“以事实为依据，以法律为准绳”的原则，有理、有利、有节地为胜诉全面展开工作，也才能在法庭审查证据、当庭质证、法庭辩论及最后陈述中为自己一方提出有力的事实证据和法律依据，并进行有理有力的推断、论述，为海关进行服人的辩护，对原告方进行无法翻身的批驳，为胜诉打下坚实基础。另外，还需注意遵守法庭纪律，充分保证诉讼权利，抵制对方当事人或者法庭人员在诉讼中的违法行为，这都需要较高的法律素质。顺便指出，海关职能活动的规范性、全国统一性，特别是涉外性，造成我国许多法律前沿问题首先或较先在海关法上得以反映，诸如法人犯罪、行政复议（1951年《暂行海关法》称“申诉”，与今天的复议基本一样)、行政诉讼、对行贿人径予行政处罚、正面规定行政人员的义务和法律责任、行政担保、行政强制、行政代理、行政合同，等等。近年来，各海关都相继引进不少法律人才。海关立法和执法实践的上述特点，为海关法律人才应用法律知识为国家作贡献，开展执法难题研究，以及行政法和相关法律学科学术研究提供了广阔天地。

(3) 必须对海关工作、对国家利益有高度责任心和使命感，又注意尊重对方当事人合法权益，模范遵守法庭纪律，维护海关工作人员良好形象。这样才能在诉讼准备和诉讼过程中以高度负责的精神，认真准备材料、核实证据、大胆辩护、据理力争，为维护海关依法作出的行政行为的有效性尽最大努力。与此同时，应诉人员又必须注意尊重对方当事人合法权益，在诉讼中不文过饰非，不为片面追求胜诉而歪曲事实，强词夺理。在应诉中模范遵守纪律，注意保持国家机关工作人员的良好形象，维护海关的良好形象，不盛气凌人，不感情用事，坚持摆事实，讲道理，文明应诉。这不仅仅是个人“风度”问题，它关系到国家行政机关的威信和人民对法律尊严的崇尚，对国家依法治国、共产党执政为民的信心。因此，挑选应诉人员，还必须考虑政治思想好，作风正派，有较高道德修养等条件。

(4) 必须有一定口头表达能力、思辨能力。根据现行司法实践，不少法院已试行辩论式审理，庭前交换证据，开庭即首先由海关就所作具体行政行为举证，并马上进行质证，在一定意义上说，法庭审理人员是作为裁判人，听由双方当事人辩论而判断是非曲直。前些年，提起诉讼的当事人或多或少还抓住了些海关执法的毛病，占有几分道理，而近些年，一方面颠倒黑白，大量提供与海关具体行政行为没有直接、内在关系甚至完全没有关联的证据，混淆是非，有意歪曲事实，恶意纠缠，另一方面又误解或有意曲解法律、法规、规章，千方百计把过错和赔偿责任强加到海关身上。这样的情况常常发生，如果我们的应诉人员思辨力弱，口头表达能力差，不能机敏地、迅速地、准确地进行有力反驳和论证，很可能使海关本来依法作出的行政行为被法庭人员认为是侵犯当事人合法权利的行为，使本应完全胜诉的案件变为部分败诉甚至完全败诉的案件。

不难看出，同时具备上述四个条件的人是最理想的应诉人员。但实际上，由于种种原因，海关队伍中这样的人员是较为少见的。从长远考虑，培养造就一批过硬的应诉人员，对海关工作，特别是今后的应诉工作是十分重要的任务。主要途径有：努力提高部分海关业务骨干的法律素质；对已经进关或将要进关的法律专门人才，努力提高他们的海关业务水平；对全体应诉预备人员，大力进行思想教育、法制教育，并创造机会，培养他们的逻辑思维能力和口头表达能力。在关内没有这样人才的情况下，不妨聘选能力、品德俱好的律师或兄弟海关的优秀人才同本关人员一起应诉，逐步锻炼培养。

2. 应诉班子的准备。

(1) 领导班子的准备。为应付与应诉有关的海关内外各种问题，一般须由一名关领导挂帅，组成一个临时领导小组。关领导挂帅的作用：对应诉小组的领导决策作用；协调内部各有关部门，为应诉小组提供人力、物力支持，以及材料调阅、证据准备方便；亲自出马作外部协调工作。实践证明，这些都十分必要。

(2) 工作班子。仅指定两名应诉人员无法完成诸多应诉准备，一般应抽调一定数量的人员组成应诉小组集中工作，承担准备材料、补充证据、进行关内外及本关内部部门间的联系工作。应诉工作有一定的策略性，为防止被动，工作班子人员又不宜过多，须注意选择责任心强、具保密意识的人员。

(3) 心理准备。应诉班子及人员，应当对诉讼有良好的心理状态，一是随时准备应付意外情况，比如，原准备的证据不足，有关方面施加了影响，原告人态度发生了变化，法院方面提出了新的要求，等等。即使一审败诉，也不要影响继续扎实工作，争取二审胜诉的信心。这种心理状态，不应是一种盲目乐观或毫不在乎的不负责任的心态，而是通过学习和教育养成的实事求是、认真负责、善于应变的科学态度。

(4) 材料准备和证据准备。材料主要指案卷材料。一般收到原告人起诉状副本，法院会要求海关将案卷材料尽快移送，海关应在短时间里，重新清理、核对、归整正副卷，将正卷送法院，应保证卷内材料和证据足以证明海关行政行为的有效性、合法性、合理性。如不充分，需要补充，最好能在移交前补充整理完毕。① 如来不及，应附上说明，对留下来的副卷，除原认为不宜交出的内部讨论记录等原始材料外，还应将正卷所有材料都复制下来，以供出庭应诉时应诉人员使用。对一些不宜做证据质证又有必要作为海关依法行政证明的材料，可以采取单独向法庭提供并说明仅供法庭参考，请求保密。此外，为保证出庭答辩和说明问题清楚、简练，应补充必要的说明材料备用。至于证据，除卷宗已有的主要证据外，还应准备必要的辅助证据，留作出庭展示，进一步证明已提交法院的案卷证据材料的有效性。确实需要调查补充一些辅助证据的，一般应由聘请的律师出面报请法院批准，因为按《行政诉讼法》规定，诉讼期间，被告人不得自行向原告人、证人搜集补充证据。

(5) 拟定答辩书。除依规定时间，根据原告人的诉状，向法院递交两份简要的答辩书外，海关应当在开庭前，准备一份内容详细、材料充实、证据可靠、理由充分的答辩意见供法庭辩论时宣读。

(6) 应诉提纲与应诉对案。应诉提纲指根据诉讼开始后特别是法庭调查、法庭辩论阶段海关的基本立场，以及对可预期的主要争议问题的对答要点和证据选列、分析。应诉对案指对诉讼过程中特别是法庭调查和法庭辩论期间对可能被调查、询问到的每一个具体问题，可能成为双方辩论内容的每一个事实情节或法律条文，特别是对海关不利或当庭难以回答的问题和对方产生误解的条文，都一一准备出简要的对答方案。有了简明扼要的提纲，又有了翔实准确的应对方案，应诉人员就可能信心充足地准备出庭应诉了。

---

① 这里的补充，指不同环节，如海关内部不同部门或相关单位间已经存在的，当初作出具体行政行为时依据的，依法存放或因某种特殊原因不当存放，未及时存入案卷的证据。没有极特别原因并经特别许可，不能补充作出具体行政行为时没有依据、使用过的证据，更不能制造伪证。

(7) 应诉策略的研究确定与应诉技术、技巧的探讨。为使法庭调查、法庭辩论中海关掌握主动，使庭审人员乃至对方当事人及旁听观众比较清楚地看到海关行政行为的合法性，减少诉讼障碍，缩减诉讼时间，应诉的海关针对原告人的具体情况，针对庭审人员对海关法和海关业务的掌握程度，以及对本案的倾向性态度，应对海关应诉的策略进行必要的研究。对应诉人员在法庭调查特别是法庭辩论中如何简要、准确、明晰地表述问题，也应有必要探讨、准备。如果应诉人员属于第一次"打官司"，感到没有经验，担心在庭上慌乱失措，不妨在本关举行内部模拟开庭。

(三) 关于应诉策略和答辩技巧

一般来说，一个案件，诉辩双方的胜负应当完全依事实和法律规定认定。但实践中，案情复杂，是非难断，所谓"公说公有理，婆说婆有理"。这时，思辨能力强、应诉策略好、答辩技巧高的一方很可能影响法官的判断力并赢得同情心。应诉策略可针对具体案件的具体情况，特别是对方当事人的情况、案件事实的情况、法院的态度等，事先制定并临时修正。答辩技巧则在事先准备好证据材料和答辩预案的前提下，靠现场答辩时针对辩论焦点及对方当事人、法院庭审人员的态度，以及辩论或主持辩论的表述、问答方式临时发挥。但总体看，行政诉讼也好，民事诉讼也好，或者说任何论辩式诉讼，被告人的应诉、答辩方式总有一些一般规律可循，因而总有一些一般策略、一般技巧可以通用。

1. 应诉策略方面，可以考虑以下几个方面。

(1) 针对起诉状内容和起诉人态度及是否庭前交换证据的情况，对部分关键性事实，特别是法律依据和解释、理由，开庭前递交答辩状时可不全部交底，以期开庭时掌握主动。

(2) 通过适当途径表明海关理由充分，对应诉信心充足，当事人打官司只会浪费人力物力（不是虚张声势或不正当地向当事人施加压力），有时能使原告人反省起诉是否有理或动摇原告人信心，使原告人主动撤诉。

(3) 充分发挥律师作用，不仅是出庭应诉的作用，而且由于律师同法院人员十分熟悉，庭外工作也大有可为。

(4) 对应诉准备情况注意保密。

2. 答辩技巧方面，应注意以下几点。

(1) 熟练运用逻辑武器，准确使用概念、科学判断，特别是熟练运用归纳推理、演绎推理的方法，严密认定事实和行为性质，适用法律条文。

(2) 熟练运用逻辑武器进行答辩、反驳，而不是给法院摆大形势、讲大道理、讲海关地位职能的重要和对国家的贡献，这样只能引起审判人员（甚至旁听人员）的轻视甚至反感，换来对方代理人的愤怒甚至嘲讽。当然，在气氛缓和时，适当宣传一下（特别是在庭外）还是有作用的，有时可以博得法官甚至对方当事人理解，不因海关执法瑕疵否定整个具体行政行为。

(3) 展示证据注意时机、气氛。

(4) 讲话注意语气、神情、手势、姿态。既理直气壮，充分表现海关信心，又不使审判人员、旁听人员乃至原告人觉得海关人员盛气凌人或专横霸道。不能畏首畏尾、低声细气，又不能尖酸刻薄、羞辱原告。不要反应迟缓或有意简约，还谓是“懒得理他”，也不必絮絮叨叨，倒让人“懒得听你”。可适当幽默，却不可油腔滑调。学点心理学知识，答辩节奏可急可缓，语声可高可低，态度可严厉亦可轻松，对答可一气呵出也可突然停顿，可以有表情有手势，但切忌戏剧化、表演化。切记诉讼是凭事实凭证据说话，判决书并不包括感情成分。

(5) 始终抓住主要焦点，不做枝节纠缠。非要害问题甚至可以退让，决不可为对方发言所左右。

(6) 始终保持清醒头脑、冷静态度，不轻易为对方言辞刺激，答辩有时要必要的“严肃”乃至“严厉”，但答辩人不能情绪化地随意性地发言。

(7) 一些兵法战术一定程度上也可应用于答辩、质证。比如对方盛气凌人，不妨施“骄兵”、“疲兵”之策；对方死揪我方瑕疵，不妨答非所问，“围魏救赵”，把注意力引开；对方喜欢滔滔不绝，但逻辑性差，不妨用“归谬法”顺从其言语，引导其向错误方向发展，到最后抖个大包袱，“釜底抽薪”。如此等等，运用之妙，存乎一心，但万万不可违背事实和法律依据，搞赖皮诡辩，逞一时口舌之利，影响海关形象。

（四）外围工作

原则上说，原告人一经提起诉讼，被告人主要是准备材料、证据，做好应诉准备。但鉴于人民法院审理范围包括了各行各业，不可能对海关业务、海关法规十分熟悉，而且原告人起诉后往往进行大量庭外活动，有关部门、单位和个人常常不适当地干扰人民法院正常审判活动的实际情况，海关除平时保持与人民法院及有关部门联系，及时沟通情况，反映海关方面的意见，主动介绍海关业务开展情况，介绍海关专业法规外，案件发生后，也应争取各种机会坦诚向法院介绍本案案情和海关的态度，同时，还应及时向地方党政领导、上级法院反映意见。① 这些无疑对赢得人民法院支持和保证海关依法行政有极重要的作用，这已为许多海关的行政诉讼案所证明，也应引起足够重视。

（五）提高执法水平与办案水平，是提高胜诉率的基础

执法水平高，办案水平高，不仅会减少行政纠纷和行政诉讼，也会使海关在已发生的诉讼案中处于有利的地位，甚至立于不败之地。执法水平高，亦即行政行为严格依法作出，并保存证据，既经得起执法监督检查的检验，又经得起行政诉讼的检验。办案水平高，即海关处理的各类案件，包括对走私、违规案件的查处和对海关行政复议案件的审理，都能坚持“以事实为依据，以法律为准绳”的原则，不枉不纵，不宽不严，同时，整个办案过程又严格依法定程序办事。这样一方面能大量减少诉讼，另一方面，即使发生诉讼案，也能在诉讼中凭充分、清楚的事实和理由，准确的法律依据，证明行政行为的合法性，得到人民法院的确认与维护。

（六）提高海关人员的法律素质，是提高海关执法水平的前提

海关各项业务工作（包括监管、征税、缉私、稽查、知识产权保护、贸易管制等，这些工作都有可能引起诉讼），特别是目前最容易引起诉讼的海关行政处罚、行政强制，海关审价和商品归类，以及发生诉讼案后的应诉工作，都要求各海关业务人员和海关各级领导有较高的法律素质。法律素质高，才有可能坚持依法行政，从而减少诉讼案的发生，也才可能保证应诉人员能依法应诉（周密准备、依法出庭，有理有据地对海关行政行为的合法性进行辩护等），确保海关的合法行政行为受到法院维持，挫败行政相对人的无理要求。法律素质高，才能保证敢于和善于及时纠正海关工作中的失误，把争议消除在诉讼发生前、发生中，或者诉

① 地方党委对法院有直接领导作用；政法委有指导、协调办案职能；地方政府对海关支持外贸看重；地方人大对法院有监督职能；上级法院对下级有指导、监督职能。

讼中实事求是承认错误，避免无理强辩所导致的影响海关形象和给今后的诉讼带来困难。

应强调指出的是，提高海关人员法律素质首先也要求提高各级海关领导的法律素质。一个对法制建设毫不重视、对依法治国不明所以、对法律制度毫无所知的领导辖下的海关，必定不能注意培养法律人才和注意对全关人员进行法制教育，加强海关法及有关法律、法规的研究；一个法制观念淡薄、法律素质低下的关领导集体，必定不能领导全关人员坚持依法行政、依法应诉。当然，也许不重视法制教育、不坚持依法行政的海关单位，也可能凭各种摆不上台面的努力，在诉讼案中偶然胜一把，但绝不可能再一系列的诉讼案件中保持较高的胜诉率。

至于提高全关人员或者说整个海关系统人员法律素质的途径，主要有以下几个方面。

1. 进行普及法律常识教育，增强全体人员的法制观念，使人人具备起码的法律常识，人人知道依法治国、依法行政是怎么回事。

2. 各业务人员、各有关领导，必须把是否熟悉有关法律、行政法规作为是否适应相应工作岗位的条件之一。

3. 对坚持依法行政的，领导坚决支持。对不依法办事，好凭经验、凭主观武断乃至凭感情办事，行为违法或不当的，不讲情面，坚决批评并给予处分。

4. 大兴学习、研究海关法理论和海关法规在实践中的适用之风。

5. 经常结合业务工作中的新情况进行相关法律、法规、规章的培训。

6. 对办案人员、应诉人员及时集训或轮训。

7. 适当引进法律人才增加法律专业人员比重。

二、提高执法水平，减少不必要的诉讼问题

（一）海关行政诉讼案件数量将会有较大幅度增加的原因

十几年来，海关系统各单位都为提高执法水平，减少或防止诉讼案的发生，做了大量工作。可以预见，海关行政诉讼案件数量将还会有较大幅度的增加。这主要是基于以下几方面原因：第一，我国全方位对外开放格局逐步形成，中外经济文化交流进一步扩大，进出关境货物、人员、运输工具剧增，我国进出口已跃居世界前三，中国人出外旅游已有57个旅游目的地，海关管理更多地涉及进出关境活动当事人的权益；第

二，我国社会主义市场经济体制逐步形成、巩固和发展，有外贸经营权的单位越来越多，经营成分越来越复杂，经营自主权越来越大，进出关境活动中与海关接触面将越来越广；第三，随着中国入世，海关对进出关境活动的管理逐步向国际规范靠拢，海关法规进一步透明；第四，对外开放的扩大、市场经济的刺激、腐朽思想文化的影响、金钱欲望的驱动，走私违法活动有可能进一步加剧；第五，我国社会主义民主与法制建设的发展，对海关执法提出更严的要求，进出关境活动当事人的法律意识进一步增强，对海关法规进一步熟悉，通过行政诉讼手段维护自己合法权益的念头更强烈。

（二）减少海关行政诉讼案的意义

根据以上分析，海关行政诉讼案增多的趋势是显而易见的，这里提出减少诉讼案，当然是相对减少，即尽可能减少那些不必要的通过努力可以避免的诉讼案。

减少诉讼案的意义是很明显的。海关行政诉讼，对提起诉讼的原告人来说，是维护其进出关境活动的合法权益不受海关具体行政行为侵犯的途径。只要进出关境活动当事人认为海关的具体行政行为侵犯其合法权益，都有权利也完全能够通过这一途径，制止或纠正海关的侵权行为。但对于海关来说，无论诉讼结果如何，都首先是对行政工作的一种影响。败诉了，被迫改变原行政行为，当然损害海关的形象，而胜诉了也绝不令人欣喜，因为海关从应诉准备到出庭应诉，从各级领导到办案人员、应诉人员，要投入太多的精力和时间！已发生诉讼案的海关，对此均深有体会。虽然从一定意义上说，诉讼对行政执法会起到一定推动作用，但从根本上说，诉讼多总不如少，有总不如无。诉讼的多少，从一定意义上说，又是行政机关执法水平的反映。严格依法行政，当事人不认为自己合法权益受侵害，正常情况下就不会起诉，或者因为无空可钻，就不会轻易地“无理赖三分”，企图通过诉讼占便宜。因此，减少诉讼，也就意味着提高执法水平，提高行政效率，改善执法形象，维护行政威信。

（三）减少海关行政诉讼的途径

减少诉讼的直接途径是当事人不起诉。行政诉讼同民事诉讼一样，“没有原告就没有诉讼”。而当事人起诉的原因则在于认为海关侵权。海关 800 余起诉讼案的实践表明，当事人提起诉讼有两种可能：一是事实上海关的具体行政行为确实或多或少侵犯其合法权益；二是当事人错误地认为或故意歪曲事实，声称海关侵犯其合法权益，而海关事实上并无侵权情事。不难看出，要减少诉讼，途径也有二：一是减少或杜绝侵犯进出关境活动当事人合法权益的行政行为；二是减轻或消除进出关境活动当事人对海关具体行政行为的错误判断或对诉讼结果的侥幸心理。

（四）相应措施

1. 减少或杜绝侵犯进出关境活动当事人合法权益行为发生，即减少因海关执法失误引起诉讼的措施是多方面的。

(1) 加强海关立法工作。从根本上解决某些行政行为无法可依的现象；减少立法工作上的失误，减少规章冲突、脱节现象，防止因执行错误的行政规章或错误地适用法律、法规、规章而侵犯当事人合法权益的现象。目前，海关总署政法司正在做准备工作，力争国务院法制办对海关执法和应诉中遇到的法律难题进行解释。

(2) 提高执法水平，减少执法失误。其主要途径有：第一，领导干部增强法制观念，提高依法行政的自觉性；第二，提高全体海关人员，特别是业务人员的法律素质，包括法制观念和执法为民理念的增强、法律法规的熟知程度和依法办事能力的提高；第三，业务活动规范化、制度化、科学化，防止工作的随意性，防止人为的干扰；第四，加强执法检查和执法监督制约，坚持有错必纠。

(3) 改善执法环境：第一，加强海关法规宣传，争取当事人配合、合作，争取地方党政领导理解、支持，争取社会监督；第二，加强与有关部门的联系配合，及时与有关方面沟通情况，减少执法阻力。

(4) 认真做好行政复议工作，以高度负责的态度处理当事人的申诉、请求和来信来访工作，在维护国家利益、坚持依法行政的前提下尽量考虑当事人的合理要求，把诉讼消灭在未萌状态。特别是行政复议工作，直接关系到当事人以后会不会起诉，起诉了海关会不会败诉的问题，海关应予以足够重视。由此可见，海关本应欢迎行政相对人通过复议解决争议，但遗憾的是，有些海关领导既承认海关执法绝不可能十全十美，又敌视、厌恶相对人申请复议。一见复议案件稍多，不是尽快采取措施，提高本关执法水平和纠正执法错误，而是暗示有关部门采取不正当方式“消灭”、减少复议案件。

(5) 认真应诉，提高胜诉率，及时总结胜诉经验和败诉教训，从而进一步改进日常执法工作，减少今后诉讼的起因。

2. 我们还应注意采取措施，减少因当事人对海关行政行为的错误判断或明知自己无理也要纠缠起诉等不必要发生的诉讼。

(1) 大力加强海关法规宣传，使当事人了解什么是违法，什么是合法，什么是侵权行为，什么是依法行政，不使当事人有误解。

(2) 改善加强立法工作，减少海关规章之间矛盾、脱节现象，加强立法、执法解释，减少立法原意不清和法规术语含义模糊的情况，不使或少使当事人错误理解法规避免钻法规空子的现象。

(3) 提高执法水平，行政决定于法有据；改善工作作风，答复当事人询问认真、诚恳、详细、明确，减少当事人疑虑，打消当事人的侥幸念头或敌对情绪。

(4) 注意对外统一和部门配合，减少当事人的怀疑或困惑。

(5) 行政复议严格以事实为依据、以法律为准绳，既不庇护执法失误，也不迁就复议申请人的不合理要求，打消或减少当事人通过诉讼得到更多利益的念头。

(6) 提高胜诉率，树立良好形象，对企图无理纠缠起诉的人形成无形压力。

(7) 当了被告不卑不亢，观点鲜明，态度坚定，准备认真，促使当事人主动撤诉（但不能不正当地向当事人直接施加压力）。

不希望打官司，也不害怕打官司，有官司就打好官司。尽量避免或减少败诉和赔偿，但不无理强求胜诉。始终把着眼点放在自身严格执法和坚决维护执法成果上。不能严格依法行政的，及时采取措施，纠正错误，提高执法人员水平，这才是应取的态度。

海关行政诉讼十二年[①]

1987年7月1日实施的《中华人民共和国海关法》（以下简称《海关法》）确立了进出海关关境活动当事人对海关处罚决定不服或者同海关发生纳税争议，可以向人民法院提起行政诉讼的制度。1990年10月1日《中华人民共和国行政诉讼法》（以下简称《行政诉讼法》）的实施标志着整个行政管理系统全面实行行政诉讼制度的开始，它又进一步扩大了海关行政诉讼的范围和进一步规范了海关行政诉讼的程序。海关行政诉讼制度实行已近12年了。近12年来，海关系统共发生行政诉讼案件（包括人民法院对海关具体行政行为不当的按民事行为审查的案件）188起。发案海关虽然只涉及32个海关总署直属海关关区、60余个海关（海关系统共设有40个直属海关关区，直属海关及其隶属海关共有341个），但海关行政诉讼的影响却早已并将继续对整个系统及所有海关的法制建设发生重大影响。近12年的行政诉讼中，海关一直保持了很高的胜诉率，也暴露了海关立法、执法，以及参加行政诉讼活动过程中存在的不少问题。对高胜诉率的原因进行全面、客观地分析，对存在问题大胆揭露而不讳言，对海关系统今后的应诉工作及整个法制建设的加强有重要意义。

一、行政诉讼制度对海关法制建设的推动

实行海关行政诉讼制度，从多方面对海关法制建设的加强起到推动作用。

《海关法》、《行政诉讼法》确立行政诉讼制度，极大地强化了海关关员的法律意识和法制观念。海关系统是最早实行行政诉讼制度的行政部门之一。1987年1月1日实施的《中华人民共和国治安管理处罚条例》，第一次通过法律确立了行政诉讼制度，但只限于公民（该法虽然规定机

① 这是1999年的一篇讲话稿。

关、团体、企业、事业单位也存在违法问题，但只规定对直接责任人或主管人员进行处罚）对行政机关行政处罚不服可以向人民法院提起行政诉讼，而且规定必须先经过行政复议才可以提起，加上治安管理只是公安机关许多职能之一，所以该法及该法确立的行政诉讼制度在公安系统引起的反响，远不及1987年7月1日实施的《海关法》及《行政诉讼法》确立的海关行政诉讼制度在海关系统内引起的反响。《海关法》对海关组织制度和业务制度进行了全面规定，是海关系统的“基本法”；《海关法》不只规定对行政处罚不服可以提起行政诉讼，还规定与海关发生纳税争议也可以提起诉讼；《海关法》不仅第一次规定单位犯罪问题，也明确规定机关、团体、企业、事业单位既可以是海关行政处罚对象，也可以是不服海关行政处罚或与海关发生纳税争议时提起行政诉讼的原告人；《海关法》还规定，被处罚人不服海关行政处罚，既可以先申请行政复议，对复议决定不服再提起行政诉讼，也可以直接提起诉讼。在《海关法》1987年1月1日人大常委会通过后正式实施前的半年中，全国海关通过逐级培训、轮换培训、全员培训，以及重点研讨、知识竞赛等形式进行了持续的《海关法》及相关法律、行政法规学习，其中使海关人员最为重视的内容就是即将实施的行政诉讼制度，而对行政诉讼的重视，又反过来激发各级海关领导和全体业务人员进一步认真学习《海关法》以相关法律法规，海关人员法律知识大大充实，法律意识显著增强。联系行政诉讼进行的法律学习不再是单纯的知识学习，随之而来的是海关业务人员特别是调查、征税人员法制观念的增强，“事事找法律依据”风气的形成。《行政诉讼法》颁布后，全国海关又掀起第二次学法热潮。由于行政诉讼范围的扩大，几乎涉及海关业务的各个方面，大家纷纷从海关业务的各个环节逐个分析可能引发诉讼的海关具体行政行为，研究可能导致败诉的种种因素，提出大量补充立法和改进执法的建议，这使海关人员的法制观念又一次大幅度增强。

对《海关法》、《行政诉讼法》的学习贯彻直接推动了海关立法。海关行政诉讼制度实施以来，海关上上下下都感到“当被告”的压力，对完善海关立法都有极高的积极性。随时联系具体业务工作找法律依据，法律依据不足马上向总署建议尽快立法，已成为海关业务部门的习惯。为保证海关税收管理（征、免、减、缓）工作，海关对进出境货物的监管和对违法行为的查处（扣、退、罚、没）有法可依，经得起行政诉讼的检验，海关积极推动有关海关工作的行政法规的制定或修改工作，先后报经国务院批准发布、修订发布或代国务院起草由国务院发布了《中华人民共和国进出口关税条例》、《中华人民共和国海关法行政处罚实施细则》、《中华人民共和国知识产权海关保护条例》、《中华人民共和国海关稽查条例》等行政法规，并以《海关法》和上述行政法规为依据，制定了大量配套的海关规章。鉴于《行政诉讼法》规定人民法院审理行政案件只依据法律、行政法规和“参照”规章，后来的《中华人民共和国行政处罚法》又规定规章基本上不得设定行政处罚，海关制定、修订规章都特别注意严格以《海关法》及有关法律或国务院行政法规为依据。现行有效的数百个海关规章，均不存在自行设定处罚或自行规定涉及进出关境活动当事人人身权、财产权实体权利义务的问题。对法律、行政法规规定不够清楚影响海关执法或可能影响海关应诉的问题，海关总署及时依据人大常委会、国务院的有关规定和有关行政法规的授权，作出正式的行政解释或立法原意解释。由法律、行政法规、海关规章3个层次，海关组织法、海关监管法、海关税法、知识产权海关保护法、海关稽查法、海关统计法、海关财务管理法、海关科技装备管理法、海关廉政勤政法、海关国际合作法、海关行政处罚法、海关处罚程序法、海关行政复议法、海关行政诉讼法等众多海关法分支构成的海关法规体系已基本成型，海关工作基本上做到了有法可依。

海关行政诉讼制度的实行对海关坚持依法行政并不断提高行政执法水平，是一种保证和一种监督，也是很大的促进。海关行政诉讼制度实行之初，不少海关领导及关员十分怕当被告：一想可能被诉就软，征税从低、处罚从轻、监管从松一度成为一种倾向；一收到应诉通知就慌，忙不迭地请示汇报联系沟通，甚至马上就想寻求同原告人的妥协方案。还有一些人对实行这一制度不理解，认为是“找海关麻烦”，“妨碍海关执法”，“是助长走私分子气焰”，等等。经过一个时期的诉讼实践，大家看到：凡是海关依法作出的具体行政行为，最终都得到了人民法院的维持或者以裁定当事人撤诉结案，由于经过人民法院的判决或裁定，海关的原具体行政行为的效力反而更有法律保证；对个别法律依据不足或处罚明显偏重的案件，海关主动进行变更，原告人因而撤诉，虽然未以海关败诉的形式结案，单对海关的教训已经很深刻；不少案件虽然以判决海关胜诉结案，但人民法院也同时通过各种方式指出了海关执法的缺陷，对海关改进工作是一个直接的促进；就诉讼案接受上级法制部门指导，听取律师意见，组成应诉班子研究案情准备应诉，以及安排尽可能多的相关业务人员旁听诉讼案开庭，对提高海关人员执法水平和增强依法行政的观念，更起到立竿见影的效果。

行政诉讼制度的实行，为海关锻炼培养了一大批既熟悉海关业务又精通法律知识和胜任应诉工作实践的骨干人才，也引发了海关人员学法的积极性。在海关系统，高中学历的报考成人大专教育，大专学历的升本科，大学本科毕业的报考在职研究生或第二学位，相当多的人都选法律专业。行政诉讼制度的实行，促使海关更加重视对进出关境活动当事人进行经常性的海关法规宣传，向人民法院主动介绍海关业务特点，这又在很大程度上改善了海关的行政执法环境。

在海关行政诉讼制度实行近12年后的今天，对海关系统各级领导和大多数关员来说，行政应诉已成为海关工作的组成部分。“当被告”已不再害怕，“打官司”已不再陌生，接受人民法院监督已经成为习惯也普遍认为必要，通过诉讼检验和提高海关执法水平，推动海关法制建设，成为正常的当然的渠道。

二、如何看待海关行政诉讼的高胜诉率

（一）海关行政诉讼高胜诉率的现状

海关系统发生的188起行政诉讼案，到目前已结案166起，其中经法院判决维持海关原具体行政行为的86起，原告人申请撤诉经法院裁定同意或法院径行按撤诉结案的71起，法院判决部分维持、部分变更或撤销的4起，裁定不受理的3起，中止诉讼的1起，以适用法律法规不准而责令海关重新作出行政（处罚）行为的1起。不难看出，海关行政诉讼的胜诉率是相当高的，甚至仅从数字上说，或者说仅从表面上看，海关尚没有被人民法院认定行政行为完全错误而直接予以撤销的案件。从作者自己掌握的情况看，这样高的胜诉率，在各行政部门中也是很少见的。

（二）海关行政诉讼高胜诉率的原因

作为局内人，我深知海关每一个诉讼案件胜诉都来之不易，都有海关领导和应诉人员的艰辛付出，都有一个复杂的过程，并伴随一大串有趣的和不那么有趣的故事。海关系统的高胜诉率更有它的客观原因，其中有些原因是海关得天独厚的。这里，仅对海关高胜诉率的客观原因作

简单介绍和分析。

1. 从解放之初到今天，近50年来，依法履行职能一直是海关人员的传统工作方式。感谢老一辈的党和国家领导人、老一代的海关领导和业务专家们，他们早在新中国诞生和海关组建之时就着手起草，在1951年4月就颁行了一部由8篇19章217条构成的，包括海关机构设置、职能任务、领导关系、海关全部具体业务（包括具体程序）的成熟实用的海关基本法——《中华人民共和国暂行海关法》（以下简称《暂行海关法》）。直到1987年新的《海关法》颁行前的几十年中，《暂行海关法》一直作为海关工作的基本依据适用。其间国家实行改革开放政策后的八九年间，海关监管、征免税，以及海关打击走私或查处违反海关监管规定行为（简称违规行为，《暂行海关法》中称为违章行为）的内容和重点发生了很大变化。但一是这些变化都通过国家立法予以规定，二是这些内容和重点的变化基本上与适用《暂行海关法》规定的工作原则和工作程序并不矛盾；三是海关总署不断依据《暂行海关法》和国家新颁布的法律、行政法规制定新的规章，使各级海关人员把执行国家法律法规与执行总署规定结合起来。

2. 从1951年《暂行海关法》实施到现在，海关系统一直实行行政复议（《暂行海关法》称为“申诉”，但从内容和程序规定看，是很规范的行政复议）制度。虽然《暂行海关法》规定的复议范围远比《行政诉讼法》、《行政复议条例》或新颁布的《行政复议法》规定的复议范围窄，仅限于不服海关行政处罚和发生纳税争议（新《海关法》亦然），但直到今天，这两种复议仍占海关行政复议总数的绝大多数（近12年来，全国海关受理行政复议案件近4000起，其中不服行政处罚或因纳税争议申请复议的仅307起）。行政复议制度对监督海关依法定性、处罚，依法归类、估价、适用税率征税或减免税，起着重要作用。通过复议撤销或变更海关原具体行政行为（海关行政复议案件变更撤销率平均为51%）很大程度上化解了可能的诉讼（近4000起复议案件中，复议申请人对复议决定仍然不服，再提起诉讼的只有80起），更减少了败诉因素。

3. 新《海关法》及配套行政法规、海关规章的制定或修订，使改革开放形势下的海关工作基本上都有法可依，其中最容易引发诉讼的海关行政处罚，均由法律或行政法规设定，海关规章从未作为海关行政处罚决定直接引用的依据，这在很大程度上减少了败诉。

4. 经过多层次多种形式进行的学习、培训、教育、研讨，全国海关领导和关员的法律意识、法制观念大大增强，而且他们对《行政诉讼法》、《国家赔偿法》、《行政复议条例》和《海关法》有关行政诉讼的规定，已经相当熟悉。

5. 海关重视向地方各界和进出关境活动当事人进行海关法规的宣传，重视经常就有关问题同人民法院进行业务沟通，注意向法院同志请教，一些原告人了解到海关执法确实无误后，不愿再打无益的官司而主动撤诉。

6. 从1988年以来，海关系统每年都进行执法检查，一定程度上减少了违法或不当的行政行为。

7. 海关工作具有涉外性、全国统一性、透明度高的特点，海关具体行政行为往往涉及巨额货物或款项，涉及知名人士或单位，海关处理比较谨慎，也容易受到社会各界的监督。

8. 全国人大常委会法律、外事委员会经常对海关进行执法检查；审计署每年对海关总署和下属海关进行全面的执法审计。

9. 海关实行垂直领导体制，海关总署对各级海关的执法监督，以及行政复议、行政应诉的指导都比较有力。

10. 改革开放以来，海关高层领导对依法行政都相当重视。20世纪80年代初，海关提出“依法监管征税，保护合法进出，打击走私违法，促进保卫四化”的“24字方针”；20世纪90年代初，海关把“依法行政、贯彻政策”作为“海关工作的基本准则”；1999年全国海关关长会议上，海关总署又正式提出“依法行政、为国把关”是“海关工作的基本方针”。

据统计，海关系统平均每年查获走私和违反海关监管规定案件约3万起，都要作出处罚决定；每年平均受理进出口报关单约1000万份，都要涉及征、免（保）税，以及查验货物、放行或扣留货物问题，这些行政行为总数恐怕要上亿。另外，近几年每年进出境人员平均过亿，不少人携运行李物品，要接受海关监管；平均每年进出境邮递物品几千万件，也都有接受报关、查验、估价征（免）税、签章放行的问题。海关的上述任何行为，都会涉及进出关境活动当事人的财产权或人身权。进出关境活动当事人对上述任何行为不服，都可以申请复议或直接向人民法院起诉（纳税争议须先复议才能起诉）。事实上，上述行政行为中有不少还可以拆解为若干个可以单独复议或起诉的行政行为。比如，海关行政处罚调查阶段可以采取多种强制措施，调查、审理案件，以及作出处罚决定过程中，有许多法定程序必须遵守。又如，海关征税首先涉及对商品的归类，对完税价格的审定，以及税率的适用等。对海关数以亿计的具体行政行为，平均每年只有 300 起引起复议，20 起引起诉讼，无论引起复议或诉讼的具体行政行为是否被撤销，这个比率都是很低的。

三、海关行政诉讼反映或暴露出的若干问题

(一) 海关立法中存在的问题

通过海关行政诉讼活动，反映出海关立法存在许多亟待解决的问题。海关监管、征税、缉私受原有的权限制约，直接影响效能，一些必要的权力，特别是采取查封货物、通过银行划拨税款、以其他财产冲抵税款及无法追回的走私货物等值价款和罚款等强制措施需要立法解决。海关扣留的货物非易腐易失效变质但由于价格变化或仓储费用过高等原因需提前变卖，海关行政处罚对走私运输工具的没收，海上走私行为“无合法证明”的认定，“包证”、“包税”、化整为零、分散进口是否由海关进行处罚，冒用许可、盗用手册、冒用单位名义走私原单位是否承担责任，加工贸易进口料件无法继续加工出口或者加工出口产品无法销往境外是否准予内销，内销补税是否还加处罚款，“发错货”与申报不实或伪报如何界定，等等，这些问题都是实践中经常遇到的，需要尽快立法解决的问题。

(二) 海关执法中存在的问题

海关行政诉讼活动中暴露出海关执法包括海关应诉活动中的许多问题。个别海关领导和关员由于海关立法有缺陷，以及规定太原则、自由裁量幅度太大等原因，执法随意性大；一些海关之间处罚尺度和审定完税价格方面出现较大差别；也有一些海关单位、部门或人员存在重实体轻程序的倾向，认为程序上有些毛病不算什么；还有些海关单位的领导和个人怕打官司又怕输官司，特别是害怕本单位成为海关系统第一个完全败诉的海关，因而仍然存在“一争议就软，一复议就变”的现象。

(三)《行政诉讼法》和行政诉讼制度存在的问题

海关行政诉讼活动反映出《行政诉讼法》和行政诉讼制度本身有不少有待明确或有待完善的地方。

1. 行政诉讼的原告是否应是具体行政行为的相对人，从立法本意和《行政诉讼法》第二条的规定及第四十一条关于起诉条件的规定看，不应局限于表面上的相对人，人民法院大多也不是这样掌握的。但从最高人民法院关于具体行政行为的司法解释看，似乎只有具体行政行为相对人才可提起诉讼，其他有直接利害关系的人只能作为第三人参加诉讼，这种理解当然不利于表面上不是具体行政行为相对人而实际上是具体行政行为的直接侵害对象的人维护自己合法权益。

2. 由于行政机关执法或者人民法院立案审查上的原因，不少与被诉具体行政行为有直接利害关系的人未被或未及时被通知作为第三人参加诉讼。比如，一些海关对一个案件的多个当事人分别制发处罚决定书，一个决定书只针对一个特定当事人认定违法事实并给予处罚，到他提起诉讼时，人民法院很难凭起诉状和海关处罚决定书决定是否应通知其他当事人，也很难通知到所有其他当事人以第三人身份参加诉讼，而作为被告的海关很可能不懂或乐于其他被处罚人不参加诉讼，因而也不主动向法院指出。

3. 涉及进出口货物的经济纠纷诉讼案件，原告人或被告人往往以海关没收、扣留货物作为推卸民事责任或要求对方承担责任的理由，人民法院也因此往往将海关作为第三人通知参加诉讼。笔者认为海关处罚、扣留行为不是民事行为，这实际上意味着人民法院经济审判活动中附带审查行政行为，缺乏法律依据。相反，如果此时海关处罚、扣留行为尚在行政诉讼的起诉期限内，应动员有关相对人或直接利害人先提起行政诉讼，同时中止经济案件审理。如果已过起诉期或者有诉权的相对人或直接利害人都明确表示不起诉，人民法院应直接以海关处罚决定或扣留决定为依据审理案件，而不再将海关作为第三人，其间接依据是《行政诉讼法》第六十六条规定，对逾期未起诉的具体行政行为，行政机关可以申请人民法院强制执行。

4. 人民法院对撤诉的监督问题。原告人申请撤诉可能有多种原因，其中包括行政机关不当地改变本来合法的行政行为以求“息事宁人”，或者行政机关不当地向原告施加压力等非正常因素。《行政诉讼法》虽然规定人民法院对撤诉有审查权和是否同意的权力，但实际上即使法院不同意撤诉，原告人不再出庭，仍须按撤诉处理，因而起不到监督作用。

5. 对人民法院行政审判活动的监督问题。无论是人民检察院还是上级人民法院（及本院审判委员会）对行政审判活动的监督，都是事后监督为基本形式，即通过二审撤销一审错误判决或裁定，通过审判监督程序再审撤销已生效的判决或裁定。对于调查取证中存在的较轻违纪行为（如同一方当事人一道出差，但无从查证是否吃请受贿），以及开庭审理中在发言机会、递交证据材料是否采用、法官对双方当事人态度、书记员是否将关键陈述和辩论语言全部记录等方面，是否公平、公正或公开等一些很难通过事后审查判决或裁定进行监督的行为，也应通过一定方式给当事人申诉控告的机会。另外，对一些明显违法行为，是否一定等到作出一审判决或者判决生效才得纠正，值得探讨。比如，《行政诉讼法》生效后，有的法院仍引用原《民法通则》关于行政机关因行政行为侵犯公民法人民事权利应承担民事责任的规定，将行政机关作为民事被告，立案审理数月才作出判决（此间行政机关多次提出管辖异议，法院不予理睬），然后再经数月二审法院判决认定该院经济庭无权审理行政案件。本来是个别审判人员对《行政诉讼法》无所知而犯的常识性的错误，却没有一种简易程序予以纠正。

实际上，180 多个海关行政诉讼案件，几乎每一个案件都有自己的特色，都反映出一些海关立法、执法上的，或者行政诉讼立法、行政诉讼制度本身的不足之处，或值得研究探讨的法律问题。由于篇幅和本文主题的限制，不可能一一罗列出来。在海关系统，通过编案例的形式，逐案讨论得失，重点检讨存在问题，很有效果。

从 1987 年海关行政诉讼制度实施以来，海关行政诉讼案件数量一直呈增加趋势。改革开放以来，海关管理同国家经济文化发展及人们日常生活的关系越来越密切，同时伴随着国家法制建设不断发展，人们的法制观念不断增强，可以预料，海关行政诉讼案件会越来越多，对海关行政诉讼的研究也将有越来越大的意义。

法治海关建设

FAZHI HAIGUAN JIANSHE

增强执法意识，全面推进海关法制建设[①]

这次来江门海关，应关领导和法制部门的要求，谈一些对法制建设的认识。我特别注意到，在作为江门海关今年3项工作重点之一的法制建设方面，江门海关党组提出了“增强执法意识”、“规范执法行为”、“提高执法水平”、“健全执法机制”的目标。其中“增强执法意识”，是“规范执法行为”、“提高执法水平”、“健全执法机制”的基础。我理解，“执法意识”包括双重含义：一是要有法制观念，重视法律，按法律办事；二是要有好的法律素质，必须知道按哪些法律来办事，法律意识对每个人的法律素质都提出了要求。现在，我就增强执法意识问题谈自己的两点认识。另外，就政法司推动海关系统法制建设方面的一些重点工作，向大家作些介绍。

一、增强执法意识，要从海关法制建设是国家实施依法治国方略、行政机关必须依法行政的要求的高度提高认识

（一）关于依法治国

1995年9月和1996年2月，江泽民同志首先提出依法治国，同年3月全国人大将“依法治国，建立社会主义法治国家”列入“九五”计划和2010发展纲要，标志着我国的民主法制建设有了重大突破。1997年1月，江总书记又强调，依法治国，是社会文明和社会进步的重要标志，是国家长治久安的重要保障。同年3月全国人大决议强调要加快依法治国，建设社会主义法治国家的进程。

时隔半年，党的十五大报告把依法治国放在相当突出的位置，作了全面、系统、透彻的论述，并且有许多新的提法、新的结论。其中，把“建设社会主义法制国家”改为“建设社会主义法治国家”，一字之改，

---

① 这是作者2003年在江门海关法制建设专项活动讲座上的发言的整理稿，原载《海关执法研究》2003年第3期。

意义重大。它标志着我们党和国家对民主法制的认识有了里程碑式的跃升。过去讲“法制”，一般是指法律制度及法律制度确认和维持的法律秩序，是指对一个国家的治理不是靠人的意志而是靠法律。一个社会的稳定不简单靠某某人，而是靠法律规范的秩序，这个秩序不光现在有，历史上也有。古代也讲“法治”，有“人治”、“法治”之争，指县官州官宰相皇帝理政主要靠法还是靠大人圣明，但总起来看当时还是“人治”多于“法治”。那时不叫“法制”。“法制”是现代资本主义国家实行的制度，指一个国家要靠法律制度和法律秩序来维持。在社会主义社会，特别是我国，改革开放以来，民主与法制有了极大发展，法律制度比较完备，国家所有的事情都通过法律来解决，都要用法。改革开放后讲法制基本上在这个层面上讲。要靠法律制度，靠法律解决问题，不搞人治，不允许一个国家的命运随领导人的改变而改变。但是到了十五大以后，法制的“制”改成了“治”，又发生了根本变化。我们不仅在对经济建设，同时也对精神文明建设、政治体制改革、反腐败、建立廉洁高效的公务员队伍等方面都在讲法，但为什么我们总是出问题？好多东西值得深刻思考。我们制定了很多法律，已经不是过去“无法无天”的时代，但为什么有些人明知故犯，无视法律？法律是干什么的？法制是干什么的？以前我们常说法律是管理国家的工具，却没有真正思考它应当是谁的“工具”。本来，法律集中人民意志，国家管理者执法也就是执行人民意愿，做人民“工具”，实践中却变成了管理者“治民”的工具。执法者倒可以无视法的权威、不受法的约束。要真正实现依法治国，人人守法，法律至上，首先要依法“治吏”。法首先是管“当官的”，而不是用来“对付”老百姓。所以，十五大的一字之改，是国家法制观念和治国方略的根本变化。

十六大对依法治国的阐述更加全面、深刻、明确、具体。十六大提出的全面建设小康社会的奋斗目标有多项，其中第一项是经济，第二项就是民主法治，也就是要使社会主义民主更加完善，社会主义法制更加完备，依法治国基本方略得到全面落实，人民的政治、经济和文化权益得到切实尊重和保障，基层民主更加健全，社会秩序良好，人民安居乐业。从十六大开始把法治的成功建设列为建设全面小康社会的目标，把依法治国方略的实现作为小康社会实现的目标之一。法治建设不只是上层建筑问题（机构改革问题、法制观念问题、社会秩序稳定问题等），而且是一个小康社会能否建成的标准。

（二）关于依法行政

依法行政是依法治国方略的重要组成部分。关于依法行政的阐述，在十六大报告中占用了很大一部分篇幅。在加强社会主义法制建设方面，一是法律体系的建立，即坚持有法可依、有法必依、执法必严、违法必究，适应社会主义市场经济发展、社会全面进步和加入世贸组织的新形势，加强立法工作，提高立法质量，到2010年形成有中国特色的社会主义法律体系；二是加强对执法活动的监督，推进依法行政，维护司法公正，提高执法水平，确保法律的严格实施；三是维护法制的统一和尊严，尤其要增强公职人员的法制观念和依法办事能力。这在过去的党章和人大报告中都是没有的。在深化行政管理体制改革方面，阐述了进一步转变政府职能，改进管理方式，推行电子政务，提高行政效率，降低行政成本，形成行为规范、运转协调、公正透明、廉洁高效的行政管理体制。在加强对权力的制约和监督方面，阐述了建立结构合理、配置科学、程序严密、制约有效的权力运行机制，从决策和执行等环节加强对权力的监督，保证把人民赋予的权力真正用来为人民谋利益。

特别应指出的是，我们海关工作早就强调依法行政。国家制定《海关法》作为海关职能活动的依据。《海关法》第一条开宗明义阐明了海关的宗旨和执法的目的。我们海关工作方针第一句话就是“依法行政”，这是海关一切行政行为必须遵循的最高准则，其本质是要做到职权法定、程序法定、严格执法、接受监督，实现海关工作有法可依、有法必依、执法必严、违法必究。

（三）海关职能活动的主要法律依据

坚持依法行政，要“依法”，首先要知道海关职能活动的法律依据。海关执法的法律依据包括法律、行政法规和行政规章。要严格依法行政必须了解这3种法律依据的区别与联系，这首先需要对我国的法律制度和法律体系有一个大致的了解。根据我国的根本大法即宪法的规定，我国的法律有若干层次。其中宪法居于最高层次，宪法是国家的基本法，其他一切法律法规都必须服从宪法的规定；居第二层次的是基本法律，由国家最高权力机关即全国人民代表大会制定；第三层次是其他法律，由全国人民代表大会常务委员会制定，这些法律不得同基本法律相违背；第四层次是行政法规，由国家最高行政机关即国务院制定，行政法规不得同国家权力机关制定的法律相违背；再低一个层次的有 3 种，即国务院各部委制定的行政规章，地方人大制定的地方性法规，各省直辖市自治区及省会所在市和部分较大的市人民政府制定的行政规章。其中，法律、行政法规及国务院部委行政规章在全国范围内有效；地方性法规和地方人民政府行政规章只在本地区有效。

这么多法律规范构成了我们国家法律体系的组成部分，在效力等级上规章是最低，但在我们日常工作当中，普遍在执行的，数量最大的还是规章，也就是说规章实际上是在具体执行当中对法律法规和地方性法规起着细化作用，宪法法律赋予行政机关的职责权限，依据规章在执行，所以说规章在整个法律体系中的地位还是相当重要的。所有的行政机关都可能涉及规章的执行问题。有的时候法律颁布了，属于行政法规的细则也出台了，但是没有规章的细化，没有规章在操作程序上的规定，没有一些尺度或一些标准的规定，这个法律和行政法规实际上是落实不了的。所以从这个角度来讲，规章在保障法律法规实施，保障行政机关依法履行职责方面起了相当大的作用，在今后也仍然会起非常大的作用。规章的特点，一是只能在本部门本系统内生效，二是立法地位低于法律、行政法规，三是规章能够设定一些法律规范的内容，是我们国家现在司法机关在审判当中的一种参照。

去年，海关总署根据国务院《规章制定程序条例》和《法规规章备案条例》并结合海关系统实际情况，以第 98 号署令下发了《海关规范性文件制定管理办法》(以下简称《办法》)。对海关规范性文件的概念进行了定义，即海关规范性文件，是指海关总署、直属海关依法在权限范围内，按照规定程序制定的，涉及行政管理相对人权利、义务，具有普遍约束力的文件，包括海关总署依照《规章制定程序条例》制定的规章及其解释、海关总署公告及各直属海关公告。同时，《办法》对海关行政执法过程中不能作为执行依据的文件进行了规定，即与法律、行政法规、海关总署规章及其解释等上位法相抵触的，法律、行政法规有规定，没有必要制定规范性文件的，海关公文中有涉及行政管理相对人权利义务内容但未按规定对外公告的。

规范性文件是海关执法的依据，在其效力范围内必须认真执行，但它层次低，不是人民法院和复议机关审查具体行政行为是否合法的直接依据，因此，对外不能单独适用，特别是法律文书不能单独引用。

（四）对依法行政的理解

主要从海关总署的角度谈几个问题。

1. 关于总署的立法工作如何改善的问题。一是依法行政首先是立法，其前提是要“有法可依”，我们在调研中部分海关反映总署的立法滞后，这一方面是我们政法司的工作缺陷，需改进，但不全是总署的问题。作为下面的执法者，难免遇到“无法可依”的情况，主动向政法司反映执法过程中的问题并及时提出立法建议都是可以的、受欢迎的，但绝不能成为工作懈怠的理由。一般来讲，法律总是滞后的，而已有的法律或法规为海关设定了职责权限范围、活动的手段、方式及程序等，海关必须也只能依据法律或法规的规定行事，而且要积极采取行动或措施保证法律规范的实施，尽一切力量保证法律或法规赋予的职权和职责得以实现。没有法律或法规的授权与规定，海关确实没有也不应当有行动的“自由”。简单地说，没有法律依据的，不办；法律有规定的，坚决按法律办事。1987年以来，我们制定了包括《海关法》在内的一大批法律、行政法规、行政规章，海关各项职能活动基本上已有法可依。当然还有许多法需要“废改立”，但从执法实践看，不存在大的问题妨碍我们工作。很多问题提出来都是因为一些部门、一些人对法律的不理解或错误理解法律造成的。如“包税”问题，前几年很多海关都埋怨总署立法滞后，不立法打击上手人就不能遏止包税走私。但实际上主要不是立法的问题，而是造假猖獗和内外勾结问题。国家持续保持打假和反走私高压态势，持续反腐倡廉，包税案件就再不多见了。立法跟不上形势发展是事实，但也有些问题不是总署一家所能解决的，比如，《海关法》已修订两年多了，配套的《海关法行政处罚实施细则》尽管已上报国务院审议，但还没有修订出台。回头再讲，立法存在问题决不能成为执法者茫然无措无所作为的理由。比如，新细则未出台，我们仍可依据旧细则与新海关法不冲突的条文执法，细则没有的或因与新海关法冲突而失效的，可以直接引用《海关法》原则性条文。

2. 关于执法问题。我们的目标是要达到公正、公平，有法必依。我们将执法问题作为重点提出来，主要是全国海关执法过程中存在有法不依，执法不统一、不一致的情况。对于这一问题，牟新生署长在全国海关法制工作会议上的讲话中指出，所谓依法行政，对老百姓来说，只要法律没有禁止的事都可以做（也许违反道德，但行政机关不能以执法为由于预），但对政府来说，只要法律没明确规定的事，都不能做（行政机关没有任何权力超越法律行事）。多年来，我们一直在宣传这一理念，目的是为了解决一个核心问题，即政府依法办事与老百姓守法的关系。其核心意义在于，不是老百姓如何守法，而是政府如何依法办事。在依法行政和公民守法之间，依法行政常常是矛盾的主要方面。只有作为管理者的政府机关依法行政，遵守、执行法律，才能要求被管理者遵守法律，服从法律。有了政府的依法行政即按照法律规定的权限、程序办事，才有可能使法律得到普遍和严格的遵守。

3. 程序问题。程序也是法，是保证实体法实现的法。严格执法当然包括或首先是指实体法规定必须执行，但更主要的是程序问题。因为轻程序仍是倾向性问题。海关必须按照行政程序实施行政管理。在海关执法过程中，重实体轻程序等现象均不同程度存在。前段时间，我们对部分海关进行执法检查，就发现许多问题，比如，有的报关单没有签名，查验单人作业、单人签名，或是不签日期等，又如，法律文书的复印件未批注“复印件，与原件无讹”字样并加盖印章，等等。更严重的是既违反实体法又违反程序法，如扣押国产车、国产货，稽查查封企业厂房等问题。为保证有关公民、法人和其他组织合法权益方面实体法的有效实施，全国人大制定一系列程序法如《行政诉讼法》、《民事诉讼法》、《行政复议法》，或在许多法律（如《行政处罚法》、《国家赔偿法》等）中规定实体内容的同时作许多程序规定。人大还将制定将所有主要行政程序进行统一规定的《行政程序法》，现正加紧制定中。

综上所述，增强执法意识就要增强对依法治国方略的认识，增强依法行政的意识和能力。

二、增强执法意识，要从维护公民、法人和其他组织合法权益，减少行政争议和行政赔偿的高度提高认识《

（一）维护公民法人合法权益，是我国宪法规定的国家政权性质决定的

我国是人民民主政权，权力是人民给的。为人民谋利益是党的根本的一贯的主张。宪法是党领导人民制定，反映人民意志的。

（二）随着我国法制建设的进程，法律对公民法人合法权益的保护一步步完善

1. 1954 年宪法及此后几部宪法都确认人民当家做主，国家机关为人

民服务，公民依法享有政治权利和人身权、财产权不受侵犯的基本原则。改革开放以来，逐步有了保障人民参政议政的选举法，打击侵犯公民政治权利、人身权、财产权犯罪行为的刑法和刑事诉讼法，以及保障公民法人民事权利的民法、民事诉讼法。但直到20世纪80年代末，还没有一部专门保护公民、法人和其他组织合法权益不受国家机关及其工作人员违法行为侵犯的专门法律，更没有一部专门保障公民、法人合法权益被国家机关及其工作人员违法侵害后如何获得赔偿或补偿的专门法律。1954年宪法规定，由于国家机关工作人员侵犯公民权利而受到损失的人，有取得赔偿的权利。但这里没有国家机关是否违法的规定，没有国家机关及其工作人员是否侵犯法人和其他组织合法权益的规定，也没有受侵害的公民通过法律途径制止、纠正违法行为的规定，特别是没有如何取得赔偿的规定。由于种种原因，几部宪法上述范围很窄的规定也一直没有得到实际实行。十一届三中全会以来，公民法人及其他社会组织合法权益不受国家机关及其工作人员侵犯，以及受侵犯后有途径获取赔偿的原则逐步法制化。

2. 1982年《中华人民共和国民事诉讼法（试行）》确定了人民法院受理行政案件的原则。(第三条第二项：法律规定由人民法院审理的案件，适用本法规定。) 1986年《中华人民共和国民法通则》确认国家机关及其工作人员的职务行为有可能侵犯公民、法人合法权益，并应承担民事责任。(第一百二十一条：国家机关或者国家机关工作人员在执行职务中侵犯公民、法人合法权益造成损害的，应当承担民事责任。) 1987年1月实施的《中华人民共和国治安管理处罚条例》开创了对行政机关的处罚决定不服，可以申诉，对申诉后的裁决不服，可以向人民法院起诉的先例(第三十九条)。1987年7月实施的《中华人民共和国海关法》规定，对行政机关行政处罚决定不服和发生纳税争议，可以申请复议，对复议决定不服可以向人民法院起诉。《海关法》规定，对处罚决定不服，也可以直接向人民法院起诉（第四十六条、第五十三条)。《海关法》还专门规定，海关查验货物造成损失给予赔偿。1990年实行的《行政诉讼法》、1991年实行的《行政复议条例》，以专门的法律、行政法规开创了行政机关及其工作人员的具体行政行为全面接受司法机关或复议机关审查的新时代。行政诉讼制度已经包括行政相对人提起行政诉讼可以一并要求赔偿的内容。经过几年的行政赔偿实践，1995年1月，专门规范国家行政机关行政赔偿（及司法机关、检察机关、公安机关刑事赔偿）的法律——《中华人民共和国国家赔偿法》实施了。随后，《行政处罚法》、《行政复议法》等一系列法律都规定了行政赔偿的有关内容。至此，我国已经建立了比较完备的行政复议、行政诉讼、行政赔偿制度，全面监督行政机关依法行政和全面维护行政相对人合法权益已经有法可依。

去年以来，牟新生署长多次讲到行政赔偿这一问题，并一再强调两句话：一是我们错了，该赔就得赔；二是希望遏止赔偿案件增多势头，尤其是避免出丑闻，杜绝或避免发生巨额赔偿案件。这两句话实际是用最通俗的语言给我们提出了严格依法行政，认真维护行政相对人合法权益，尽量减少侵犯公民、法人和其他组织合法权益行为，特别是严重、巨额侵权行为的发生的要求。我们强调增强执法意识，也要从这个高度提高认识。

行政赔偿案件数量从1999年开始明显增加，并且呈逐年增长趋势。庞大的公安系统一年行政赔偿案件的赔偿金额也不过500万元左右。深圳市10多年来，共发生50起赔偿案，实际赔偿金额才几十万元。但海关一个案件索赔金额就有几百万、上千万，甚至上亿元。赔偿案件发生，就意味着侵犯公民、法人和其他组织合法权益行为发生。巨额案件发生，不仅严重侵权，也给国家赔偿带来很大困难。至今有人想不通为什么国家机关要给行政管理对象赔钱，这说明这些同志根本还没有认识到我国民主与法制、依法治国、依法行政的实质。也有一些人思想还停留在过去海关不遗余力打官司保胜诉的观念上，败诉、赔偿发生后不反省执法问题却一味埋怨打官司的海关关员无能，怪人民法院不给海关面子，偏向相对人。我们必须纠正这一偏见。不能说人民法院没有错案，但总起来讲，判行政机关败诉，总是由于执法有问题，是由于侵犯了相对人的合法权益。

下面简单介绍近年来海关行政复议、行政诉讼、行政赔偿案件的情况。

1987年以来，全国海关每年发生行政复议案件三四百起，2000年激增到1164起，2001年、2002年分别达到2054起和1395起。行政诉讼案件从原来每年的十来起逐年递增至2002年的52起。1992年以来，共发生各类行政赔偿案件18起，其中当事人在申请行政复议或者提起行政诉讼时一并提出赔偿请求的15起，当事人直接向作出具体行政行为的海关要求赔偿的有3起。在这些案件当中，行政复议案件的变更率、撤销率超过60%，行政诉讼案件的变更、撤销（包括海关主动变更）比率在12.9%。从2000年开始，复议和诉讼的变更率、撤销率均呈增长趋势。从行政赔偿案件的特点来看，一是行政赔偿案件数量从1999年开始明显增加，并且呈逐年增长趋势；二是赔偿请求主要针对海关行政处罚、行政强制措施和有关货物的变卖处理等具体行政行为；三是涉案案值、赔偿数额巨大。在已审结的案件中，法院终审判决判令海关承担行政赔偿责任的个案赔偿金额最高达到268万元，其中索赔额超亿元的案件3起。从行政赔偿案件引起赔偿的主要原因来看：一是监管环节不接受当事人申报而导致货物的滞报、货物的损失、税率变号的损失；二是货物查验过程中导致的查验损失；三是行政行为缺乏法律依据，例如，海关在没有法律依据的情况下，不予批准当事人将进料加工保税料件退运出境，而是强令当事人内销补税，导致有关保税货物贬值给当事人造成经济损失；四是超越海关职权行政，例如，有的海关在办案过程中超越海关法规定的职权对当事人的生产车间及厂房予以查封，导致企业停产，被法院认定违法，并被判决海关承担赔偿责任；五是未及时处理在扣货物导致赔偿范围扩大，例如，海关在办案过程中对价值贬损较快的涉嫌走私货物迟迟不予变卖，导致货物严重贬值，被法院判决对货物贬值部分一并承担赔偿责任，使赔偿范围扩大；六是由于征税环节造成的赔偿；七是货物放行不及时或不该放行的货物错误放行造成损失的；八是处罚阶段的赔偿，如处罚错了，办案期过长造成货物受损。

三、关于海关总署政法司2003年工作的3项重点

海关法制工作是一项系统工程，它涉及法律意识的树立、法律信仰的培养，以及立法、执法、法律监督等诸多环节，并渗透到海关业务改革和建设的方方面面。根据署党组关于加强海关法制工作的决定，当前和今后一个时期，政法司的工作重点主要体现在以下3个方面。

（一）完善海关立法机制，健全海关法律体系，确保海关改革和建设的各项工作有法可依

健全海关法律体系，明确海关执法依据，实现有法可依，是实现海关依法行政的基础和前提。立法工作不仅包括制定法律、行政法规，还包括制定各种规章、规范性文件，特别是执法程序和规范。执法环节之

所以会出问题，一方面是因为有法不依，有明确的规定但不按规定办，这是执法具体行为人的责任，另一方面是因为无法可依，对某方面内容没有规定，或者规定很含糊，没有可操作性，或者规定与规定之间矛盾，这样就会造成执法随意性增大。没有明确的法律约束，就更容易出问题。立法不健全，就不是一线执法人员的问题，而是立法部门的责任，是领导机关的责任。

发挥立法方面的主导、协调作用，主动深入基层，转变作风，及时了解执法实践中的实际情况。希望各海关、各部门及时向政法司反映执法实践中遇到的问题，使立法工作能够及时作出调整，保证执法一线有法可依。立法工作将遵循“依法立法”的原则，按照法律法规规定的程序制定有关的规定，保证法规的权威性和全国法制的统一性。目前，海关法律体系框架已经初步形成，但还不够完善。一些重要的规定还没有完全到位，比如，《海关法》已修订两年多了，但配套的《海关法行政处罚实施细则》还没有修订出台。现行的各种规章制度、规范性文件虽几经清理，但仍然存在不够协调的问题，还需要下大力气清理修订。随着新情况、新业务的不断出现，需要不断制定新的规定。规范性文件管理机制急需进一步完善，以保证海关法规的公开、透明。今年我们将把立法和规范性文件管理作为各级法制部门的重要职责，统一管理，建立健全规范性文件的定期清理和相应的“废、改、立”机制，逐步减少和最终避免靠“红头文件”甚至领导口头指示开展海关执法活动的情况。在条件允许的时候着手编纂海关法典。力争用5年左右的时间，形成一个适应当前新形势新任务新要求的规范统一、协调完整的海关法律体系，确保各项工作都有法可依。

（二）建立和完善严谨高效、规范有序的海关执法运行机制，使海关改革和建设的各项工作做到有法必依、执法必严

海关行政必须依法。这个“法”既包括法律、行政法规、规章，还包括海关自己制定的其他规范性文件。同时，还应受到为人民服务的目标，服务经济、促进发展的根本目的，保障公民、法人及其他组织的合法权益，以及海关职业道德等的约束。海关行政活动必须要有法律依据，否则就可能影响海关相对人合法权益。没有法律或法规的授权与规定，海关就没有相应行动的“自由”。海关不仅有义务遵守法律的规定，而且要积极采取行动或措施保证法律规范的实施，尽一切力量保证法律或法规赋予的职权和职责得以实现。为此，海关应建立严谨高效、规范有序的法律工作机制，确保海关依法行政。

1. 建立健全重大海关事务法律论证和法律顾问辅助决策机制。赋予政法司对海关业务改革、重大行政行为、财务和基建等具体事项事前审核和论证的职责，保证海关行政行为的合法和适当。赋予法律顾问或顾问班子在领导班子中参谋助手、辅助决策的地位，同时明确其相应的责任，重大决策必须咨询法律顾问或顾问班子的意见。法律顾问班子应该精通中国法律，熟悉与海关工作有关的国际法律。未按程序责成法律顾问或顾问班子提出参考意见，发生问题、造成工作失误的，应当追究有关海关主要领导的责任。据统计，目前海关执法过程中发生错案被复议需要更正的占 70%，这说明我们的执法水平远远不能满足现实的需要。还有个别海关执法行为不当被起诉，如果败诉要按照《国家赔偿法》的规定赔偿数千万甚至上亿元。教训是极为深刻而沉重的。

2. 建立健全海关法制工作的协调配合机制。任何法律制度都不可能把实践中的所有行为一一加以规范。对于海关执法活动中发生的缺乏明文依据、法规理解不一致、适用法规有争议、部门间权限交叉等情况，应当由法制部门依法协调，规范业务运作。应强化依法协作机制，优化外部执法环境。各级海关在与地方党政机关、司法部门、相关执法部门，或其他国家机关、单位、组织协作配合工作中，法制部门应当提供法律意见，规范和理顺协作配合关系，积极优化海关外部执法环境。通过海关法制宣传、关务公开，以及制定与相关部门联系配合制度等措施，提高海关行政相对人对海关管理法规的熟知程度和守法自觉性，争取社会各界对海关工作更加了解、支持和配合，进一步优化海关执法环境。

3. 建立海关行政执法责任制和评议考核制。将各海关、各部门、各个岗位的行政执法责任逐级分解，落实到人。特别是主要负责人的责任一定要落实和明确，并与评议考核、奖惩任免挂钩，将能否履行法定职责、维护法制统一和政令畅通、创造良好执法环境，作为每一位关员特别是领导干部评议考核、奖惩任免的重要指标。

（三）建立和完善反馈及时、有错必纠的海关执法监督机制，做到违法必究

要不断健全和维护海关垂直领导体制和统一管理的业务运行机制，就必须加强执法监督力度，确保信息灵敏、指挥有力、政令畅通、执法统一、行政高效。坚决纠正和克服执法监督机制不健全、不规范，海关执法不统一，甚至出现局部失控的情况。这也是关系到海关清正廉洁的长期任务。法制是保障，监督是关键。不受监督的权力必然导致腐败，绝对的权力必然导致绝对的腐败。前些年海关系统发生的触目惊心的执法腐败案件，说明海关执法机制存在漏洞，也暴露了执法监督不到位，执法监督不能渗透到所有的行政执法工作中去的问题。必须加强法制工作，强化执法监督，切实维护垂直领导体制和统一运行机制的高效运行。

通过建立有效的法律监督机制保证执法规范。有法必依，执法必严，违法必究，都是通过监督来实现的。法律监督要与其他的监督检查手段有机地融为一体，发挥法制部门特有的作用。要强化法制部门的法律监督职能。法制部门要把发挥法律监督作用作为主要职能之一，除进一步发挥复议应诉执法监督作用外，要把对海关执法活动的检查、对违法和不当行政行为的纠正、对有关人员法律责任的追究等，进一步制度化、规范化。要把执法监督同完善立法结合起来，从规则制定、修订开始，逐步形成完整、高效的海关整体监督机制。

海关调查证持证人员的职业要求[①]

“中华人民共和国海关调查证”是海关从事行政复议和知识产权海关保护工作的执法身份证件。在一定意义上说，国家法律授予海关执法的一些重大权力，诸如征、免（进出口关税和进口环节增值税，以及法定由海关征收或代收的其他税、费）、验（查验进出境货物、物品和运输工具）、扣（扣留货物、物品和运输工具）、罚（款）、没（没收违法货物、物品和运输工具）、放（放行货物、物品或运输工具）、退（退还税费或货物、物品或运输工具），可以经由上述持证人员行使。持证人员能否代表海关正确行使这些权力，关系到国家法律的权威是否得到尊崇、国家利益是否得到保障、进出关境活动当事人合法权益是否受到维护、海关形象是否受到影响，也关系到持证人员本身的奖（励）惩（罚）升（职）降（职）等切身利益和荣辱毁誉。认真执行《中华人民共和国海关调查证使用管理规定》，是对海关工作人员，特别是对办案持证人员提出的要求，对海关行政复议、行政应诉人员和知识产权海关保护人员坚持依法行使权力，模范履行职责具有根本性的意义。

《中华人民共和国海关调查证使用管理规定》第十二条规定，持证人员应当严格遵守宪法和法律；忠于职守，尽职尽责，清正廉洁，秉公执法；依法保障复议参加人、知识产权权利人和其他行政管理相对人的合法权利；保守国家秘密、商业秘密和海关工作秘密；维护国家利益、公共利益，维护公民、法人和其他组织的合法权益。条文很简约，但包含了复杂深刻的内容。

海关调查证的使用涉及了宪法。宪法以法律的形式确认了中国人民奋斗的成果，规定了国家的根本制度和根本任务，是国家的根本法，具

---

① 本文是关于《中华人民共和国海关调查证使用管理规定》第十二条的一些认识，是作者在2007年海关调查证持证人员培训班上的发言整理稿，原载《海关执法研究》2007年第6期。

有最高的法律效力。宪法关于国家机关及其工作人员的职业要求的规定有两个层次，一是关于所有政党、机关、团体或个人必须遵守的规定。如规定了全国各族人民，一切国家机关和武装力量，各政党和各社会团体、各企业事业组织，都必须以宪法为根本的活动准则，并且负有维护宪法尊严、保证宪法实施的职责；中华人民共和国公民必须遵守宪法和法律，保守国家秘密，爱护公共财产，遵守劳动纪律，遵守公共秩序，尊重社会公德；中华人民共和国公民有维护祖国的安全、荣誉和利益的义务，不得有危害祖国的安全、荣誉和利益的行为。一切国家机关和武装力量，各政党和各社会团体、各企业事业组织都必须遵守宪法和法律。一切违反宪法和法律的行为，必须予以追究。任何组织或者个人都不得有超越宪法和法律的特权。任何公民享有宪法和法律规定的权利，同时必须履行宪法和法律规定的义务等；二是对国家机关及其工作人员的专门规定 。如规定了中华人民共和国公民对于任何国家机关和国家工作人员，有提出批评和建议的权利；对于任何国家机关和国家工作人员的违法失职行为，有向有关国家机关提出申诉、控告或者检举的权利。一切国家机关实行精简的原则，实行工作责任制，实行工作人员的培训和考核制度，不断提高工作质量和工作效率，反对官僚主义。一切国家机关和国家工作人员必须依靠人民的支持，经常保持同人民的密切联系，倾听人民的意见和建议，接受人民的监督，努力为人民服务等。

熟悉其他法律规定，也是持调查证上岗的前提要求。

先看《中华人民共和国海关法》。在该法第七章执法监督中，规定了海关履行职责，必须遵守法律，维护国家利益，依照法定职权和法定程序严格执法，接受监督。海关工作人员必须秉公执法，廉洁自律，忠于职守，文明服务，不得有包庇、纵容走私或者与他人串通进行走私；非法限制他人人身自由，非法检查他人身体、住所或者场所，非法检查扣留进出境运输工具、货物、物品；利用职权为自己或者他人谋取私利；索取、收受贿赂；泄露国家秘密、商业秘密和海关工作秘密；滥用职权，故意刁难，拖延监管、查验；购买、私分、占用没收的走私货物物品；参与或者变相参与营利性经营活动；违反法定程序或者超越权限执行职务等违法行为。该章还规定，海关应当根据依法履行职责的需要，加强队伍建设，使海关工作人员具有良好的政治、业务素质，规定海关专业人员应当具有法律和相关专业知识，符合海关规定的专业岗位任职要求；

规定海关招收工作人员应当按照国家规定，公开考试，严格考核，择优录用；规定海关应当有计划地对其工作人员进行政治思想、法制，以及海关业务培训和考核。海关工作人员必须定期接受培训和考核，经考核不合格的，不得继续上岗执行职务。规定海关及其工作人员的行政执法活动，依法接受监察机关的监督；缉私警察进行侦查活动，依法接受人民检察院的监督；规定审计机关依法对海关的财政收支进行审计监督，对海关办理的与国家财政收支有关的事项，有权进行专项审计调查。该章特别规定上级海关应当对下级海关的执法活动依法进行监督。上级海关认为下级海关作出的处理或者决定不适当的，可以依法予以变更或者撤销；规定应当依照本法和其他有关法律、行政法规，建立健全内部监督制度，对其工作人员执行法律、行政法规和遵守纪律的情况，进行监督检查；海关内部负责审单、查验、放行、稽查和调查等主要岗位的职责权限应当明确，并相互分离、相互制约。任何单位和个人均有权对海关及其工作人员的违法违纪行为进行控告、检举。收到控告、检举的机关有权处理的，应当依法按照职责分工及时查处。收到控告、检举的机关和负责查处的机关，应当为控告人、检举人保密。根据该章规定，海关工作人员在调查处理违法案件时，遇有是本案的当事人或者是当事人的近亲属，本人或者其近亲属与本案有利害关系，以及与本案当事人有其他关系，可能影响案件公正处理的情形，应当回避。其中还有一条极特别，别的部门行政法未见的内容，即规定“进出口货物收发货人、报关企业、报关人员向海关工作人员行贿的，由海关撤销其报关注册登记，取消其报关从业资格，并处以罚款”；还值得注意的是 2000 年《海关法》根据《国家赔偿法》中的过错赔偿原则和该法已有的类似规定，增加了“海关违法扣留货物、物品、运输工具，致使当事人的合法权益受到损失的，应当依法承担赔偿责任”的同时，还保留了 1987 年《海关法》无过错赔偿条款，即“海关在查验进出境货物、物品时，损坏被查验的货物、物品的，应当赔偿实际损失”。

再看《中华人民共和国行政复议法》。其中第六章规定了对行政复议机关违反本法规定，无正当理由不予受理依法提出的行政复议申请或者不按照规定转送行政复议申请的，或者在法定期限内不作出行政复议决定的；行政复议机关工作人员在行政复议活动中，徇私舞弊或者有其他渎职、失职行为的；被申请人违反规定，不提出书面答复或者不提交作出具体行政行为的证据、依据和其他有关材料，或者阻挠、变相阻挠公民、法人或者其他组织依法申请行政复议的 ，以及不履行或者无正当理由拖延履行行政复议决定等行为应负的法律责任。同时还专门规定行政复议机关负责法制工作的机构发现有无正当理由不予受理行政复议申请，不按照规定期限作出行政复议决定，徇私舞弊，对申请人打击报复或者不履行行政复议决定等情形的，也依该法对上述有关行为的规定作出处理。

其他法律如《行政监察法》、《国家赔偿法》，以及国务院行政法规和海关总署规章还有大量规定，都是广义上的“法律”，涉及办案人员的规定很多，这里不再一一列举。

下面，笔者结合自己工作实践中归纳的，以及学习宪法，上述法律、行政法规，海关总署规章，特别是前面《中华人民共和国海关调查证使用管理规定》第十二条的体会，与大家交流海关调查证持证人，即海关办案人员的职业要求 。笔者将从六个方面论述，概念不很准确，归纳并不全面规范，分类也不大严格科学，有的重复交叉，不是一个逻辑性很强的文章。作为心得体会，但求彼此明白，相互有一些借鉴意义。

一、清醒、谨慎、尽力、细致、效率、平和 《《

(一) 清醒

所谓清醒，特指对本岗位在政治、业务，工作态度、作风和纪律方面的要求明确，对承办案件的任务和具体要求有清楚的认识和把握。

关于政治要求。海关工作事关国家政治安全，经济发展，以及民族工业保护、社会稳定、人民健康，责重权大，海关复议案件更是涉及海关工作与管理相对人争议，许多还是涉外争议。此外，还要顾及海关执法形象，从事复议工作、知识产权海关保护工作，政策性、敏感性很强，要求海关办案员具备很高的政治素质。

关于业务素质要求。海关工作涉及政治、经济、科技、文化、卫生、环境与资源保护、宗教、外交、国防、金融、交通运输等各个方面，海关其他部门、其他岗位可能只具备某一方面的知识就基本满足工作需要，但行政复议工作会涉及海关业务的各个方面；知识产权海关保护工作则要求具有知识产权知识、相关法律知识和办案水平。

关于工作态度、工作作风和工作纪律。办理案件诉讼风险、廉政风险较大，承办复议或知识产权案件既有实体要求，又有程序要求，最终形成法律后果。关于工作态度、作风和纪律方面有很多要求，后面还会具体提到。

承办案件既有总体要求，每一个案件还因各自的具体情况产生具体要求，办案人只有明了案件性质、结果，办案程序、事实要求、证据要求，法律依据，法律文书制作，完成任务标准等所有要求，才可能圆满结案。一些重点后面还将具体提到。

（二）谨慎

所谓谨慎，特指有一定资历和办案经验的人员一般不过于自信懈怠。他们知道每个案件都有新情况，不只凭经验和既有的法律条文，认为同一类案件自然采用同一种做法，先入为主，简单化处理。

（三）尽力

所谓尽力，这里指不害怕困难、畏首畏尾，能及时、独立、高质量地完成任务，不把问题困难向领导一推了事。具体到办案，情况再复杂难办，也要依据现有规定，并依据得到的证据材料，提交不同方式的结案意见。许多人常谈到法律固有的滞后性和不可穷尽性，但法律还有另一方面的特性，即周延性和预见性。一般说来，立法者的法律设计是周延的和对将发生的变化预留空间的，除非需要法外处理的极特殊情况，一般情况下，对现实发生的情况总有一种法律调整方式可以适用，以事实不清或法律不明为由长期挂案，不是水平问题，就是态度问题。

（四）细致

所谓细致，是说办案人员不敷衍应付，不粗枝大叶，对国家和相对人，对自身和领导事后都有功过责任，办案细致、不留疏漏，经得起上级审查或同行推敲。

（五）效率

所谓效率，是前一问题的另一面，即反对以“细致”、“认真”、“慢工出巧匠、快了没好活”为由懒散拖沓，案件迟迟不结。及时利索地完成任务，领导对办案个人赏识不说，办案时限要求，以及机关行政效率要求不说，是否尽快结案，对当事人经济效益影响很大。即使是难度不大的案件，宁可先紧张后轻松，切莫先松快后着急。

（六）平和

所谓平和，这里指不感情用事。既不无原则地心软、同情，也忌义愤急躁或轻率、冷漠，当然，也不应蛮横、傲气，公平、公正，理性、冷静，尊重事实和法律，尊重当事人人格和其他合法权益，才是应取的态度。

二、严密、准确、全面、衡平《《

（一）严密

所谓严密，特指办案应严格循规（距）循（程）序；事实描述真实、准确、流畅、合理，不加修饰、形容；概念准确，判断科学、全面，推理符合逻辑 。文字通顺，不一定讲修辞，一定讲语法。讲到修辞，在法律文书，甚至结案报告中，是绝不能用形容、比喻之类的修饰手法的。因为法律大多情况下只讲是不是、要不要，而不讲程度。法律规定中也出现“严重”、“重大”、“巨大”之类的词，但都有特定含义或量化规定及解释。当然也有高手制作的判决、仲裁决定等法律文书，使用了对比、排比、顶真、回环之类手法，文字漂亮而不见累赘，更无影响事实认定的精度和法律适用的准度，因此，不是绝对反对任何修辞手法，但要防止弄巧不成反成拙。举几个例子。

例一，事实模糊不得。某公司诉海关总署复议案，海关对一事实认定错误。复议中考虑到该事实只是海关认定某一环节乘飞机行为时间的表述“一月某日”有误，本来只要乘飞机去该地事实存在，认定为是三日还是四日去该地并不影响当事人在该地的违法行为成立，但根据最高人民法院司法解释，时间属事实不清，谨慎考虑，想既维持该海关原处罚行为，避免作变更、撤销决定致使总署当被告，又不致引起诉讼时被法院认定事实不清而撤销，总署复议决定书将此时间模糊为“一月”。不想仍被当事人坚持原海关时间认定不清，而且还认为总署进行了“纠正”，属于事实认定“变更”，虽然是维持原处罚决定，但基于变更了的事实认定的“维持”当属复议决定“变更”原处罚决定，因此，当事人还到北京高院起诉海关总署，海关总署提出异议不被接受，不仅北京高院认可这种理由而理所当然受理此案，当时的最高人民法院行政庭领导，同时也是行政法的知名学者也持上述看法。

例二，一字之差。某复议案，事实描述中“受指使”误为“指使”，致行为认定错乱。

例三，逻辑问题。某海关复议案，事实描述“擅自出售”，处罚决定违规（可能是擅自转让或移作他用）；又一某海关处罚案，决定书事实认定为“移作他用”，处罚依据却是原处罚细则“转让”条款。

例四，某海关诉讼案的法庭陈词，不当修辞表达了没必要的义愤，连用了“颠倒是非、混淆黑白”、“冒天下之大不韪”、“公然”之类的词。虽然海关领导要求应诉关员在法庭上一定要义正词严、打出海关的气势，但笔者认为法庭是摆事实、讲法理的地方，不是以势胜人的场合，那样只会激起对方激烈对抗和法官反感。

前面讲到了推理，这里需要说明的是案情研究讨论，可以而且应当把归纳推理、演绎推理乃至类推类比的思维方式并用，还应提倡辩证推理，不妨逆向思维，也可以甚至需要人情事理和事发背景，以及事后影响的介绍，但我国法制基本排斥案例的法律效力，也不允许所谓新证，不允许依所谓人情事理办案，“法有明文才得为”的要求决定最终的案件事实描述，特别是性质认定和处理决定只是遵循形式逻辑，尤其是演绎推理。

（二）准确

所谓准确，除了指事实认定准确，排除臆断，证据有效、完整，达到了必要和充分的程度，还指认定案件性质和决定处理所适用的法律条文准确，相互衔接。实践中多见有证据不完整或效力有问题，事实认定不清不楚、似是而非，甚至自相矛盾、前后矛盾的情况。

（三）全面

所谓全面，包括调查全面（包括可能涉及的与原线索方向不同、可能导致案情变化的情况，海关业务流程及海关人员当时执法的合法性、正当性，原始证据的提取等）、汇总全面（不直接与案情有关的情况作为附属部分，日后可能极具价值）、处理全面（涉及其他部门材料的转送和留档）、入卷全面（证据材料制作符合要求，防止事后无法弥补；内部材料，不直接关联材料，如副卷），不允许出疏漏。

（四）衡平

所谓衡平，既指权衡同类案件前后的处理情况，还指在合法的前提下兼顾合理性、公平性、适当性。《行政诉讼法》规定除合法性审查外，还描述了审查行政处罚“显失公正”的行为，复议法除规定审查合法性外，还描述了审查具体行政行为是否“明显不当”的行为，范围扩大到所有具体行政行为。

三、讲原则、讲纪律

（一）讲原则

依法办案，讲原则是应该的，但也有必要的灵活性问题。

当然，首先是有法必依和实事求是。由此可引申出不徇私，包括不徇私利和人情，因小利而失大节，满足他人情绪而致国家损失、自己危害；不媚上，包括畏上畏权。依法并不排斥合事情合事理，一般来说法律与世理并不对立，如对立了很可能没有准确理解和适用法律。要坚持下级服从上级、部署服从首长的原则，但要注意特殊情况的特别规定，比如《公务员法》规定明知严重违法未提出异议而执行的，执行者承担责任。

（二）讲纪律

关于讲纪律，包括遵守工作纪律、廉政纪律、保密纪律，都有相关明确规定，不多说了。只说一点，不少案件的失密不是故意的，甚至有人事后还没被意识到是违反保密纪律或工作纪律。例如在谈话时，或在法律文书中把海关总署，以及有关司、局文件外示，无意中泄露了案件讨论情况；把尚未正式印发的复议决定书提前下传给被申请人等。还有电话泄密的情况，要知道无论固定电话还是手机，都容易被窃听。最近，海关总署保密委员会开会，国家保密研究所现场演示了通过一台很小的设备，周围十公里内手机通话即可同步被播放；短信内容当场可通过计算机并投到大屏幕。总署一再强调接听电话不能谈涉密事项，却总有人不听。另外，把移动磁盘在保密机和连接互联网的计算机上来回插拔，即使销掉的文件也能被通过互联网搞走。办案人员保密意识尤其要强才行。

四、顾全局、讲方式、依本分、树形象

（一）顾全局

顾全局指顾国家利益和形象，但也兼顾相对人合法权益。常有人说兼顾很难，实际上，绝没有损害国家利益的所谓相对人合法权益；也没有损害相对人合法权益的所谓国家利益，因为法律精神是一致的。“不能兼顾”，往往属于没有吃透法律规定。例如遇到涉外案件时，外国使馆来人说情，我们大多以依法办事为理由客气回绝，一般少有外事请示，复

议部门径行处理并无不妥，也没有引起过不满或外事纠纷。但有一次美国使馆商务参赞带着当事人和美国驻华律师办事处的律师过来，一副很严肃，不高兴，不达目的就要怎么样的样子。请这一大群人落座后，问明来意，我们平静地告诉参赞先听笔者和当事人对话，听完如有不满意请他发表意见，至于律师，作为国外一方当事人的代理人，可以在一边以普通代理人身份旁听，愿意发表意见，我们也乐意听取，但依我国法律规定，其不能以律师身份发表言论。结果，虽然我们并不认为我方有任何差错，同当事人谈完，参赞仅表示感谢，再无其他意见，律师则仅握手致意。讲法、说理、有节、礼貌，是妥善处理的基础。再如某国参赞为一华侨巨额外币被海关没收说情，说“该华侨知名度高，身份特殊，还随该国总统访问过中国等”。笔者照例讲明建设法治国家，要依法行政，法律面前，人人平等，难以法外照顾。道理讲了一堆，但对方仍表示难以接受。后经海关与外交部方面协商，将此事妥善处理。绝不是说办案可以随意以顾大局为由超越法律规定，但政治、外交手段越过法律程序是各国都有的情况。有需法外解决的，一是权不在下级办事部门，二又不能置之不理，所以要及时报告情况，逐级请示处理意见，决不允许擅断。

（二）讲方式

涉及内外相关部门情况的处理既要讲原则，又要讲方式方法和态度。“过河”不能走“独木桥”，例如反映问题、沟通情况、协调工作，应有直行、并行，迂回的，宽敞的、狭窄的多条途径，顺向的、逆向的、平缓的、激荡的多个渠道，正式的非正式的多种方式；不能“过河拆桥”，例如其他部门、单位协助或用人时要谦辞厚礼，就是没厚礼或薄礼，起码态度要谦虚；等用完了就把人忘了，甚至人家需要你帮助时却不那么积极，以后还能得到人家帮助吗？不能“抢船”，例如，前些年某行政诉讼终审判海关赔偿后，海关才进行刑事侦查。虽然成功判当事人走私罪，行政赔偿执行终止，但引起法院极大不满；也不能“偷渡”，例如海关与法院同时查封一批货物发生管辖争执，商定了货可先由海关拍卖，价款也可以先存海关账户，各自请示上级后再作处理，显然本意是指两家有权决断出一致意见的上级决断后，而且两个下级单位都知道后才能处理。结果海关没告诉上级涉案货物价款与法院有争议等情况，仅请示变卖货款是否入库，上级答“当然，还要尽快”。于是海关告诉法院“经请示上级，根据上级要求，已将价款上缴国库”，法院方面当然非常不满。

（三）依本分

所谓依本分，是指在岗位责任内行事，不失职、推诿，不必请示的，大小事问个没完，领导会烦，还会认为这个人能力差；该请示的不越权、擅断，及时请示，及时报告，否则个人担不起责任。

（四）树形象

树形象指办案中的个人形象往往与海关形象联系在一起，决不能认为无关紧要。有的关员跷着二郎腿，仰靠椅子问话，说话口气很大，有的蛮横不讲理，甚至还有公然威胁恐吓相对人的。

五、讲依据、讲程序、负责任《

（一）讲依据

讲依据特指有关案件，讲的话、形成的文字，句句有法律或事实依据，特别是制作的法律文书、呈交的结案报告，以及有关请示、汇报。

例一，经复议审理，发现一认定当事人构成走私行为的行政处罚没有证据证明当事人的故意，申请人称作出处罚当初是报经总署调查局批准的，还会签了政法司。查看原批复，结果发现地方关里报来的审理报告中写有事先某人经与某人“策划”的案情，可实际并没证据，报告中仅是推断。后来经调查，报批案件一律随附主要证据。

例二，笔者前往某关协助应诉案，发现没验放查验记录，有关关员大大咧咧地说：“写一个就是了！”被告之伪证违法后，他们又说“写一个回忆总没关系”。要知道工作记录是客观证据，事后回忆证明力就低许多了，甚至因为是诉讼后补的证据法院也会不认可。

（二）讲程序

相信学法律的人都知道程序的重要性。没有程序保证，法律的正义无法实现。但实践中，尽管一再强调，程序仍被屡屡忽视。例如，送达法律文书以“不知地址”为由径行邮寄；同一天签发申辩通知与处罚决定；同一天签收申辩通知与处罚决定（不属即决案件简化程序可以同一天签收的情形）；扣留凭单盖内部部门章。

（三）负责任

经办的案件，要经得起领导、复议、诉讼和历史的检验，有承担责任的事实准备和精神准备。

例一，某海关办案人员依情报出动，但其对走私行为的处理动手时机过早，在走私密谋阶段查扣，将预备走私的款项作“私货等值价款”没收。当事人经七八年信访，最后海关还是退还了款项。

例二，某海关加工贸易处罚案中，办案人怕定经营单位处罚罚没货物落空；定加工单位违规，既没有充分证据证明是共同走私，又不存在有人主张的所谓“共同违规”，即使有“共同”也不能只罚加工单位。结果只定成经营单位的个人犯走私罪，还没判决没收私货，涉案货物已由加工单位买断（海关当时允许买断），就是海关可以径行没收，但私货已属于下手人合法所有，属于“无法没收”的情形。此案的审理超过10年，结果对加工单位难以在复议决定中维持原认定的违规，最后只好协调各方，海关少补偿一些，当事方撤回复议。

六、学习、总结、研究、交流、建议，提高

学习，包括学法律及其他知识。生产力的飞速发展，社会经济、政治、文化活动的复杂多变，人际关系的多元化，不仅表现在信息爆炸方面，更直接导致立法的复杂化、快速化和数量惊人，学习补充更新法律知识，对海关调查证持证人员尤为重要。不仅是不熟悉相关法律的实体规定和程序规定不能胜任工作，对宪法和国家基本法律，如《民法》、《刑法》的基本原则在行政管理和行政诉讼中的移植，甚至直接适用了解不够，对不同法律部门的复杂关联了解不够，也会造成工作困难或留下后遗症。海关工作涉及各行各业，学习相关自然科学、社会科学知识，对增强办案素质，提高办案水平的意义也是直接的，这里不展开讲了；学习政治理论、历史、哲学，提高思想觉悟，增强理论修养对于办理案件的意义也很重要，特别对提高处理复杂案件，涉及政治问题、有关政策与法律规定不一致问题的案件，处理突发事件的能力至关重要。

总结办案经验、汲取教训；研究本关及整个海关系统，以及人民法院有关案例，直接关系到办案水平的提高。特别要说的是海关总署政法司编辑的《海关行政复议应诉案例选》（内部）已有八集，这些精选的案例，都是有关海关认真研究，总结经验教训，并着重分析原海关具体行政行为作出时和复议、应诉过程中存在的执法问题和对执法难题进行论证，由具有较高法律素养和办案水平的同志编写，经海关法制战线的专

家复审和评注的，值得大家好好学习、研究、利用。持证人员在实践中遇到执法难题不能简单上推而是积极研究，应经常沉下心熟悉和研究法律、法规、规章条文的立法原意乃至立法背景，立法目的，以及这些条文如何适用于实践。对一些立法遗憾如何弥补，应勤于思考，善于思考；同事之间（包括领导允许的场合与领导之间）就办理案件或平时就有关执法问题多讨论；勇于、勤于、善于提出执法建议或立法建议；学习中、工作实践中不断提高水平，决不犯同一类错误，不总在同一水平，等等。这些对提高自己工作水平都极为重要。道理都容易明白，关键是肯不肯做、能不能坚持做。

依法把关、依法治关、讲求效率与现代海关制度①

多年来，为保证海关工作适应国家实行改革开放大政方针以来不断发展的国内外经济政治形势，在署领导的倡导下，我国海关系统内关于建立现代海关制度的研究探索，无论在理论上还是实践中都一直没有停止过。我们回顾这些研究和探索时会发现，无论从理论上还是实践上讲，都是从两大方面进行的。

第一方面进行的是邓小平建设有中国特色的社会主义理论在海关管理理论和管理实践中的应用，包括海关工作的指导方针；海关管理体制和领导关系；海关的设关原则；海关业务管理模式的改革；海关管理手段的革新；思想政治工作和廉政建设等。

第二方面进行的是对西方现代管理理论和西方海关管理经验及管理技术的借鉴，特别是贸易效率观念、运筹学理论（信息论、系统论、控制论）、模糊数学理论的研究、移植和嫁接，海关对企业实行分类管理的探索，先进的科技手段（尤其是计算机技术和电子通信技术）在海关管理上的应用，甚至参与国际海关统一和简化海关手续的努力等。

此间笔者也曾就“现代海关制度应是业务科技法律一体化的制度”写过文章并用了若干模型加以说明，主要观点是：传统的海关管理模式是以领导个人为核心的球体，领导个人对国家的忠诚度以及领导个人的素质及爱好可以影响球体的大小和运动方向；政策变化乃至形势变化可以随时随机影响球体的转动并客观导致“球”的运动方向；摇摆、旋转、曲折的运动又影响运动速度、抵消运动能量；球切面表明海关内部管理模式是大小两个同心圆之间又相切有多个小圆，反映以领导为核心的办公室与各业务部门以及党务、人事、教育、监督、财物、科技装备、后勤等部门和整个海关系统都是大小不同的球体，都在围绕着领导转，但

① 这是作者参加关于现代海关制度征文活动的一篇文章。

都具有对外封闭性和随意性自转的特点，内耗严重，效率低下。理想的海关管理模式应是海关业务、法律法规、现代科技三维空间的一体（方体），每个顶点（各单位领导）都反映业务与法律、科技的结合状况；其八个顶点中的一个（海关最高领导）始终朝向坐标的核心（始终紧跟党和国家的基本纲领），同时又是方体自身运动线（既是运动方向线，又是第四维时间速度效率线）的标点；海关业务面的扩展，海关法规的完善，海关科技的应用发展，都会并且只会增加方体的体积及质量，三者始终形成合力，每一方面的扩展都会增加方体运行速度效率；每一条棱线都是两通专家组成的海关骨干队伍。其中海关法律与海关业务专家提供所有海关业务行为的依据并监督其实施；海关法律与海关科技——包括社会科学与自然科学及应用技术——专家提供海关业务制度和内部管理制度改革的依据并监督其实施；海关业务与海关技术专家提供现场操作的演示和督察。现在看，把复杂的海关管理用简单的模式概括，远远不够全面准确，海关业务法律科技一体化的提法本身都值得推敲。由于种种原因上述观点并未发表，上述粗浅的研究也未再深入下去。

党的十五大提出依法治国，建立社会主义法治国家的大政方针，也为海关系统关于建立现代海关制度的探索注入了新的动力。海关总署领导在多种场合号召海关系统的干部职工都来关心、研究依法治国与建立现代海关制度的关系。笔者备受鼓舞，不避拙陋，将最近的一些心得写出来。

一、依法行政是包括海关在内的所有国家行政机关作出一切行政行为（包括抽象行政行为和具体行政行为）的基本准则 «

社会主义法治国家，根据邓小平社会主义民主与法制理论和以江泽民为核心的党中央对此的一系列阐述，意味着党和国家充分发扬人民民主，党领导人民制定法律（广义），保证国家政治生活和社会生活的一切事务都有法可依，这些法律集中反映了广大人民意志，具有相对的稳定性，它不会因为国家某些领导人的变更和领导人注意力的变更而变更；必须坚持依法治国，党（及其各级领导人）和国家各机关、社会团体、企业事业单位及全国人民都必须在法律范围内活动，都必须认真遵守和严格执行法律；对任何人违反法律的任何行为都应当、可以和能够由法定机关按法定程序追究其法律责任。

根据我国的政治制度，人民代表大会既是立法机关，也是国家权力机关，国家行政机关（国务院以及各级人民政府）是国家权力机关的执行机关。全国人民代表大会制定国家法律并监督法律的实施（地方人民代表大会制定地方性法规并监督其实施），国务院以及各部委、各地方人民政府负责执行有关法律（负责执行法律的国家机关还有司法机关、检察机关等），为保证更好地执行法律，根据人大制定的宪法和人大的授权，国务院和各部委、省市人民政府还依据法律制定行政法规和行政规章并监督其实施。执行国家权力机关的法律以及为执行法律而制定、实施行政法规、行政规章，即依法行使政权。可见，依法行政，是依法治国的根本要求，是国家行政管理活动的基本准则。海关是国家行政机关，依法行政当然而且必须作为海关工作的基本准则。行政管理包括对外对内两个部分，海关坚持依法行政，就应包括依法行使对外职能即依法把关；依法进行全系统内部管理即依法治关。

二、现代海关制度首先是现代法治国家的法律制度

海关，无论古今中外，从它设立之日起，无论其主要职能是征税、缉私还是限制或鼓励货物进出，还是三者兼而有之，从单位性质上说，一直是国家机关的重要部门。同样地无论古今中外，从国家出现之日起，就有了法律；国家存在一日，法律也至少存在一日。国家靠制度维系，而国家制度由法律设定，以法律规范，靠法律保证。海关是国家机关的重要部门，海关制度自然也是国家制度的重要组成部分。需要区分的是，古代专制社会以及现代仍少量存在的专制国家虽然也依法治国，但法与国家一样都不具有至高无上的地位，唯一至高无上的是专制君王或其他名称的独裁者。君主即国家，其个人意志即国家意志，皇帝所谓“朕即国家”，所谓“金口玉言”、“言出法随”，果其然也。而现代法治国家，是指高度民主的国家，是由代表民意（本文不讨论西方民主的局限性和虚伪性，西方的所谓民意往往是纳税人亦即有钱人的意志）的立法机关制定法律，行政机关执行法律，法律具有至高无上的地位，任何人都不具有超越法律的特权。简单地说，专制社会的以法治国亦即依领导人个人意志治国（所以又称为“人治”），现代法治国家是领导人以及全国人民依法治国（所以说民主与法制密不可分）。因此，不仅一般意义上讲海关制度首先是法律制度，而且更重要的是必须看到，现代海关制度必须

是现代法治国家——在我国即社会主义法治国家——法律制度的重要组成部分。这就可以看出，现代海关制度不是哪一个领导人的心血来潮或哪一个专家学者的个人发明，它必须是一种法律制度即由反映国家意志、人民意志的法律来规定、确立和保证的制度，必须有时代特征，反映当今国家和人民要求和坚持改革开放，建立和完善、发展社会主义市场经济的意愿。

三、海关对国家经济的促进必须循法有度

当今世界，殖民主义、侵略掠夺或暴力对抗已不是主流，除了那些落后的闭塞的实行独裁专制的国家，以及正在争取民族解放、民族独立，尚未建立稳定政权的国家和地区，因民族问题仍纷争不断的国家和地区外，已经或正在建立和完善依法治国的稳定机制，而国家一旦稳定，发展经济就成为举国一致的呼声。千百年来的战乱和纷争早已告诉人们，落后挨打，内乱落后，而殖民侵略也只能以失败告终。只有依靠自己的努力，学习别人的经验，振兴本国经济才是民族兴旺、国家昌盛的唯一出路，“发展才是硬道理”。对中国人民来说，明白这一道理虽然晚了点，但毕竟还有机会。党的十一届三中全会的召开为中国创造了结束内乱抛弃贫穷建设发展的内部环境；经济全球化时代的到来而亚太地区经济处于世界经济最活跃的前沿，同时世界处于相对和平稳定时期，中国同周边国家的关系也处于最平和稳定友善的时期，这又为中国集中精力发展经济提供了最好的外部环境。机会来了，这机会千载难逢，这机会一瞬即过而且不会重来。中国改革开放的总设计师邓小平同志抓住了这一机会。于是就有了“一个中心、两个基本点”的基本路线，有了社会主义市场经济，有了中国 20 年经济腾飞。这一事实举世瞩目，国人皆知。但相对来讲，另一理应举世瞩目、国人皆知的事实却往往被人们忽略了，这就是邓小平民主与法制的理论，经济建设与法制两手抓、两手都要硬的思想，以及遵循这一理论、这一思想的中国 20 年法制建设大发展。作为这一发展的继续的（以及作为对只注意发展经济却忽视法制建设，或者没认识到两手都要抓的必要性的思想倾向的纠正），是江泽民同志 1996 年以来反复倡导、党的十五大正式提出的依法治国，建立社会主义法治国家的大政方针。反观第二次世界大战以来世界各国经济发展的道路（总的来说，在此之前是自由竞争的资本主义和更早的以侵略掠夺压榨为主

要特征的原始积累阶段的资本主义经济），凯恩斯主义的走红，经济法、国际经济法新兴法律部门的出现，决非偶然，它反映成熟的市场经济必须有国家干预，而且这种干预必须是有序的而非随意性的。改革开放十几年，以邓小平为代表的中国党和国家领导人得出必须建立和不断完善社会主义市场经济的结论；近10年来的探索实践，我们又得出市场经济是法制经济，社会主义市场经济不仅需要法律进行微观规范，更离不开国家（以法律为主要手段的）的宏观调控的结论。由此可见，改革开放十几年后的今天，党的十五大提出依法治国，建立社会主义法治国家同样地决非偶然，坚持社会主义道路需要法治；发展社会主义民主呼唤法治；打击犯罪，创造稳定的社会环境依靠法治；规范经济秩序，调控经济走向尤其离不开法治。

海关作为国家对进出境货物、物品和运输工具的监督管理机关，国家坚持对外开放政策，海关的地位作用十分突出。十几年来国家经济得到大发展，海关事业也迎来历史上最兴旺的时期。国家以经济建设为中心，海关相应提出了"促进为主"的方针。不无遗憾的是，如同一些地区或部门错把发展经济理解为急功近利或片面追求局部利益，忽视甚至拒不执行国家统一的法律规定一样，一些海关单位，一些海关领导错把"促进"理解为可以超越法律规定"为地方经济作贡献"，还有的因一错再错无法自拔或因经不起糖衣炮弹尝到了"促进"的甜头而越陷越深，由国内外人人尊敬的海关官员沦为阶下囚，有的甚至要掉脑袋。一些大案竟到了令世人甚至令党和国家领导人触目惊心的地步。紧跟国家依法治国的步伐，海关总署领导提出要强调依法行政、依法把关、依法治关，这是多么及时、多么紧要！

四、现代海关制度是高度讲究效率的制度

综观各个国家各行各业的历史发展，高效率一直是千百年来各个领导人、改革家梦寐以求但终难实现的目标，浪费、僵化、高耗低效如影子般驱之不散。究其所以，有政治的（比如封建的、独裁的、官僚的国家管理，国家动乱、战争，政治人物的纷争）、思想的（比如自私的、保守的、妒忌的意识驱使，绝对平均主义、自由主义、无政府主义学说的影响）、科学技术的（发展水平的局限）等多方面原因。随着科学技术的进步，生产水平的提高，人类社会到了经济空前发展的自由资本主义时

代。自由竞争带来生产的大发展，竞争机制又被从生产领域引进到各行各业，最终引起国家间经济发展的竞争；竞争带来效率并最终成为效率的竞争。讲竞争讲效率决不仅仅适用于资本主义制度。党的十四大提出社会主义分配制度要兼顾效率和公平，十四届三中全会进一步提出分配制度上要坚持效率优先、兼顾公平，其影响必然是各行各业各个领域竞争机制的引进、效率优先原则的实行。我们回头再看，其实邓小平关于社会主义就是“一部分人先富起来，然后带动大家共同富裕”的理论就体现着鼓励竞争、效率优先兼顾公平的原则。

要效率就要最大限度地利用科学技术成果。先是实用发明、应用技术的争相引用，接踵而来的是社会科学乃至自然科学等各种各样的理论在经济领域，在文化、教育、体育、卫生领域，在军事领域、政治领域竞放异彩。如果说昔日蒸汽机电机造就两代经济狂人并引发两次瓜分世界的大战，那么计算机（特别是因特网）带着各种高新技术和现代科学理论（特别是生命科学、管理科学）注定要将效率之风吹遍世界的每一个角落，并带来人类的共同进步。

讲效率就要反对因循守旧不断求变，讲效率就要打破封锁相互合作。复杂性、多样性和多变性是现代社会的突出特色。科学技术的日新月异，知识爆炸，信息爆炸，新兴学科特别是边沿科学的兴起，各部门各行业的日益交叉包容，进一步加剧了现代社会的复杂多样和多变。讲求效率就要不断地、不懈地搜集新情况，研究新问题，引进新技术，应用新理论，解决新矛盾。讲求效率就要不断加强单位、部门、行业间乃至国家间的谅解与合作，讲求信息共享，技术共享，成果共享。改革与开放是当今各行各业生存发展、各个国家繁荣昌盛的唯一出路。

急功近利不是真正的讲求效率。讲求效率应指追求持续高效的发展，而持续高效的发展需要稳定的环境。一个单位、一个部门要持续高效发展就要降低内耗、排除“地震”；一个国家要持续高效发展既需要安定团结的内部环境，又需要和平安宁的外部环境。和平、合作代替冷战、对抗成为当今世界的主旋律，就是因为人类的大多数都希望有一个持续高效发展经济的稳定环境。

持续高效发展关键在于提高人的素质。讲求效率需要人们对效率原则的承认和追求，以及对妨碍效率发挥的不良意识的摈弃；讲求效率需要人们具有高精尖的科学文化水平和技术水平；讲求效率需要大家都有爱岗敬业、廉洁奉献和团结合作、尊能敬贤的精神；讲求效率需要奖惩分明、任人唯贤的用人原则。持续高效离不开健全完善的法律制度。效率优先的原则要在各个有关的法律中体现贯彻才能得到全面的少有阻力的实施。科学技术的应用需要法。科学技术的应用需要严格的必须遵循的程序，在现代社会，必须遵循的程序即法。社会稳定更需要法。社会稳定需要人人遵守的公共秩序，在现代社会，公共秩序即法律秩序。还有，改革创新需要法律的保护才不致夭折；开放协作需要法律的规范才可能顺畅有序地运作并保持预定的方向；人事管理上，任人唯贤、奖惩分明更需要一系列严格具体的法律制度才有可能实现。一句话，在当今社会，要效率就要法治。

五、依法把关、依法治关、讲求效率，构成现代海关制度的主要内涵

中国人民一旦从阶级斗争、空头政治和内部动乱的桎梏中解放出来，立即焕发出重视经济建设的绝大热忱和求发展、讲竞争、讲效率的聪明智慧。党的十一届三中全会以来，国家确定以经济建设为中心，以农村经营承包制这种鼓励竞争的机制为先导，很快将竞争机制推到各行各业；实行科技兴国、教育兴国战略；坚持将改革开放作为基本国策；实行鼓励一部分人先富起来的分配制度；努力保持安定团结的局面；实行人才流动制度；提倡廉政勤政，铲除贪污腐败；奉行和平外交，努力维持世界和平，加强国际间对话与合作，努力扩大对外经济及科技文化交流所有这一切，无不为了国家经济建设的腾飞，为了持续高效的发展。为了保证这一切的实现，国家又研究制定、修改和监督实施多项法律、行政法规和行政规章。从一定意义上说，党中央提出依法治国，建立社会主义法治国家，也正是为了保证这一切的进一步实现。

国运昌，海关昌。海关事业与国家兴衰息息相关。改革开放以来，海关系统紧跟国家决策，不仅极度重视海关工作对国家经济的促进作用，并提出了“促进为主”的基本工作方针，积极促进对外经济贸易效率并为维护进出境环节的正常秩序坚决打击走私违法活动，还极度重视自身行政管理工作效率的提高，诸如重视科技手段在管理业务中的应用，提出业务科技一体化的口号；坚持不断地进行业务制度改革；不断加强海关国际交流与合作；引进现代社会科学理论，试行和推广MOU制度、风险管理制度、分类管理制度。在内部管理上，最先试行公务员制度，较

早提出公务回避制度，逐步健全责任追究制度；高级领导层比较早地重视决策科学化，注意学习引进决策论、控制论、信息论、系统论等现代管理理论……海关系统上上下下为此付出多少努力，几代海关领导为此付出多少心血，才有了海关史上最兴旺的局面！当然，我们也不无遗憾地看到，一些海关单位或部门对外业务开展出现了某些偏差，内部管理也发生了某些问题，其中有些是带倾向性的偏差、十分严重的问题。检讨起来，原因固然多种多样，海关法制建设的相对落后，对依法行政的认识不够高，恰是最重要的原因之一。除了前面已提到的片面讲求“促进”，离开“守门员”的位置“踢前锋”甚至还去“越位”、“犯规”以外，由于忽视依法行政，还同样影响了效率或者使效率发挥偏了方向。诸如，由于缺乏严格的设备应用管理规范，造成设备的浪费、闲置或未充分发挥效益，设备现代化而管理落后；由于设备与业务的结合缺乏法律规范保证而使业务改革夭折或出了问题且难以追究进出口人或报关人员，以及海关人员的法律责任；业务改革或优惠措施的出台由于缺乏法律保证造成偏差或全国海关执法不一；海关审价、化验缺乏法律支持影响征税效率或引发诸多复议和诉讼；立法滞后影响打击走私；不讲究依法定程序，监管、征税、扣货、制发处罚决定引发大量复议案或诉讼案，无论胜诉败诉，无论复议维持还是撤销，首先是海关为此投入大量人力财力；相当一些关员不懂法，不知守法自律，更谈不上依法办事，工作失职给国家造成重大损失；一些人法制观念差，知法犯法、执法犯法，严重危害国家利益或侵犯进出关境当事人合法权益；对违法行为缺少法定的监督、检察纠正和责任追究制度；风险管理、分类管理的引进由于没有法律保证而夭折；签订谅解备忘录（MOU）不顾及法律后果；签订海关国际合作协定后束之高阁而不作为法律实施并发挥效能等等。最近总署领导一再强调要跟上国家依法治国的步伐，海关工作必须依法行政，要把依法行政提到基本方针的高度。总署领导也一再强调海关工作要讲效率，不讲效率就无法适应形势，海关就无生存之地。还举出国外海关效率低下，被其他高效单位所取代的例子告诫大家。可以预见，海关工作真正做到一切对内对外管理活动都有法可依，真正坚持依法把关、依法治关，真正讲求效率，充分发挥职能之日，就是现代海关制度建成之时。

综上所述，所谓现代海关制度，应当而且只应是确保海关适应国家以经济建设为中心，以改革开放和坚持四项基本原则为基本点，效率优先兼顾公平，实行科教兴国，坚决清除腐败，保持安定团结，维护世界和平，积极参与国际合作的大形势，实行和坚持依法把关、依法治关、高效能发挥海关职能作用的法律制度。最近，党和国家领导人一再要求海关要“把好国家的门，管好自己的人”。如何“把好”与“管好”？只能是依法把关，在不失职、不越位的前提下不断提高行政效率；依法治关，使海关各级领导和全体关员都成为知法懂法、认真守法、严格执法、讲求效率的人。对不知法懂法的人、工作效能低下的人必须大喝一声使其猛醒，否则再难跟上饱含现代精神的高素质的现代海关队伍大步前进的步伐。对不遵纪守法的人、不严格依法行政的人，及时追究法律责任；对一切贪污腐败分子，一切害群之马，坚决依法清除。对不计名利、不畏困难、不怕牺牲、努力学习提高、大胆研究探索、爱岗敬业、团结合作、积极奉献的人依法及时表彰、奖励与提拔。而做到这一切，首先要有一整套与现代海关管理相适应的海关法律制度和及时、不断完善这些法律制度并保证其真正得到实施的机制。

法治型海关建设及海关行政复议①

一、什么是法治型海关

（一）社会和谐是社会主义的本质特征

人民不当家做主谈不上社会主义；人民当家了，要共同建设社会主义，更共同享受社会主义优越性。人民不满意，社会不可能和谐。但多年来我们讲人民群众是革命和建设的主力军多，讲人民享受革命和建设成果少，人民群众意见大；讲“稳定压倒一切”多，讲如何实现社会和谐少，不稳定因素难以减少。例如，农民工问题现在成为全社会关注的问题，与极少数人怨恨他们脏乱差、影响市容，偷拿抢、多有犯罪，涌入城市、抢了城里人吃喝、乱了城里交通不同，绝大多数人同情他们在城市里工作艰苦，生活艰辛，关注他们工伤没有保险、医疗没有保证、子女无处上学、辛苦一年甚至领不到报酬。试想，近亿农民工进城，又连着数亿农民亲属，他们也是国家主人，他们人数众多，他们的困苦和受到的不公正待遇，能不影响社会和谐、稳定吗？小平同志过去讲贫穷不是社会主义，今天我们要讲，少数人富了，占人口大多数的工人、农民、市民，也就是老百姓没富起来，也不是社会主义。

（二）依法治国是社会主义和谐社会建设的必然要求

因为决定国家事务不可能同一时间把全体人民集结到一个地方并同时发表意见，人民当家做主不可能十几亿人轮流当国家主席，人民民主只能通过公平地、科学地选举代表表达意见，由代表选举、任命公务人员代办国家事务，由代表制定法律，让当权者按法律履行职务，为人民办事。也就是说，民主只能通过法治途径实现。有了宪法、选举法，人大、政府、法院、检察院组织法，才有国家机关；有了刑法，才有打击

① 这是作者2007年在太原海关的演讲整理稿。

犯罪、社会安宁；有了民法、物权法，才有私有财产的保护、土地使用权的解决，甚至我们每位家庭住地的车库归谁所有的争议的解决。

（三）和谐海关建设是和谐社会建设的重要组成部分

一是海关工作关系国计民生，海关工作做不好，直接影响社会和谐。比如海关税收的财政支持作用和进出口宏观调节控制作用；比如加工贸易的引进资金、消化技术、扩大就业、创造经济收入作用；又如查禁毒品、洋垃圾对人民身心健康和国家稳定的保障作用；严禁珍贵动植物进出境对我国和全人类生态、环境、物种的保护作用。二是海关是国家机关的一部分，我们不能设想整个社会讲和谐而海关却成为与社会格格不入的孤岛。海关要内部和谐，还要与其他机关、团体和谐，与国际组织和谐，更要与行政相对人和谐。和谐不是放弃管理，而是在和谐氛围中加强管理、提高行政效率。工作中说话不注意对象、方式，也会成为不和谐因素，成为工作阻力。例如老男人携带尿不湿出境，使用传统海关术语“是否自用”，被误解是侮辱人格，引发争议已经值得注意，更因引出行政诉讼、造成海关行政赔偿。

（四）和谐海关建设也就是法治型海关建设

根据社会主义和谐社会的本质和基本内容，可以明白和谐海关建设也就是法治型海关建设，其基本内容应当有或至少有这样几个方面：

1. 海关行政权力哪里来？——受人民委托。这是本质。形式上，就表现为行政权力法定。海关的权力是人民给的，人民立法授予的。

2. 海关的工作目的是什么？——为人民服务。用法律语言表述，就是行政目的法定。有同志常讲工作是为了维护国家利益，实际上应进一步理解为国家谋利益还是为人民谋利益。本质上说，我国法律制度不应有也没有侵犯相对人合法权益的所谓“国家利益”。如果现实中发生“有”的情况，也应明白，根据我国宪法，以及刑法、民法（包括《物权法》、《债权法》、《侵权法》等）、行政法（包括《行政诉讼法》、《行政复议法》、《行政赔偿法》）等基本法律制度，从根本上说，在人民当家的国家，国家利益应当就是人民利益。人民利益高于一切是一切国家机关的根本原则。明白这一点，就自然明白，海关文明监管、便利通关不是学雷锋做好事，你不为人民服务，人民就不要你占这位置。国外也一样，但是不叫为人民服务，而是为纳税人服务。当然，服务有分工，服务建立在法定职责上，不能放弃职责搞服务。

3. 海关按什么态度、什么原则工作？——让人民满意，也就是行政原则、行政作风法定。要求效率、文明、廉洁、公正。

4. 海关按什么手段、什么方式工作？——受人民监督，也就是行政过程法定、行政方式法定、行政程序法定。要求执法透明、制约严密、监督全面。

5. 干好干不好有什么后果？——对人民负责，也就是行政后果法定。要求违法必究、侵权赔偿、过错问责、损失追偿。

从上述内容可以得出这样的结论，即和谐海关、法治型海关的表现形式应当是服务型海关、责任型海关，还可以叫效率型、学习型、科技型、电子型、国际型海关，但本质都应是法治、效率、文明、廉洁、公正，还有可持续发展。

二、为建设法治型海关要做些什么

简单说，建设法治型海关，要求依法行政、政务公开、违法追究、侵权赔偿。

（一）崇尚法治精神

也就是树立任何政党、机关、团体、企业事业单位，任何个人都必须在宪法、法律规定的范围内行事，任何单位和个人都没有超越法律的特权。无法无天，社会混乱，于是想到了要讲法制，开始讲的是制度的“制”，主要指建立社会主义法律制度和法律秩序，指国家机关凭借法律管理国家，也就是“法律工具论”；但一些官员甚至国家机关仅仅把法律当成管老百姓的手段，并没有把老百姓的法律权利放在眼里、记在心里，甚至屡屡出现随意侵犯公民、法人合法权益的事情。从党的十五大开始讲依法治国，建立社会主义法治国家，开始使用治理的“治”，强调“法治”的含义，其本质上是指人民立法，用法律约束国家机关和官员，要求他们依法履行人民委托的管理国家的职责，在人民监督下不允许有法不依、执法不严的现象存在，违法必须纠正，违法者必须追究其法律责任，国家机关以及履行职务的国家机关工作人员侵犯公民、法人及其他组织合法权益，由国家给予赔偿。对这一变化，专家学者称为从“刀制”到“水治”的发展。法制，制度的“制”，体现国家强制力，强调国家机关和官员的管理；法治，治理的“治”，体现人民民主，人民是水，“水可载舟，亦可覆舟”，强调国家机关和官员依法办事、为人民服务。这当然不是文字游戏，是借两个不同的字表达不同的理念。历史上的“法家”也讲“法治”，不过是君主政治下统治手法的“人治”与“法治”的区别。

（二）完善海关立法

建立完善的法律制度，向社会公开，这是海关依法行政的前提。除国家立法机关专门制定的海关法和有关法律，国务院专门制定的关税条例、海关处罚条例、稽查条例、统计条例、知识产权海关保护条例、保税区条例以及将要制定的海关担保条例等海关行政法规和有关的行政法规外，海关总署规章和其他规范性文件也是广义上海关法规的组成部分，都是海关执法的依据。海关立法，主要在全国人大、国务院和海关总署层面，但基层海关也不是无所作为，可以就法律制定、修改和解释提出建议，可以和应当就有关立法提出意见。

（三）学习法律知识

执法能力和水平不仅以良好的法治观念、丰富的执法经验为条件，还以熟悉相关法律规定为前提。由海关法规的构成可知，不仅《中华人民共和国海关法》要掌握，与之配套的行政法规、海关总署规章和其他规范性文件要掌握，还要学习相关法律、行政法规，如《宪法》、《刑法》、《民法》、《物权法》，《行政处罚法》、《行政复议法》、《国家赔偿法》，《对外贸易法》、《税法》、《知识产权法》，以及《文物保护法》等。举一个小例子，大家可能没注意到，《刑法》不仅规定走私罪、渎职罪等直接与海关履行职务有关的犯罪，还规定了海关人员放行偷越国境人员罪，可见海关监管人员也需要熟悉《刑法》和进出境管理法的有关规定。

（四）宣传法律规定

目的是要社会各界人士特别是海关行政管理相对人以及与海关工作有关的公检法机关和地方党政机关，进出口商会、进出口企业协会、报关协会等社会团体或其他组织包括国际组织熟悉海关管理规定，配合、支持、协助和监督海关执法，坚持政务公开，共同营造良好的海关执法环境、提高海关执法效率，便利合法进出，更有力地打击走私行为，尽量避免或减少违反海关监管规定行为的发生，尽量避免或减少海关行政违法行为的发生，共同构建和谐海关，共同建设和谐社会。

（五）坚持依法行政

这是建设法治型海关的关键环节。根据国务院依法行政实施纲要，依法行政绝不仅仅是简单的依法办事。它包括：(1) 必为、必不为——法律规定必须做的，决不能不做，而且要做好；法律规定不能做的，决不做。(2) 有所为、有所不为——法律没规定做的，不能一律不做。做还是不做，以不能影响相对人合法权益为原则。例如，法律既没有规定某种情况下货物可以退运，也没有规定不可以退运，当事人提出退运申请，海关认为法律没规定可以退，于是决定不允许退，结果当事人起诉到法院，法院判海关败诉，还要赔偿当事人两百多万元。注意，赔偿还不是简单地如《国家赔偿法》所规定变卖货物、发还变卖款，而是发还变卖款另赔偿从申请退运时价格与实际变卖价的差价两百多万元。根据国务院依法行政实施纲要，依法行政的含义还包括法律规定行政手段可选择的，只能选不影响或影响小的，而不能认为可以自由选择使用。

(六) 提高执法效能

执法为建设和谐社会服务，就要考虑执法的社会效益和行政成本，就要讲究文明、快捷、便民、高效率。总署领导在今年关长会上提出要研究刑事执法和行政执法的宽严相济就是出于这种考虑。国务院即将出台的行政复议条例规定复议和解制度和调解制度，也是出于这种考虑。一个轻微违法行为，经警告，不罚款或少罚款可以起到教育不再犯的，可不可以不罚或少罚？坚持罚，不服，又要复议又要诉讼，费大量人力、财力，合不合算，符合不符合构建和谐社会的大要求？值得考虑。

(七) 确保有错必纠，有责必究

这是依法行政的保障。去年总署制定下发了《行政执法过错纠正规定》和《行政执法过错责任追究规定》，这是两个很重要的制度。过去，一些单位和个人发生违法行为纠正不力、不及时，对违法行为人责任追究不及时、不严格，不仅给国家利益、给相对人合法权益造成损害，而且影响了海关形象，另外，在客观上还助长了违法行为一犯再犯。国务院推动建立行政执法责任制以来，许多单位和部门也开始制定执法过错责任追究制度，但过错纠正制是创新性的东西，我们主要是基于海关内外许多单位、部门的过错，不重视的检讨一下了事，对人对事不作任何处理；重视的也仅仅处理一两个责任人，对违法或不当行政行为（包括上级决策、命令和针对相对人的具体行政行为）最多一声“下不为例”，并不考虑对已犯过错的行政纠正措施。过错纠正制酝酿多年得以制定实施，并得到国务院有关部门肯定，是赶上了好时候。两个制度，特别是责任追究制的下发，曾一度引起基层执法人员的强烈反响。正面的、反面的都有。正面的自然是拥护支持，并被关员视为提醒本人提高执法水平、防止或减少执法过错的警钟，被领导视为改善执法状况、加强队伍管理的良方；反面的则集中在基层干部和一线关员，一些人担心影响部署积极性，一些人抱怨工作越多（可能犯错越多）反而承担责任越多，“干不如不干”。这可以理解，但当然是不正确的认识：一是人民把我们安排在公务员岗位，授予权力，发放报酬，就是要我们干工作，就是要我们不犯错误地工作；错了就要承担责任；干工作当然可能犯错误，但不是必然犯错误；不能以可能犯错误作为不承担责任的理由，更不能以可能承担责任作为不工作的理由。二是不工作固然不犯错误也因此不会被追究犯错误的责任，但不工作的责任追究绝对比工作犯错误（故意违法除外）的责任追究更严厉。经过总署领导、各有关部门宣传、解释、教育，也经过我们去年连续几起办培训班，大家统一了认识、打消了顾虑、放下了包袱，重新鼓起积极工作的信心。

三、海关行政复议工作是建设法治型海关的重要组成部分

（一）海关行政复议的主要内容和功能

海关行政复议指海关行政管理相对人对海关办理通关、征税、加工贸易监管、稽查、缉私、知识产权保护等等所有与相对人财产权、人身权有关的业务活动中的具体行政行为有不同意见，依法向该海关的上一级机关申请重新审查，上级受理案件、经审理复查后依据事实和法律分别作出撤销、维持或变更原具体行政行为的活动。复议申请人认为申请复议的行为对申请人合法权益造成损失的，还可以一并提出赔偿请求。

从海关行政复议的内容可以知道，复议工作为纠正行政违法或不当行为，提高执法水平有重要意义，对维护公民、法人和其他组织合法权益有重要意义。同时，对合法的行政行为复议维持，也是对海关依法行政的支持和保障。还有一方面，通过复议，把相对人与海关的矛盾、纠纷提前化解，避免或减少了耗费大量时间、财力、精力的行政诉讼，对节约行政成本、提高行政效率大有好处。此外，通过复议，宣传了海关法规，维持合法行为，撤销、变更违法、不当行为，也会进一步树立海关执法必严、违法必究的良好形象，有利今后海关执法得到相对人和有关单位、社会各界的理解、配合、支持。

去年以来，行政复议工作史无前例地得到了党中央、国务院的重视。

国务院还专门召开了行政复议工作会议。这主要是看重行政复议化解纠纷、促进社会和谐的功能。这更进一步说明了复议工作与法治海关建设、和谐社会建设的关系。

（二）海关行政复议工作的现状

1. 案件数量。以2006年为例。当年有4000多万票进出口货物通关，2亿多件邮件进出境，还有3亿多人员、近3000万运输工具进出境，以及上千万征税行为（还包括上百万审价、化验、归类行为单独可诉），3万多起行政处罚行为（其中还有检查、扣留等行为单独可诉）。一年中发生了1000多起复议案件、数十起诉讼案件。

2. 复议本身存在的问题。复议本身存在的主要问题有三：一是复议渠道不畅，海关和相对人都没有好好利用这一渠道解决争议；二是个别案件没严格依法审理，该纠正的没纠正，或者没问题或问题不大，怕维持后申请人不服再告到法院，不当地变更甚至撤销原决定；三是没在结案后认真反思复议发现的执法问题。

3. 复议、应诉发现的执法问题。主要有：法律法规贯彻不力；学法不透；有法（包括规范性文件、内部文件）不依；轻视程序；证据意识单薄，特别是不注意制作、固定、保存证据；机械执法；违法不纠；一错再犯，等等。

（三）如何进一步做好行政复议工作

1. 领导人员。主要是真正认识行政复议的意义，从贯彻依法治国方略、构建和谐社会，落实建设法治型海关的关长会议精神高度，从维护公民、法人和其他组织合法权益就是维护人民利益高度，从提高海关行政效率、维护海关形象高度来认识，畅通复议渠道，欢迎相对人通过复议解决同海关的争议，支持复议部门依法受理、审理案件，对违法或不当行政行为及时、认真纠正。

2. 复议、应诉人员。一是坚持以法律为准绳、以事实为依据，认真履行职能，保证复议渠道畅通，保证案件审理及时、公正、合法；二是改进作风，贯彻便民原则；三是注意复议效果，避免耗费大量精力、复议结果却对申请人和被申请人都无实质意义；四是考虑复议决定执行的可操作性；五是积极探索在合法、自愿的原则下实行复议和解、进行复议调解。

3. 非复议应诉人员。由于各业务部门的人员的工作都是海关执法组成部分，都有可能引发复议、诉讼案件，因此都应当强化法律素质，包括增强法治观念、充实法律知识和培养依据意识、证据意识、程序意识、责任意识。

4. 大家都应当学法、懂法，及时总结执法经验，经常研究执法问题，不断提高执法水平，真正实现由于执法水平提高而减少行政复议、行政诉讼。